破解

皇家御用

觀天術

陳 序

　　中國古皇家御用觀天術 (中國古天文占星術) 是塵封已久的學術，原為「天垂象，示吉凶」的最佳典範，於先賢李淳風之著作之「乙巳占」中可窺見，只可惜有識者不多，因而無法廣傳，令人深感惋惜。

　　據瞭解無法流傳之始因，乃不明星宿及星官特質所致，故後世學人無法繼續深研探究。今賢了然山人廣蒐古籍資料，編彙成書，讓有心研究此道者能快速入門，知所運用，實為不可多得的好書。

　　本書對星宿及星官特質介紹詳盡，我們只要搭配「觀星App 軟體」運用，比對查照，無需有任何學術基礎，就能快速瞭解星象吉凶，預知時勢變化，過過國師之癮。

　　你想過過國師之癮嗎？你想洞燭機先，預知時勢變化嗎？本書將能滿足你的慾求。末學有幸先展讀此大作，深覺有趣又增廣見聞，故特此推薦分享，願大家都能開卷受益。

占星擂台作者　陳添賜　敬述

2020 年 10 月 14 日

周 序

　　紫微斗數是「天、地、人」的學問而成。何謂「天」？天上的星星跟四化、四時(春、夏、秋、冬、12個月、12宮)流轉的氣。這個12月，就會相應天上的12宮。四季的變化。

　　那天上的星星，在紫微斗數命盤上，分為：三大星系：北斗、南斗、中天三大星系：

1、北斗星系的主星為：紫微星、貪狼星、巨門星、廉貞星、武曲星、破軍星；副曜為文曲星、左輔星、右弼星。擎羊星(羊刃)、陀羅星。

2、南斗星系的主星為天府，七殺星、天相星、天同星、天機星、天梁星；副曜為文昌星、天魁星、天鉞星、火星、鈴星。

3、中天星系的主星為太陰、太陽；輔曜：地空星、地劫星。

　　上面舉例的，還是只有甲級星的範圍，還有乙級星、丙級星，丁級星……大大小小的星星，有上百個。真的要花腦筋通通記下來，也是不簡單的。當然，紫微斗數有很多不同門派，所使用的星星的數量也不同。

　　敝人學習紫微斗數十餘年，常常面臨一個理論：「這些星

星到底是虛星，還是實星」？我認為這個答案，還是要回歸「天文占星學」的範圍裡面。易者，日、月是也。所有的命理「山醫命卜相」，都是跟「天地人」有關的，也就是「天干、地支、星象、自然變化、四季」而來的。所以，源頭還是在「天文、曆法、占星學」。

現在了然山人老師，從天文學、科學、歷史文獻的角度，綜合解釋星象變化，而引發地球上人事的變化，讓有心研究中國占星學、七政四餘、紫微斗數的後學者，有科學跟文獻參考，配合一起來運用五術上面。相信這本書能帶給你更深度的知識，對於學習有更深的瞭解。在此推薦分享，希望大家學習更上一層樓。

零基礎到瞭解紫微斗數的二十五堂課
作者周星飛敬筆
2020 年 10 月 18 日

葉 序

自從物理學家也是天文學家的牛頓 (Isaac Newton) 發現地心引力以來，全世界的天文學家藉由這個理論，找到許多宇宙星球的組成還有運行的軌跡，而這些行星產生的引力，無時無刻影響著地球上渺小的人類。

因此許多命理學家、占星學家、軍事家及政治家透過這個原理，藉由觀天星的方法，推算預測個人命運、國家未來運勢及戰爭勝負的走向等。再者，中國歷來許多國師及大政治家都善於天星占卜之術，並透過此術，幫助帝王取得天下，創建一個個新的皇朝。抑或藉由天星占卜之術讓君王施行清明愛民的政治，讓百姓得以安居樂業，最著名的如：漢朝的司馬遷、唐朝的張果老、蜀漢的諸葛亮及明朝的劉伯溫等人。

或許因為此術對於國家社會能造成相當大的影響，因此星命之術長期以來便被歷朝的帝王視為禁術，皇家的機密，不准民間私學流傳。導致此術產生數千年的斷層，難以流傳，當然也無法讓後人瞭解中國在天文學上輝煌的成就，這是相當可惜的事情。所幸民間還是有許多能人異士，藉由不斷地研究，將這些片段殘缺的星命古籍發揚光大，讓星命之術能流傳至今。

了然山人 (陳平) 老師研究星命之術歷數十載，其星命學的造詣有目共睹，雖是命理五術界的後起之秀，但近幾年在夏唯綱博士的指導下，對於中國占星術「七政四餘」的修為更加精進，為傳承中國命理一直努力的精神，讓人相當讚佩。

　　個人有幸在大作付梓之前先行展閱，其內容令人嘆為觀止，本書跳脫命理術數的窠臼，單純從科學角度深入剖析「七政四餘」，堪稱是七政占星學上的一大創作，也希望更多的有識之士能繼續將這門老祖宗智慧結晶的學問，發揚光大。

　　余讚許之餘，特以此序，以為嘉勉

中華易經協會副理事長
中華易經學院北區總院長
全國地理師協會副理事長
葉璟淳 謹序　2020 年 11 月 6 日

黃 序

後學長期研究中國古代天文學，發現目前華人世界鮮少人知實在太可惜了……這麼專業的一門科學，同時也是老祖宗的智慧之學，還好目前有了然山人陳平老師將其發揚光大，不至於讓累積了數千年老祖宗的智慧就隨之消逝。

中國古星占在古代不但是帝王之學，也收錄在佛、道、儒三教經典裡佛經中有關星宿方面的記載很多，日本僧人所撰《白寶口抄》、《成菩提記》、《門葉記》、《阿婆縛抄》等密教類書，曾把中國歷來佛經中有關星宿的論述，加以綜彙並以類書的方式，分門別類來敘述。

佛經中有談及星斗者，如《大正藏》圖像部七，日人所撰《白寶口抄》卷百五十五「北斗法」之記載，《文殊師利菩薩及諸仙所說吉凶時日善惡宿曜經》、《文殊師利宿曜經》、《寶星經略述二十八宿佉 盧瑟吒仙人經》、《新撰宿曜經》、《七曜星辰別行法》、《北斗延命功德經》、《梵天七曜經》、《梵天火羅九曜》、《金剛頂經‧七星品》、《屬星祕法》（義淨撰）等等。將二十八宿與地上九州諸國相配繫，始自中土，《淮南子天文篇》、《史記天官書》、《周禮保章氏》鄭注等，皆

已如此。漢世常以天象變化來占卜人事。唐‧王勃《秋日登洪府滕王閣餞別序》云：「豫章故郡，洪都新府。星分翼軫，地接衡廬。」足見以二十八宿配繫九州諸國，已深入中土民心。則此經之說，受中土星占之影響，自無可疑。

　　本書作者了然山人陳平老師，其書中內容把中國古天文占星術詳加整理細分，以深入淺出及淺顯易懂的方式加以詮釋，讓讀者容易理解。更重要的是山人陳平老師在推廣中國古天文星象學上不遺餘力，功不可沒。

　　多年以來　後學常關注了然山人陳平老師製作的 YOUTUBE 各種線上教學課程，從中學習，獲益良多。山人尤其在紫微斗數中的研究、探討與教學上的實際經驗心得與獨特見解不藏私的推論法公諸於世，令人心服口服！不論在中國古星占或紫微斗數的研究，後學跟山人的理念相同就是其實它們都是實星，都是一門科學，以科學角度詮釋是完全可行的。這也是古人為何只要看天上的星斗就可預知地上的人、事、物變化，那些星星都是真實存在的啊……都是能量聚合體。

　　在書裡的這些星占辭，絕非是歷代星占家胡言亂語、胡亂臆測而生。而是根據異常天象發生當下，地面人間曾發生的事件，加以統計彙整而成，一如在本書中一直強調的，中國古天

文星占是天文科學加上統計學而成的一門專業學術，中國古星占除了主體的太陽系的恆星、行星、彗星等星體之外，還包含氣象、氣候（風占、雨占）、雲占等，幾乎天象所有都能用來占卜，內容相當豐富且多元，相當程度詮釋了中國人敬天畏地的傳統儒家思想。為方便讀者理解，書中將古占辭依據其特性區分為六大類：恆星占、行星占、日占（含日蝕）、月占（含月蝕）、彗星、流星、客星占類、雜占類（氣候、雲、氣象、風力、妖星等）。

古天文占星術最重要的判識原則就是「占變不占常」，只有當星空中的行星或恆星發生變化時，才做出相對應的占斷。山人在書中有說 他最大的願望把老祖宗的智慧發揚光大，登上世界舞台。後學相信他的努力，很快夢想就能實現。

古天文研究學者

黃晧維　敬述

自 序

　　相信大家在三國演義或許多的歷史書籍看到許多軍師、能人異士藉由夜觀天象預測出未來，例如唐朝李淳風預言唐朝將有女主出，後果真武則天稱帝，諸葛亮藉觀天象，預知劉表過世、亦預見自己的大限已至，明朝的程濟，預言燕王朱棣起兵，甚至連日期都絲毫不差。諸如此類記載，我想許多人都會認為，那只是傳說，只是稗官野史的記載。

　　但史記等正史也有相關星占紀錄，如五星聚房宿、周武王伐紂，最有名的就是劉邦入關中，五星聚於井宿，爾後漢王得天下。這些都是真的，沒有一丁點虛假成份，都是可以考證到的真實紀錄。會有這種偏見，那只是因為大部份人不瞭解罷了。

　　其實中國在古天文的成就相當高，朝廷有專門觀測星象的官員，例如：欽天監、靈臺監等，這些觀測星象的官員一察覺天有異象之時，就必須馬上向皇帝稟報，做出相對應的決策。所以這門學術，真的是皇家御用的絕學，專為古代帝王服務的一門學術。與一般民間流通之方術，差距甚大。蓋因民間缺乏觀測設備，無法精確掌握推步七政星曜的行進軌跡，所以此術在中國民間，根本無法流傳，以訛傳訛，導致此術數千年來一

直披上了神祕的色彩，而讓此門突顯中國在天文研究上極致成就的一門專業學術，因而蒙塵，甚為可惜。

山人研究天文命理及設硯論命服務超過 20 年，深信所有命理數術均來自於天文科學，因為易者，乃日月也，《易經》就是在闡述日月星辰運行的道理，與其研究數千年前的書籍，不如直取日月星辰，以正統天文科學角度來看待命理學術，豈不更直接。故公暇之餘，便傾力研究中國古天文星象及其背後蘊藏的科學原理。但因參考文獻相當少，且大都祕而不宣，是故耗費相當多心力。目的就是希望能讓更多人清楚的認知這門老祖宗的智慧。讓中國的星命學回歸天文科學本質，跟著時代一起邁向未來，這是山人一直以來最大的努力目標。

本書除讓大家學會如何運用「中國古皇家御用觀天術」(古天文占星術)這門專屬於帝皇的學術之外，更詳細介紹中國古天文各星宿及星官共 118 名，讓大家在學習之餘，更能瞭解中國人眼中的這一片浩瀚星空，到底長得什麼模樣。

由於運用此門學術，需要精準的觀測數據與天文知識，學習上相當不容易。不過在現代科技的輔助之下，觀測星空，預測行星運行軌跡已不再困難。只要有手機，就能下載觀星軟體 APP，只要動動手指，周天所有星曜，每一天九大行星的運行

狀況，甚至千年以前的星空，盡在一掌中。

　　所以現在的學者，只要瞭解古天文占星術的推演邏輯，加上查閱本書附錄由著作推背圖的李淳風所編撰的《乙巳占》，找出相對應的占詞即可。不論大人、小孩，都可輕鬆完成占斷。因此山人認為，現在應該是可以把這門學術公開揭祕的時候了，讓更多人能夠透過此術，夜觀星象，預測未來，自己也當一次諸葛亮、李淳風，也讓此術不再被誤解扭曲。

　　由於此術專屬於皇家御用，在古代的中國民間是嚴禁私學天文，因為此術專屬皇家，一旦被抓到，人頭可是要落地的啊！因此流傳民間資料片斷且殘缺不全，真正可供研究參考資料相當稀少。感謝陳添賜大師不吝給予指導提攜，還有周星飛大師、劉海藩老師、黃皓維老師提供相關資料圖說還有研究心得，讓此書能順利完成付梓。也感謝母親的細心照料，讓山人能夠在無後顧之憂的狀況下，完成這本書。再次感謝各位長期支持山人作品還有文章的朋友，希望這本書，能讓更多人透徹古天文的奧祕，不再誤解此門中國古代最偉大的發明，是山人最大的期望。

　　　　　　　　　　　　　　了然山人

　　　　　　　　　　2020 年 10 月 10 日

註 1: 本課程另有 YOUTUBE 免費教學視頻，讓您閱聽並用，收到最好的
　　　學習效果。網址 http://www.youtube.com/arena6975。

註 2: 有關觀星軟體與行星順逆行查詢設定歡迎收看視頻教學，網
　　　址 :https://youtu.be/xZnG2dA0dTk

目　錄

第一章

中國古皇家御用觀天術之源流

第一章 中國皇家御用觀天術之源流

　　中國天文占星學起源甚早，從殷朝的廢墟中發現的卜辭就能知道，從上古時代的殷朝，就有專門為皇家御用的天文占星術。也因此術長期為帝王所專有，因此古天文占星學占辭內容多與戰爭、農作收成狀況、天然災害、國家興衰、君臣關係還有皇室成員健康狀況等有絕對的關聯。

　　爾後到了周朝，由於採行諸侯制，造成群雄割據的春秋戰國時代。擁有重兵的地方諸侯為了稱霸中原，無不到處征伐，擴張領土。因此充滿軍國主義色彩的中國古天文占星術在此時期發展達到顛峰。較出名且有典籍傳世可考的有三大家：甘氏、石氏、巫咸。一直到唐朝初年瞿曇悉達加以彙集整理，編撰完成了《開元占經》；爾後由著名的天文學家-李淳風據以考證做出內容增刪，成了目前流通最廣也是本書收錄的《乙巳占》。這本經典之作，是研究中國古天文占星學的同道，不可或缺的參考書。

　　中國古天文占星學內容多元豐富，除了以日、月、星辰、彗星、流星、客星為主體的星占辭之外，尚包含了氣候類如風、

雲、雨的占辭。而這些雜類的占辭，可以說是獨步全球。尤其是針對風力的分級，相較於西方早了千年以上。如此創新的研究內容，卻被長期埋在書堆中，任其凋敝失傳，這也是長期封建帝皇制度下的悲哀。

也因中國長期採行「愚民政策」，因此中國古代社會文盲率高達 99%，加上長期重文輕武，缺乏科學教育及素養。加上民間欠缺適當的觀測設備，難以準確掌握星曜行進軌跡。是故除了朝廷之外，此類型的學術，難以在民間流傳，加上朝廷也嚴禁民間私學，因此縱有書籍傳世，也多殘缺不全，難以研讀，使得此術無法在民間流傳，以訛傳訛，被披上一層神祕的色彩。

而在文盲率高的中國傳統農業社會，基於真實星象而誕生的天文占星學，由於築基在精準且真實的天文科學還有統計學之上，因此經常能夠準確的預測未來。綜觀中國歷史，歷代開國君王身邊重要幕僚（例如：唐朝李淳風、蜀漢諸葛亮、明朝劉伯溫等）皆精通此術。是故精於此學術者，多被社會所尊崇，地位極高，甚至被民間當成「神明」來崇拜。因此深研此術之人，通常如非開國勳爵就是皇帝身邊寵信的重臣，當然更多是像山人這一類隱居山林的小書僮。

第二章

宇宙的組成 –
行星與恆星

第二章 宇宙的組成 – 行星與恆星

2-1 行星與恆星

我門居住的這個宇宙，到底是怎麼形成的，這是科學家一直以來最大的疑惑，目前被普遍接受描述宇宙起源與演化的「大爆炸理論」中指出：宇宙是由一個密度極大且溫度極高的狀態逐漸演變而來的。

明白了宇宙的形成原因，再來就是進入探討我們星占主體的星體了，到底這些宇宙星體是怎樣形成的，有怎樣的規律呢？我們都知道太陽系的形成和演化始於 46 億年前的一團氣體中，在這之前是一片空無的狀態，也就是易經所稱無極生太極的狀態。其中一小塊的坍縮，集中在中心的質量，形成了太陽，其餘坍陷的部份形成了太陽系的行星如地球、火星、木星等還有各行星的衛星，如月亮等，也就是易經所稱太極生兩儀的狀態，更其餘的部份形成了其他星體諸如：彗星、隕石等的天體系統，組成了我們所生活的這個太陽系。

而這團氣體其他坍陷的部份，構成了我們這個宇宙無數的

星團還有個星體，組成了無限寬廣的銀河系。而宇宙的星體，簡單來說可以區分為兩類：行星與恆星。茲分述如下：

A. 行星

行星（planet），指自身不發光，有足夠的質量且環繞著恆星運行的球狀星體。其自轉方向多與其所繞行的恆星的自轉方向相同，例如太陽系行星都跟唯一的恆星 - 太陽一樣，都是西向東自轉。簡單來說，會繞著固定軌道且有週期性運行現象的星球，稱之為「行星」。

太陽系的行星都是由西向東運行 (逆時針)，但由於地球自轉的影響，因此當我們進行觀測時會發現行星的行進的方向，是由東向西運行 (順時針)，稱之為「視運動軌跡」。故我們觀測到的行星，大多數時間都是按照順時針東向西的方向按週期規律依序運行，稱之為「順行」。

但因為地球的軌道較外行星的軌道週期還短，因此會有短暫且有週期的超越內、外側的行星軌道的現象。當發生這種情況時，在地球上的我們觀測時，會感覺原本東向西順行的行星會有停下的狀況，也就是所謂的「留」；或者是後退向西運行，也就是所謂「逆行」或「伏」的現象。之後當地球在軌道

上超越該行星之後，看起來又恢復正常由東向西的運行軌道(順行)，就是這個原理，導致我們觀測行星時有時候會呈現這種順、逆、伏、留的視運動軌跡的變化。

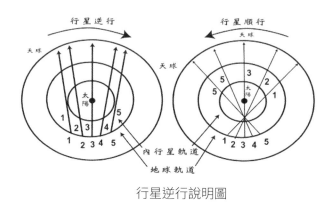

行星逆行說明圖

　　而中國古星占最大的原則就是：占變不占常，因此當行星按照正常視運動軌跡(順行)行進時，象徵國君順天應理，天下太平。若行星有逆行、伏行或停留的狀況，就是所謂的「天有異象」，也象徵著國家、政治甚或是民生方面都將會有變故的發生，這是中國古星占最重要的思考邏輯。其實不管是西洋占星或中國古星命學 - 七政四餘，可以說只要是跟占星學有關，不管中西方，倘若觀測到行星運行軌道改變，都會被視為不吉的徵兆。

B. 恆星

　　恆星指的是自身會發光的圓球狀星體，類似一個巨大的發光電漿體，釋放出光和熱。恆星其實是由一團巨大的、熾熱的氣體所組成，因此當核心氣體燒盡，這顆恆星也就跟著滅亡。由於科技的限制，我們無法確切的知道，到底這些星體有沒有運行的狀況，因此目前除了已知太陽系的的九大行星之外，其餘天空上的星體，都稱之為「恆星」，簡單來說，看起來似乎是恆常不動的星體，稱之為恆星。也許有朝一日，人類科技有了長足的進步，會發現更多的行星也說不定。

2-2 七政星曜介紹

A. 日（太陽）

　　太陽是太陽系裡唯一的恆星，提供地球上所有生命的能量來源，其光耀普照大地，帶來光明，其能量澤披萬物，讓世界得以生氣蓬勃，綿延不息。因此在中國古皇家御用觀天術中，太陽象徵統治天下的帝皇，受天命統治國家與人民。因此當太陽出現變異的狀況，例如日蝕、日出無光、出現黑子等，象徵了國君遭臣下掩蔽或施政不當，民怨高漲，甚或是帝王的健康

出了狀況等。因此古占書對太陽的占辭還有觀察紀錄最為詳盡，而太陽會發生的變異種類，不外乎下列幾種：

1. 日蝕及五星凌犯：

太陽受月亮遮蔽而無光，謂之日蝕，如日全蝕等，受太陽系各行星遮蔽則謂之凌犯，例如：金星凌日、水星凌日等。由於太陽象徵國君，月亮象徵女主或后妃，各行星象徵臣屬，如太陽遭遮蔽或凌犯，月亮表示陰犯陽，後宮或是諸外戚、宦官敗亂朝政；如受行星表示臣犯君，下犯上，國君威嚴不再，君臣綱紀蕩然無存，自然國家紊亂，萎靡不振，民不聊生。

2. 多日並見

兩日並照見謂之：陽明，正所謂天無二日，地無二主，當多日並見，象徵國家分裂，諸侯割據，各擁其主，天下大亂的狀況，如 2020 年美國總統選舉前夕，在科羅拉多州出現兩個太陽的奇景，當時山人就在 FB 上預言，不管是民主黨 Joe Biden 或是共和黨時任總統 Donald Trump 誰勝出，都很難得到另一方的支持，雙方各擁其主，結果將造成相當對立與衝突。最後雖然由民主黨勝出，但鬧出的作票疑雲 (FRAUD)，詭異的拜登計票曲線等，讓兩陣營僵持不下，互相指責，爾後爆發多起示威

抗議也有支持者因而喪命，甚至美國各大媒體還一度討論如總統無法宣誓就職該怎麼辦的議題。這不正是驗證了這個兩日並見的星象嗎？正所謂：天垂象，示吉凶，天人感應，真的很準驗的呢！

2020/10/29 於美國 Colorado 州拍攝到的雙太陽奇景 (投票日為 2020/11/3)

　　但事實上，太陽也只有一個，跟木星一樣，不會變成兩個，一個叫木星，另一個分身叫太歲。因此會同時出現多個太陽的狀況，那肯定是光線折射造成的錯覺，但由於觀天術與占星術相同，都是唯心主義，自然就不會去考慮這些科學觀點了。

3. 光亮程度改變

由於太陽象徵國君，如果沒有光亮，表示國君威儀無法繼續讓群臣、人民遵服，故主臣下作亂，朝綱萎靡或人民不服，民怨高張，治安敗壞等。

4. 太陽黑子

太陽黑子出現，明確的表示國君身體或朝廷權力掌控出現狀況，亦多有駕崩或遭貶廢之事件。如晉朝昇平三年十月，日中有黑子，大如雞子，沒多久，孝宗皇帝就駕崩了；又如

晉朝太和四年，日中亦出現黑子，如李子大小，當年，天子被廢位，貶為海西公等。

5. 日旁氣（如：冠氣、珥氣、日暈等）

日旁氣指的就是太陽周邊出現不明的氣形，似雲非雲。旁氣表國君身旁重大事件之顯現，例如冠氣，指出現在太陽正上方，氣形如頭冠型，為吉祥之象徵而珥氣指看起來如太陽旁邊之耳，亦為吉祥之象，如氣形如兵器，則主兵起，如有貫日（即旁氣貫穿太陽）之狀況，表示有人謀反、竄位，君王帝位受威脅等，但仍需注意這些氣形的顏色，黃色為吉兆，其餘如赤、黑、白、青則為凶象。因此判識各天象吉凶之時，顏色是相當

重要的參考指標。如氣暈形狀吉利，但顏色為凶，則亦為不祥之兆。因此判斷日旁氣形之吉凶，首看其構成之形狀是否吉利呈祥，次看其顏色，只有黃色是吉祥如意，餘皆為凶象。

日上冠氣（明仁宗御定 天元玉曆祥異賦）

日旁兩珥（明仁宗御定 天元玉曆祥異賦）

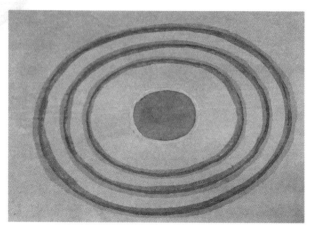

日暈三重（圖片來源：明仁宗御定 天元玉曆祥異賦）

B. 太陰（月亮）

　　太陰，每日運行約 13 度，每月繞行一周天，而太陽既然象徵國君，太陰自然就象徵后妃或輔國重臣，協助國君治理國家，這就是中國傳統「陰陽調和」概念的延伸。因此太陰主臣道、妾道、婦道等。故倘有異象，多主后妃或這些重臣有健康狀況不佳或是失其權勢甚或僭越君上謀篡逆的狀況。而太陰的變異狀況與太陽雷同，故不再贅述。

C. 歲星（木星）

　　歲星就是木星，在古天文占星術中象徵國君、皇帝。由於

木星繞行太陽一周約略十二年，一年約行一宮，古代用以紀年，稱之為「歲星紀年法」，故木星自古便有歲星之稱。而木星，不管在中西方星命學，都是絕對的大吉星，在天文星占中亦是如此，所以木星停留在哪一宿，與分野相對應國家，都是國運昌隆且五穀豐登的徵兆，因此不可起兵攻伐該國，就如同淝水之戰，符堅率領90萬大軍，卻慘敗給東晉只有8萬兵力的謝玄，當年的木星，就在吳越之間。而這個區域，恰巧就是東晉所在的分野。

但進行天文星占，除了瞭解星性之外，還要考量到行星運行軌跡或是顏色的變化以及是否有凌犯的狀況。簡單來說，木星停留之宿其國大吉指的是歲星亮度沒有變化，豐圓且潤澤的狀況之下的通則。但如果歲星顏色變暗，或是與其他行星有相互凌犯的現象，此時的木星就不再是好的徵兆。因此進行天文占星必須就該行星在星空中真實狀況做綜合研判，才不會差之毫釐，失之千里。

由於歲星象徵國君，故若顏色變暗，表示君主聽信讒言導致朝綱紊亂，亂臣出或君主放縱情慾等狀況。在這個時候，木星就屬於不吉的徵候。又如發生行星凌犯的現象，只要依據該凌犯星曜及木星兩者的的象意做推敲，例如歲星與太白（金星）

凌犯，就是發生大型戰爭，兵大起的徵兆，餘依此而推即可。

D. 熒惑（火星）

熒惑就是火星，繞行太陽一周天約 2 年，平均每約 2.5 日移動 1 度。火星在天文星占中屬於災難之星，主火災、旱災、農獲歉收、死喪等。在西洋占星學被認為是主爭執糾紛的凶星。而火星在中國古天文星占中象徵刑罰之神，如同法官一樣判定罪與罰。因此當火星有異常的運行、顏色變化等，表示地面上的君主或大臣在國家治理上有缺失，所以即將降下災難與懲罰。所以這顆星，除非順行，一旦有逆行或顏色改變，那麼所在國家就遭殃了，尤其是國君。

有關熒惑 (火星)，最著名的就是「熒惑守心」這個星象。心宿，象徵的就是龍的心臟；因此表示皇帝或大臣的健康狀況。而守，就是留守的意思。因此熒惑守心，指的是火星停留在心宿的星象。而火星主刑罰，也主災禍。當火星停留在皇帝的頭頂，那叫做大禍臨頭。故此星象代表國君有生病、死亡的狀況亦或是失去政權、大臣謀反等。

又有如二十八宿中的胃宿，其象意是天上的穀倉，如同其名「胃」。象徵的是糧食的供給，故如果火星留守或凌犯，自

然不是穀倉起火就是農糧歉收，糧食不足造成饑荒。諸如此類，誠如山人一再強調的，要學好天文星占，只要掌握好每一個行星、恆星代表的象意，自然就能做出相對應的占斷。

E. 辰星（水星）

　　辰星，就是水星，繞行太陽一周天約 1 年，平均每約 5 日移動 1 度。水星在西洋占星中為智慧之星，在中國天文星占中亦有此意涵，但因為中國古天文占星為皇家御用之占星術，與國家、政治還有軍事等有絕對的關聯，所以水星也代表了戰鬥與殺伐。又此星主獄政，而獄政這個詞，在這裡指的並不是字面上牢獄管理之意，而是引申為社會治安狀況。當獄政清明，代表犯人少，因為作奸犯科的罪犯減少，所以社會太平安樂。又水星在八卦的配卦為坎，坎即為北方水，故水星亦主水災之意。

　　清楚了水星代表的象意，那我們就舉幾個占例來聯想一下吧！上一章提到心宿象徵國君或大臣。那麼如果換成象徵獄政清明的水星逆行或凌犯心宿時，就表示朝廷秩序與君臣倫理出了問題，不是大臣作亂，以下犯上，就是宮廷內部起盜賊等。又水星主智慧，當逆行時表示國君變糊塗而誤信佞臣，寵幸小

人，導至朝綱萎靡，民不聊生，抑或是朝中權臣藉機篡位而失去政權等狀況。

又如同二十八宿中的井宿代表天下江河，如果象徵水的水星留守井宿呢？想當然爾，當然是天下大水，準備要鬧水災啦。古天文占星術，就是這麼有趣，看到這裡，大家應該覺得古代歷史上記載的那些未卜先知、料事如神的奇人異士或是各朝代的諸位國師，已經不再那麼神奇了吧！就像魔術一樣，當你破解了箇中奧祕，那也不叫做魔術了，對吧！

建議讀者可以先用聯想的方式做初步推敲，再翻閱本書後附的乙巳占加以對照其所記載之結論與你的推測結果是否一致，寓教於樂。學習，其實也可以很有趣的。

F. 太白（金星）

太白即金星，繞行太陽一周天約 1 年，平均每約 5 日移動 1 度，金星在古天文占星學中為戰爭之星，為殺伐、征戰之意。正所謂：兵者，國之大事也。因此古代行軍打仗必定要先考慮金星的狀況，勝敗就看金星偏向哪一方。甚至金星升起的方向是東或是西，是高是低，都是古代為將者參考的依據，精確的掌握這些日月星辰還有雲雨氣候，往往可以決定戰爭的勝負。

例如諸葛孔明憑著對此術的瞭解，未卜先知，百戰百勝，讓弱小的劉備能與曹操、孫權兩位豪傑形成三足鼎立的天下大勢。這也是古代奇人異士能在軍隊未出征便可預知勝負結果的原因之一。

　　又若金星與二十八宿其中任一宿有凌犯現象通常是小型戰役，金星與其他行星凌犯，則是大型戰役。總之，提到金星，必然與戰爭有關。例如唐太宗李世民的玄武門之變。據舊唐書傅奕傳記載：傅奕在武德九年五月祕奏唐高祖，太白見於秦分，秦王當有天下。意思就是當時太白（金星）所在的位置，其對應分野在秦地，因此秦地的王子，將繼承皇帝大位。這個秦王，就是後來的唐太宗李世民。而這個星象在開元占經被稱之為「太白經天」。

　　又如同明朝建文帝時，預言北方燕王朱棣將起兵的奇人程濟，被民間尊為神仙，到底又是怎麼回事呢？真的有仙法嗎？其實，那應該也是藉由觀天象及對當時政治的深入瞭解而得到的推理結果。

　　經考證，明太祖朱元璋係於西元 1398 年 6 月駕崩，同年太子建文帝繼任，故建文帝元年應為西元 1398 年。又根據明史記載，程濟在建文帝登基不久，便上奏預言北方將有大兵起，

即將發生重大的戰爭事件，連日期都準到一日不差。當時北方為燕地，為朱棣的屬地，爾後發生「靖難之變」，燕王朱棣取得帝位，史稱明成祖；而建文帝最後的下場是流落民間，不知蹤跡。現在，就讓我們看看西元 1398 年 10 月的星象，便可知道程濟為何做出這個預言的原因吧！

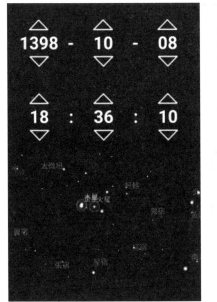

西元 1398 年 10 月星圖 乙巳占原文

在西元 1938 年 10 月星圖上我們可以發現，木星、金星、火星聚於星宿。而星宿主急兵起，而木星為國君，金星主戰事，乙巳占云：歲星與太白相犯，有兵大戰，金在木南，南國敗；

金在木北，北國敗，而當時，正好金星就在木南。所以北方燕王朱棣順利擊敗位於南方的建文帝而取得政權。所以金星對戰爭的重要性，從這個例子就能得知。至於其他案例，就留給各位讀者自行驗證吧！

G. 填星（土星）

填星即為土星，由於土星運行速度較慢，繞行太陽一周天約 28 年左右，故古代天文學家以 28 宿來對應這個運行軌跡，一年「填」一宿，故稱之為填星。而由於土星在傳統陰陽五行概念中屬土，土星居於中宮，坐「鎮」於中央，故又稱之為鎮星。

古代中國是農業社會，因此受土地的恩惠，五穀得以成長豐收，故土星在古天文星占中為福星，象徵福德。又為女主的象徵，正所謂「皇天后土」，蓋因天為父，為男性；地為母，為女性，故土地神亦有后土這個名稱。也因為土星為福神，護佑土地，故若土星在某宿，表示該國有福德。與木星一樣，均不可動兵攻打，否則反遭其殃。但在西洋占星中，土星為不吉之星，主各種倒楣的事情。我想，這就是不同文化背景之間的差異處。

既然土星主福德，那我們就拿吉利的占辭來討論吧！說到歡樂的星宿，就不能忘記身為娛樂之地的翼宿。翼宿星君被尊崇為演藝人員的守護神。而此宿，也是皇帝的笙歌取樂之地。土星既象徵女主，也是福星。而翼宿亦可視為皇帝的後宮，故若土星守在翼宿，代表皇后或後宮佳麗有喜，國家將有大喜之事且天下太平，禮樂大興。

　　但如土星在翼宿逆行的話，我們知道，如順行表示順天應理，諸事大吉；但如有逆行的狀況，那就表示有女人作禍，朝綱亂政，或是皇帝沉溺於男女情愛，荒廢朝政。

　　所以在進行天文占星時，除了要考慮星性吉凶之外，更要觀察其行進軌道、顏色以及明暗，據以推理思考方可做出正確的判斷。吉星如有異象，一樣以凶論。至於凶星有凶象，那就不用再多說了，其凶必矣。這是個很簡單的邏輯，卻也是很多人容易搞混的地方。

第三章

引力與重力

3-1 萬有引力定律

依據牛頓的萬有引力定律，任意兩個質點都會有相互吸引的力量。該吸引力的大小與它們的質量乘積成正比，與它們距離的平方成反比。

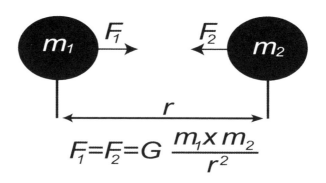

$$F_1 = F_2 = G \frac{m_1 \times m_2}{r^2}$$

F_1、F_2 表示兩個物體之間的萬有引力

G 是萬有引力常數

m_1 及 m_2 是兩個物體的質量

r 是兩個物體的距離

　　而宇宙中所有的星體，不管是行星或者是恆星，都擁有質量與加速度，故依據牛頓第二運動定律 F=ma(F 是外力，m 是質量，a 是加速度)，因此我們可以得知所有的星體都有一種「外力」存在，因此這種「力場」遍佈於整個宇宙之中。

　　基於對萬有引力及牛頓第二運動定律的瞭解，我們就可以解釋，為什麼太陽系的行星，都會繞著太陽周而復始的運行，而越外側的行星(如被占星學視為外行星的：木星、土星及三王星)繞行太陽速度越慢而越靠近太陽內側的行星(如被占星學視為內行星的：水星、金星、火星)繞行速度較快。又行星與行星彼此之間的行進軌道又保有一定的距離，所以不會產生碰撞的現象。

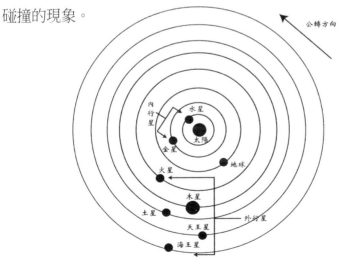

太陽系組成示意圖

也許你會問，山人談這個重力與引力的原因是什麼，這跟星占有什麼關係？其實，這就中西星命學最基礎概念：天人感應背後醞藏的科學原理，也是足以解釋命學、星占學會準驗的原因。我們舉個簡單且真實的例子來說明，相信各位就能理解。

　　我們都知道，地球每逢農曆初一、十五必定有滿潮的現象，造成這個現象的原因，就是因為太陽、月球與地球之間引力關係改變的結果。我們都知道，由於地球、太陽、月亮之間因為萬有引力影響，因此地球繞著太陽旋轉而月球又繞著地球旋轉。彼此之間都形成一個近似圓形的軌道，每個月的農曆初一，太陽與月亮呈現占星學上所形容的 0 度合相，而每個月的農曆十五日，太陽與月亮呈現 180 度的對沖相。依據相位原理，任兩個粒子在 180 度反相時，會產生破壞性的干涉結果，對引力來說也是如此，因此地球有了滿潮的產生。

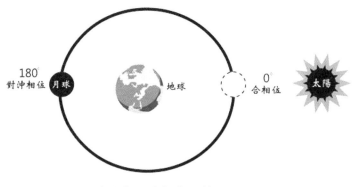

太陽與月亮相位關係圖

　　試想一個月球，在特定的相位中，其力場的改變，就能將佔了地球超過 75% 的水給拉高。那我們人呢？別忘了，人體內的水元素可是超過 70%，連地球都會受這引力影響，更何況是我們這個血肉之軀？(山人註：所以佛教勸戒大家在農曆初一、十五都要茹素，真的是有他科學根據的。)

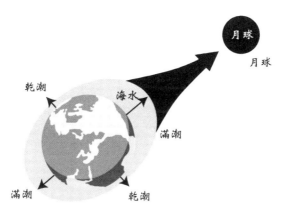

月球引力與潮汐示意圖

　　而月球相較於其他的行星，是相當小的星體。那如果是體積更大的木星、土星跟地球之間也呈現類似的特定相位呢？那麼對地球還有人類的影響絕對比起月球還大到讓人難以想像。也因此每當「天有異象」之時，如果從物理科學的角度來看，表示充滿宇宙之間原本處於平衡狀態的引力、力場 (或頻率)，因行星移動軌跡改變而產生物理上的變化，當然對於我們居住

在地球上的人類還有社會，帶來巨大的影響。尤其是當行星聚合成 0 度或 180 度的對沖相時，變化會更明顯，這就是每一次多星合宿或連珠，會對人世間帶來重大變化的原因所在，而這不就正是占星學或星命學中所強調的「天人感應」嗎？

而中國古天文占星術，就是以這種「天人感應」的概念為基礎 (或應該稱為宇宙各行星、恆星間因引力、力場或頻率改變)，藉由觀察天象變化，加以統計彙整出在某些特定星象，曾經發生過的事情並記載下來。而這個統計紀錄，就是流傳數千年的「星占辭」。所以古天文占星術是融合天文科學、物理學與統計學的一門專業學術，絕非迷信，這點真的不容置疑。

3-2 日蝕與月蝕

研究過古天文甚或是歷史的朋友都知道，不管中西方，只要發生日蝕或月蝕時，古人都視為不吉的徵兆。很多人認為那是古代人對於天文科學的不瞭解所造成的迷信，因為日蝕與月蝕是太陽、地球、月亮運行時必然的天文現象。

但山人要告訴你，站在天文科學及物理的角度來看，這不是迷信，而是千真萬確的事實。相信各位經過上一節萬有引力

還有牛頓第二運動定律的分析就可以知道，宇宙各行星與恆星之間是充滿力場或頻率的，當這個短暫平衡的力場，因為星球移動導致其間的角度改變，其所產生的「相位角」，除了影響地球的力場或磁場之外，當然會影響到我們居住於地球上渺小的人類，進而發生相對應的變故，這就是所謂的「天人感應」。而這也是中國古天文星占還有中西占星學、命理學能夠準確推測出宿命或預言未來的主要原因。

回到正題吧！日蝕的發生是因為月球運行至太陽與地球中間而產生的天文現象，而月蝕是因為月亮被地球遮蔽而發生。簡單來說，日月蝕的成因就是在日（太陽）、月（月亮）與地球三者之間呈現 0 度合相或是 180 度對沖相位的時候，所發生的自然現象。而因為地球繞行太陽的軌道（又稱為黃道）與月球繞行地球的軌道（又稱為白道）。

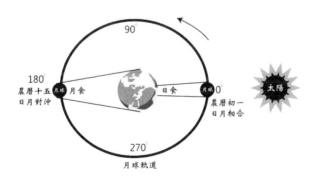

日月蝕關係示意圖

也因為日、月蝕是固定發生在黃白道交點附近（升交點或降交點），所以日蝕只會發生在農曆初一（日月合）之時；而月蝕只會發生在農曆十五（日月對衝）之時。 但因黃道與白道這兩條軌道彼此之間呈現 5°9´ 的傾斜角，是故並非每次當日月運行至 0 度或 180 度時皆有日月蝕的狀況發生。

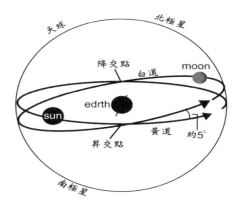

黃道與白道關係示意圖（地心法）

明白了日、月蝕的科學原理之後，讓我們來研究一下，古代中國人到底是怎樣看待這個異常天象吧！由於太陽象徵皇帝、國君或主政者，當太陽被遮蔽，表示帝王施政方向或作為有錯誤，天地無光，亦表示上位者有失德失能的狀況，也被認為是臣下蔽上，君王昏庸，誤信讒言，朝政混亂等，因此日蝕的古占辭多為：國君駕崩、國家滅亡、兵災、內戰、叛變、叛

亂或朝綱紊亂、吏治不清等狀況。

而日蝕依據蝕分大小區分為日全蝕或日偏蝕，都有不同的占辭，如為日全蝕，此時日月無光，大地一片昏暗，因此反映在星占辭上都是相當嚴重的事件，如：亡國、國君駕崩死亡、天下易主等。倘為偏蝕，由於遮蔽範圍較小，是故帶來的影響也相對比較不那麼嚴重，則多主戰爭落敗或國家失去土地、臣下蔽上、政爭等方面。

這些星占辭，絕非是歷代星占家胡言亂語、胡亂臆測而生。而是根據異常天象發生當下，地面人間曾發生的事件，加以統計彙整而成，一如山人在本書中一直強調的，中國古天文星占是天文科學加上統計學而成的一門專業學術，現在，就讓我們回顧歷史上三次可考證的應驗實例吧！

春秋時代魯襄公 24 年 7 月甲子朔，日全蝕發生在秦國與晉國的分野 (東井)，不久，秦景公便駕崩死亡；又在漢惠帝 7 年夏五月丁卯，也發生日全蝕，當年漢惠帝亦死亡；又漢朝呂后 7 年春正月己丑，日全蝕於營室 9 度，隔年，呂后駕崩。

看完了日蝕的占辭與應證實例，不得不佩服中國人的智慧。那麼月蝕或月球凌犯恆星時會發生什麼狀況呢？這點一樣要從月亮的象意來思考，據晉書天文志云：月為太陰之精，以

之配日，女主之象；以之比德，刑罰之義；列以朝廷，大臣之類。由此可知月亮是與太陽相互匹配，太陽為國君，那麼月亮就是皇后、后妃或朝中大臣等。與日蝕相同的思考邏輯，當月蝕發生時，自然影響的就是這個方面，例如後宮不安、妃后爭、近臣死等，各位不妨仔細參詳本書後附的《乙巳占》便能發現月蝕類的占辭，不脫其所象徵代表的人、事、物。

因此做出天文星占，預測未來，其實並不難，只要知道該星曜還有恆星所代表的象意，加以推敲，自然就能做出近似的判斷，例如中國二十八宿中的《昂宿》，昂為胡人之意，因此當月球凌犯昂宿的時候，如果正值中國與胡兵大戰時，對中國的君王而言是大吉的徵兆。表示邊境作亂的胡王死亡或後宮有亂、后妃死亡等，那麼勝利指日可待。這就是中國古天文星占的推演邏輯，只要把這個脈絡掌握清楚，加上對時事有深入的觀察瞭解，做出正確的預測，一點也不難，不是嗎？

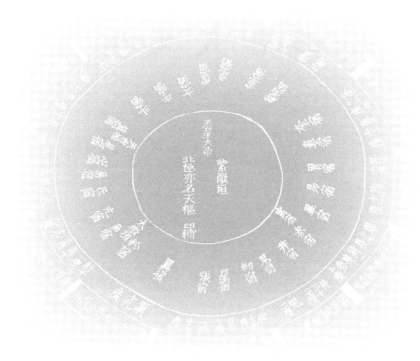

第四章

中國古天文星空

第四章 中國古天文星空

4-1 中國古天文概説

正所謂「昊窮無言，示人以象」，星空，它本身是沒有語言的，都是人們賦予它生命與故事，讓星空成為充滿遐想的一個夢幻國度。而不同的文化，對於同一片星空，有不同的幻想與傳說。因此，當我們學習辨認星空之前，首先就必須從該文化的背景還有人文歷史方面開始切入，有一個正確的認知，才能有一個整體的概念，畢竟，星空的語言及含意來自人的想像力，而人的想像力來自於其所屬文化的內涵與本質。

就像希臘人，由於富有文化素養，教育水平高，生性浪漫愛幻想，所以在希臘的星空，總是充滿了無數浪漫的想像，所有星空的述語與淒美浪漫的愛情故事，流傳至今，仍為世人所津津樂道。而中國呢？因為中國長期以來都是一個封建獨裁制度的國家，當政的國君為了便於控制人民，因此長期採行「愚民政策」，一直到 21 世紀的現代還是如此，著實令人感慨。

因此古代中國社會的文盲率高達 99%，多數人民都是務農

維生，目不識丁；加上長期重文輕武，故民間欠缺豐富的人文及科學素養。因為受教育只限於少數社會頂層人士的權利。所以中國的星空，少了那麼點夢幻傳說的氛圍，這也是大時代背景下的無奈啊！

除此之外，中國各朝代的君王為了讓自己統治權更穩固，所以長期灌輸人民「君權神授」的觀念，皇帝就是天神轉世下凡，受「天命」來統治這片領土及人民，所以皇帝的命令稱之為「聖旨」，確實是其來有自。也因為眾多因素影響下，中國的星空述語。就是以皇帝為中心而發想的一個「星空帝國」。簡單來說，就是將地面上的政治環境、朝廷(政府)組織、文武百官還有地域疆界投射到天空中做為描述星空的語言，這就是古代中國人眼中的星空。

在瞭解中國長期的文化背景之後，相信大家都能理解，為何中國古天文星占的占辭，大都與皇帝、戰爭、政爭等有關。因為，星空就是以這個背景來命名的，星占師(或稱為欽天監、靈臺監)也是專為帝皇服務，為皇室所御用，因此星空與人民一樣，都是專屬於皇帝所擁有。所以這門以真實星空運行狀況為基礎的古天文占星術，所指涉的內容，當然也是與皇室、政治、軍事等有關，不是嗎？

所以大家所熟知的「三垣二十八宿」，也只是這個概念的延伸，只要把這些弄清楚，搞明白。中國古天文，再也不會艱深難懂了。再來山人會慢慢跟各位介紹，這個君權至上的封建國家，到底是怎樣看待這個「星空帝國」的吧！

4-2　三垣

如上一節所介紹的，中國的星空是以皇帝為主體做延伸想像的，中國傳統星空的劃分也是如此，故三垣指的就是：皇帝、皇族還有后妃所居住的「紫微垣」，朝廷文武百官集會之「太微垣」，還有象徵國土疆域及人民居所、市集的「天市垣」。想當然爾，這些星垣所包含的各星名，也與這些名稱有關，茲分述如下：

A. 紫微垣

紫微星，事實上就是我們熟知的「北極星」（註一）。是一顆位於北天中央的亮星。只要你居住在北半球，這顆星永遠在星空的中央，因為地球的自轉軸正對著這顆星。

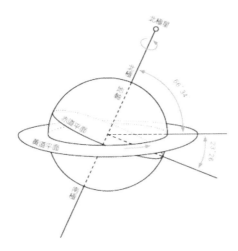

地球自轉軸與北極星示意圖

註1：由於長期歲差現象導致地軸偏移，故現任北極星古吉名為「勾陳」。

　　那麼在這個君權至上的封建國家，北天正中央最亮的恆星，自然被視為皇帝的象徵，是故北極星長期被尊為「帝星」，而周天的星曜就是皇帝的臣屬與子民，在這個虛擬的星空帝國，周而復始的運行。既然北極星象徵皇帝(天帝)，那麼周邊的星曜，自然就是以皇帝身邊的皇族、后妃、侍衛、隨從等來命名。這個紫微垣的範圍，當然就是皇帝及皇族的居所。從這個角度來理解，相信對於這個星區的星曜名稱，就不會再那麼陌生了。現在山人就針對部份紫微垣還有所屬星曜做個簡單的介紹。

左右兩列圓弧型為護衛皇帝的宮牆，將紫微垣區分為內外兩區域，組成這個左右垣的星曜，就是維護皇帝安全及處理皇室成員事務的侍衛隨從。

在藩籬內就是皇帝以及皇族成員的居所，勾陳等六星象徵皇后及後宮佳麗，內有天床讓皇帝休息、華蓋（遮傘）供皇帝出巡使用，傳舍是接待處，天柱用以張貼政令。大理就是專門裁罰皇室成員的單位。

皇帝的廚房

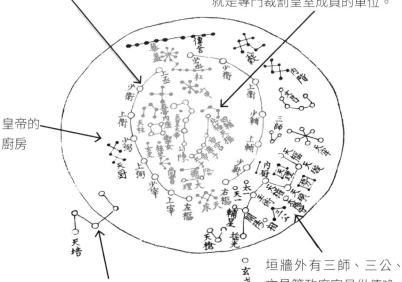

守衛用的武器（類似狼牙棒）

垣牆外有三師、三公、文昌等政府官員供傳喚。還有象徵皇帝出巡使用的馬車的北斗七星（斗車），另有兵器如天槍、玄戈備用。

B. 太微垣

　　太微垣位於二十八宿中南方七宿的翼宿與軫宿之北，一樣由兩列環抱，在星空中相當容易辨認位置。而紫微垣是皇族的居所，那麼太微垣，指的就是群臣開會議政的處所，也就是朝廷(中央政府)的所在，輔助皇帝(黃帝)治理整個天庭及人民。

　　想當然爾，這個星區的星名，就是以文武百官來命名(了然按：所以要研究不同文化的星空，一定要從它的歷史背景還有人文素養開始瞭解，才能夠舉一反三，通達無礙。)。而這個太微垣的結構，就是以五帝座(象徵古代的黃帝)為中心，前方是隔屏，旁邊是準備上奏或朝貢的詣者；北方是太子、隨從官與寵信的幕僚。

　　太微垣跟紫微垣一樣，都有左右兩列，上方的三台，是皇帝進入朝廷議政的台階，左右兩列是將、相與左右執法，就如同電視劇常看到的朝廷開會，將軍還有相國分列兩側，左側就是朝廷重臣如：五諸侯、三公(綜理政務的丞相、掌兵權的太尉、掌監察的御史大夫)及九卿(奉常、郎中令、衛尉、太僕、廷尉、典客、宗正、治粟內史、少府)等。後方還有負責護衛的虎賁、郎位、常陳等，在外垣還有靈台、明堂等相關設施，整體太微垣的配置是完全按照帝皇議政的規模做一個排列。

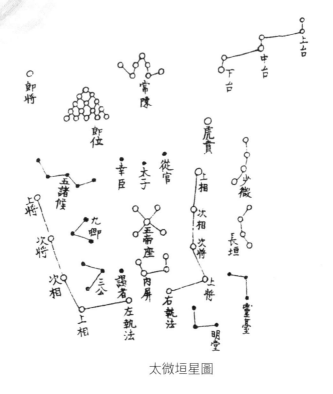

太微垣星圖

C. 天市垣

　　天市垣，顧名思義就是市集以及平民百姓生活起居之處，故此星垣的所有星名必然與民生需求有關，瞭解這一點，自然相當容易做聯想。

　　而天市垣跟紫微、太微垣一樣，也有左右兩列如愛心的形狀的藩籬，這兩列對應著中國各地域，如宋、韓、趙、衛等。

至於中間的帝座，就是古代神農氏接受各方臣屬朝拜的座位，旁邊的候星是隨侍的從官，天紀九星視為九卿，受理人民的冤訴。七公為議政官員(類似朝廷的三公)。而宗人、宗星也是陪同的皇親國族及管理官員，貫索就是負責審訊人民的衙門或巡捕。而既然是市場，所以有用來度量的斗跟斛、賣牲畜的屠肆、賣布料的帛度、賣南北雜貨的列肆、主管市場秩序規範的市樓(類似管理中心)等，也相當程度反映了一個民間市集的狀況。

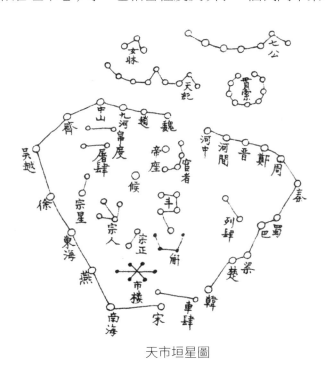

天市垣星圖

不同文化，對於星空有不同的看法與想像，唯一相同的是，那都是同一片星空。就如同山人常說的，我們現在看到的星空，跟十億年前的地球霸主恐龍看得是一模一樣的，其中差異只在名稱、看法不同罷了。因此「數」可以有千百種語言與解釋，但永遠離不開「象」；而「象」不管有沒有「數」，它都是一個獨立存在的實體。

4-3 二十八宿

　　二十八宿聽起來很神祕，但那只是類似經緯度的一種劃分星空區域的方法而已。古代的中國人，將星空劃分為 28 個區域，稱之為 28 宿。而為什麼是 28 宿，不是 25 宿或 30 宿呢？那是因為月亮繞行地球約 27.32 天左右，這個「宿」，就是宿舍的意思。也就是月球一晚停留一宿，取整數 28 天剛好繞行一個周天 360 度。

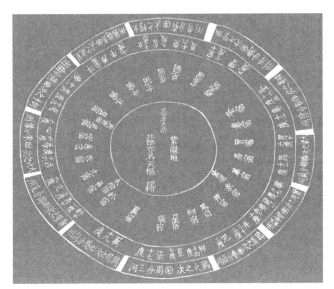

中國古天文分野圖

　　這是一個一兼二顧的好方法，因為月球一夜停留一宿，以七曜值日法搭配東、南、西、北四方各七宿，剛好可以用來計算日期，其對應表如下：

星期	一	二	三	四	五	六	日
值日七曜	月	火	水	木	金	土	日
東方青龍七宿	心	尾	箕	角	亢	氐	房
南方朱雀七宿	張	翼	軫	井	鬼	柳	星
西方白虎七宿	畢	觜	參	奎	婁	胃	昴
北方玄武七宿	危	室	壁	斗	牛	女	虛

28 宿對應週期表

看到這兒，我想大部份人都會感到納悶，既然28宿是用來劃分天體區域的一個座標系統，類似西洋天文學用經緯度的方式來標定星曜位置。那麼為什麼古人不採等距這種方便易懂的方式，而是用那種讓人眼花撩亂的不等距劃分呢？

那是因為中國28宿是以天上的亮星做分界，因為民間缺乏觀測儀器設備，只能用肉眼觀察，故以最亮的星體來做區分，是最方便的。所以28宿，不妨視為「中國的28星座」，以每個星座最亮的一顆星為準劃定界線，據以評估度數，標定星曜位置。而這顆最亮的星，用來劃分星區的星官稱之為「距星」。而28宿中最大的是井宿有34度；最小的是觜宿只有1度。

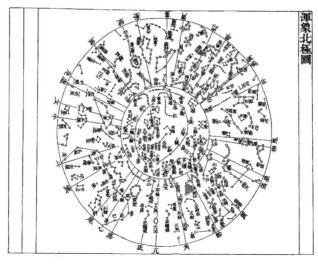

古天文星圖

　　星區劃分座標系統完成後，更重要的是標定方向，最簡單的就是區分為東、南、西、北四方。二十八宿除以四方，剛好可以平分為每一個方位 7 宿 (28/4=7)。在中國，東方又稱為「青龍」，南方又稱為「朱雀」，西方又稱為「白虎」，北方又稱為「玄武」，又稱為「四大神獸」故：

◎東方青龍七宿 (從天秤座 23 度起至魔羯座 10 度區間): 角宿、亢宿、氐宿、房宿、心宿、尾宿、箕宿。

◎南方朱雀七宿 (自巨蟹座 5 度至天秤座 23 度): 井宿、鬼宿、柳宿、星宿、張宿、翼宿、軫宿。

◎西方白虎七宿 (自牡羊座 22 度起至巨蟹座 5 度): 奎宿、婁宿、胃宿、昴宿、畢宿、觜宿、參宿。

◎北方玄武七宿 (自摩羯座 10 度起至牡羊座 22 度): 斗宿、牛宿、女宿、虛宿、危宿、室宿、壁宿。

　　再來，就讓中國這四大神獸 (青龍、朱雀、白虎、玄武) 帶領我們認識中國古天文的 28 宿與各宿所屬星曜 (官) 的組成及其象意吧！

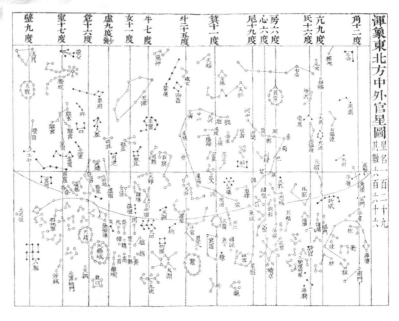

東方青龍七宿及北方玄武七宿官星圖

A. 東方青龍七宿

1. 角宿（12 度）

　　東方七宿之首，為龍頭的犄角，其距星為角宿一（處女座α）。五行屬木，在黃道十二宮劃分其位置自天秤座 23 度起至天蠍座 4 度之間。有二星，視星等為 1 等星，其光為白色。此宿為龍之角，象徵著天帝育化天下萬物，造就太平國度；在天

文星占主兵爭，明亮則國泰民安，百姓安樂；如晦暗或有行星凌犯的狀況，則主戰事，天下不安。其所轄之星官含自身共有 11 個，茲就各星官代表含意分述如下：

1-1. 周鼎：三星，為周朝的九鼎，象徵國家權力。

1-2. 天田：二星，周天子躬耕的田地。

1-3. 平道：二星，主管道路的官員。

1-4　進賢：二星，為舉薦賢才之意。

1-5　天門：二星，進入天庭的大門，賢士候聘之處

1-6　平 ：二星，代表法律、獄政。

1-7　柱 ：十二星，每柱三星共四柱，為支撐庫樓之柱子。

1-8　衡 ：四星，支撐庫樓之柱。(故支撐庫樓之柱＋衡總數為 15 星)。

1-9　庫樓：戰車及兵器存放地點。

1-10 南門：二星，為天庭的南方出入口，守護天子安全。

2. 亢宿 (9 度)

　　東方青龍七宿之第二宿，為龍的頸部，其距星為亢宿一(處女座 κ)。五行屬金，在黃道十二宮劃分其位置自天蠍座 4 度至天蠍座 15 度之間。有四星，視星等為 4.1 等星。在中國古天文占星象徵帝王宗廟祠堂。故其星如明亮代表天子平安，知人

善任，國家太平；如晦暗，則象徵疾病或奸佞當朝，天下大亂不安。其所轄之星官含自身共有 7 個，茲就各星官代表含意分述如下：

2-1　大角：一星，象徵帝座。

2-2　左攝提：三星，輔助大角星建立時節之官員。

2-3　右攝提：三星，輔助大角星建立時節之官員。

2-4　折威　：七星，斬殺之意，為執行死刑之官員。

2-5　頓頑　：二星，為掌管考察監獄囚情的官員。

2-6　陽門　：二星，為關隘之門，由執兵器之衛士戍守。

3. 氐宿（16 度）

東方青龍七宿之第三宿，狀似粗壯的樹根，用力抓住地面，代表龍的強壯雙手，在天文星占中象徵帝王的行宮，後宮佳麗奉寢之所。其距星為氐宿一（天秤座 α）。五行屬土。在黃道十二宮劃分其位置自天蠍座 15 度至射手座 3 度之間，有四星，視星等為 5.2 等星。此宿亦主瘟疫與疾病。其所轄之星官含自身共有 11 個，茲就各星官代表含意分述如下：

3-1　招搖：一星，為矛或盾牌等兵器。

3-2　梗河：三星，為矛鋒等兵器，備不時之需。

3-3　亢池：六星，為亢宿下的大水池亦為渡船橋樑的象徵。

3-4　天乳：一星，甜美的甘露乳汁。

3-5　天輻：二星，為駕駛天帝馬車的官員。

3-6　陣車：三星，為覆蓋華麗皮革之戰車。

3-7　騎官：二十七星，三星連為一個騎官，共九個騎官，保衛天帝坐駕。

3-8　騎鎮將軍：一星，為統率指揮騎官的將軍。

3-9　車騎：三星，為保護將軍的副官。

3-10 帝席：三星，天帝取樂之處所。

4. 房宿（6 度）

　　東方青龍七宿之第四宿，為龍的腹部，顧名思義，在天文星占中象徵房屋。也就是帝王頒布政令、祭祀、集會的地方（或稱為：明堂），故此宿主吏治。其距星為房宿一（天蠍座 π）。在黃道十二宮劃分其位置自射手座 3 度至射手座 8 度之間。五行屬日（火），有四星，視星等為 2.9 等星。倘星明象徵著政治清廉，明察秋毫，百姓安居樂業。其所轄之星官含自身共有 8 個，茲就各星官代表含意分述如下：

4-1　西咸：四星，為房宿西側的門。

4-2　東咸：四星，與西咸相對，為房宿東側的門。

4-3　罰：三星，主掌刑罰之事。

4-4　鍵閉：一星，為門閂之意，亦可視為管理者。

4-5　鉤鈐：二星，為鑰匙或鎖之意，亦可視為管理者。

4-6　從官：二星，為隨侍的官員，主醫巫禱病之事。

4-7　日　：一星，太陽的化身。

5.心宿（6度）

　　東方七宿之第五宿，又稱「大火」，意即龍的心臟，在天文星占中，居中之心宿二象徵皇帝本人，西邊心宿一為太子，東邊心宿三為是庶子，其距星為心宿一（天蠍座 σ）。在黃道十二宮劃分其位置自射手座 8 度至射手座 16 度之間。五行屬月（水），有三星，視星等為 2.9 等星。象徵天帝健康狀況。如星明亮，代表帝王健康平安，國家強盛富足，欣欣向榮；倘晦暗或遭其他行星凌犯，主帝王駕崩或失勢，天下大亂。其所轄之星官含自身共有 2 個，茲就個星官代表含意分述如下：

5-1　積卒：十二星，分居四方，每方三顆成三角型，為護衛之兵卒。

6.尾宿（19度）

　　東方青龍七宿之第六宿，為龍的尾巴，在天文星占中象徵

皇帝的後宮佳麗，其距星為尾宿一 (天蠍座 μ1)，在黃道十二宮劃分其位置自射手座 16 度至魔羯座 1 度之間。五行屬火，有九星，視星等為 3 等星。此宿共由九星組成，俗稱龍尾九子，傳說龍有九子：老大囚牛、老二睚眥、老三嘲風、老四蒲牢、老五狻猊、老六贔屭、老七狴犴、 老八負屭、老九螭吻，故以此九星代表天帝 (龍) 後宮佳麗的子嗣。亦可象徵農作收成。此星明，象徵豐登有望，皇室子孫興旺；如星晦暗則恐將有水患洪災之難。其所轄之星官含自身共有 6 個，茲就個星官代表含意分述如下：

6-1　天江：四星，天上的江河。

6-2　魚 ：一星，江河裡的魚，主雲雨風氣

6-3　傅說：一星，巫祝之官，祈求皇嗣子孫綿延不斷。

6-4　神宮：一星，為后妃解衣之內室。

6-5　龜：五星，江河裡的烏龜，亦為占卜用之靈龜。

7. 箕宿（11 度）

東方青龍七宿之第七宿，狀似畚箕，青龍尾端之鰭片。其距星為箕宿一 (射手座 γ)，在黃道十二宮劃分其位置自摩羯座 1 度至魔羯座 10 度之間。五行屬水，有四星，視星等為 3 等星。斗在北，箕在南，又名「南箕」。清晰明亮代表風調雨順，五

穀豐收。其所轄之星官含自身共有 3 個，箕宿狀似口舌，故天文占星中主亦主口舌是非。茲就各星官代表含意分述如下：

7-1　杵：三星，搗米用的工具。用來樁米供庖廚用。

7-2　糠：一星，穀類退下的皮，用以豢養家禽。

8. 斗宿（25 度）

北方玄武七宿之首，其狀如斗勺，與北斗七星遙相呼應。又稱之為南斗。其距星為斗宿一（射手座 φ）。在黃道十二宮劃分其位置自摩羯座 10 度至寶瓶座 4 度之間。五行屬木，有六星，視星等為 3.1 等星。此宿為天下宗廟，也是宰相的象徵。倘明亮代表國家大治，吏治清明，人民安樂富足。其所轄之星官含自身共有 10 個，茲就各星官代表含意分述如下：

8-1　天弁：九星，為武官之長。

8-2　建：六星，三顆三顆對成圓弧狀，為關隘城門。

8-3　鱉：十四星，呈一個橢圓形，為海裡的鱉。

8-4　天雞：二星，為天上的雞，亦為查候時節之意。

8-5　天籥：八星，天上的鑰匙。

8-6　狗國：四星，象徵邊疆民族（鮮卑等三外族）

8-7　天淵：十星，天上的潭池，主灌溉。

8-8　狗：二星，天上的狗，負責守衛任務。

8-9　農丈人：一星，農政之官。

9. 牛宿（7 度）

為北方玄武七宿第二星宿，前有兩角突出，如牛之角。其距星為牛宿一（摩羯座 β）。在黃道十二宮劃分其位置自寶瓶座4度至寶瓶座11度之間。五行屬金，有六星，視星等為3.1等星。牛為耕作之牲畜，故其星明象徵六畜興旺，五穀豐登，由於農耕需要灌溉系統及農路平整以利運送，故亦可視為關隘道路或水利工程大興，平安無災。其所轄之星官含自身共有12個，茲就各星官代表含意分述如下：

9-1　天田：六星，耕種的田地，亦主農器。

9-2　九坎：九星，為農地周邊溝渠。

9-3　河鼓：三星，為軍鼓。

9-4　天桴：四星，為鼓槌。

9-5　織女：三星，主瓜果絲棉珍寶，亦可視為織布的女性。

9-6　左旗：九星，河左側的軍旗。

9-7　右旗：九星，河右側之軍旗。

9-8　羅堰：三星，農田灌溉系統。

9-10　漸臺：四星，臨水之台，亦可視為台階。

9-11 輦道；五星，供君王或人車行走的道路。

10 女宿（11 度）

　　北方七宿之第三星宿，其距星為女宿一（水瓶座 ε）。在黃道十二宮劃分其位置自寶瓶座 11 度至寶瓶座 23 度之間。五行屬土，有四星，視星等為3.8等星。此星象徵女性，倘星明亮，代表女權掌事，國庫豐盈或婚嫁喜事。天文星占用以占卜帝王子嗣興旺或不安混亂。其所轄之星官含自身共有 19 個，茲就各星官代表含意分述如下：

10-1 周：二星，春秋戰國封建時代諸侯國。

10-2 秦：二星，春秋戰國封建時代諸侯國。

10-3 代：二星，春秋戰國封建時代諸侯國。

10-4 趙：二星，春秋戰國封建時代諸侯國。

10-5 楚：一星，春秋戰國封建時代諸侯國。

10-6 魏：一星，春秋戰國封建時代諸侯國。

10-7 韓：一星，春秋戰國封建時代諸侯國。

10-8 越：一星，春秋戰國封建時代諸侯國。

10-9 齊：一星，春秋戰國封建時代諸侯國。

10-10 鄭：一星，春秋戰國封建時代諸侯國。

10-11 燕：一星，春秋戰國封建時代諸侯國。

10-12 晉：一星，春秋戰國封建時代諸侯國。

10-13 離珠：五星，后妃衣服上裝飾用的珠飾品。

10-14 敗瓜：五星，為瓜果。

10-15 瓠瓜：六星，葫蘆，亦為瓜果之意，主後宮陰謀之事。

10-16 天津：九星，天上的度口或橋樑之意。

10-17 奚仲：四星，傳說中古代車輛的發明人，象徵車軸或輪。

10-18 扶筐：七星，古代的手提盒（籮筐）。

11. 虛宿（9 度）

　　北方七宿之第四星宿，其距星為虛宿一（水瓶座 β）。在黃道十二宮劃分其位置自寶瓶座 23 度至雙魚座 3 度之間。五行屬日（火），有二星，視星等為 2.9 等星。此宿為廟堂祭祀祝禱之處，故為哭泣傷心處。星暗沉無光反為吉祥之兆，代表天下安康，百姓安樂；其星若明亮，則其國多有動盪，兵亂，恐懼、不安甚或是死亡。其所轄之星官含自身共有 10 個，茲就各星官代表含意分述如下：

11-1 司命：二星，掌管刑罰死傷之神祇。

11-2 司祿：二星，掌管爵祿及賞賜之神祇。

11-3 司危：二星，掌管凶危困厄之神祇。

11-4 司非：二星，掌管是非罪過之神祇。

11-5 哭：二星，哭泣死傷。

11-6 泣：二星，墳墓倚廬哭泣。

11-7 天壘城：十三星，為北邊蠻夷之城寨。

11-8 敗臼：四星，損壞的臼，象徵敗亡。

11-9 離瑜：三星，以玉墜飾的女性華服。

12. 危宿（16度）

　　北方七宿之第五星宿，其距星為危宿一（水瓶座 α）。在黃道十二宮劃分其位置自雙魚座 3 度至雙魚座 23 度之間。五行屬月（水），有三星，視星等為 3 等星。危宿雖為蓋屋之意象，但由其星官看來，有空盪的房子，亦有墳墓，故此宿其意應為「陰宅」而非「陽宅」。在天星擇日學倘有造葬之事，得此星加臨為大吉，庇蔭子孫之意。故此宿主有災難或死傷之事。其所轄之星官含自身共有 11 個，茲就各星官代表含意分述如下：

12-1 人星：五星，象徵天下百姓平民。

12-2 杵：三星，椿米的棒子，供應軍糧使用。

12-3 臼：四星，椿米的容器，供應軍糧使用。

12-4 車府：七星，存放車輛的地方。

12-5 天鉤：九星，廚房所用之鉤子。

12-6 造父：五星，周穆王的駕駛官，技術高超，引申為騎乘用

的御馬。

12-7 墳墓：四星，人死後埋葬的地方。

12-8 虛梁：四星，祭祀用廟宇。

12-9 天錢：十星，為儲放金錢之庫房。

12-10 蓋屋：二星，蓋房子的官員。

13. 室宿（17 度）

北方七宿之第六星座，其距星為室宿一（天馬座 α）。在黃道十二宮劃分其位置自雙魚座 23 度至牡羊座 9 度之間。五行屬火，有二星，視星等為 2.5 等星。為天子的宮殿，此星明亮，象徵國家大治，昌盛繁榮，百姓安居樂業；若晦暗則象徵天下大亂，兵爭大起，疫病橫行。其所轄之星官含自身共有 11 個，茲就各星官代表含意分述如下：

13-1 離宮：六星，專供天子遊玩的宮殿，又稱為別宮。

13-2 雷電：六星，天上的雷電。

13-3 壘壁陣：十二星，為軍營及周邊的防衛工事。

13-4 羽林軍：四十五星，帝王的貼身禁衛軍。

13-5 鈇鉞：三星，通常指斧類兵器。

13-6 北落師門：一星，軍營的北門，等候出兵集結之處。

13-7 八魁：九星，為軍營外的陷阱。

13-8 天綱：一星，將軍武官使用的野營軍帳。

13-9 土公吏：二星，負責管理土木工事的官員。

13-10 騰蛇：二十二星，上古六神之一。

14. 壁宿（9度）

　　北方七宿之第七宿，其距星為壁宿一（天馬座 γ）。在黃道十二宮劃分其位置自牡羊座 9 度至牡羊座 22 度之間。五行屬水，有二星，視星等為 2.8 等星。壁宿又為藏書寶庫亦主文章，故天文星占多用以論國家文明狀況。倘星明代表文人主政當權，重視仁義道德，朝政清明；如星暗，主武人當道，如閃爍則主國家大興土木。其所轄之星官含自身共有 6 個，茲就各星官代表含意分述如下：

14-1 霹靂：五星，急又響徹雲霄的雷，主雲雨。

14-2 雲雨：四星，雲和雨。

14-3 天廄：十星，存放馬的庫房。

14-4 鈇鑕：五星，除草的鐮刀。

14-5 土公：二星，負責建造圍牆基礎設施的官吏。

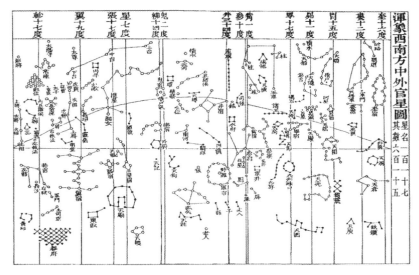

西方白虎七宿與南方朱雀七宿官星圖

15 奎宿（16 度）

　　西方七「白虎」七宿之首，其距星為奎宿二（仙女座 ζ）。在黃道十二宮劃分其位置自牡羊座 22 度至金牛座 4 度之間。五行屬木，有十六星，視星等為 3.9 至 4.1 等星。奎宿因其狀似葫蘆，又似豬，故又名天豕，晉書天文志云：奎十六星，天之武庫也，故亦可表武官。其所轄之星官含自身共有 9 個，茲就各星官代表含意分述如下：

15-1 外屏：七星，遮蔽豬圈汙穢物之隔屏。

15-2 天溷：七星，養豬的處所，豬圈。

15-3 土司空：一星，掌管水土與畜牧之官員。

15-4 軍南門：一星，軍營的南門，不得擅入之門。

15-5 閣道：六星，帝王出巡的道路。

15-6 附路：一星，閣道旁的小路便道。

15-7 王良：五星，馬車駕駛員，春秋時代精於駕車之人，亦主風雨。

15-8 策：一星，馬鞭，鞭策馬車前進的工具。

16. 婁宿（12 度）

西方七宿之二，其距星為婁宿一（牡羊座 β）。在黃道十二宮劃分其位置自金牛座 4 度至金牛座 17 度之間。有三星，視星等為 2.6 等星。五行屬金。為圈養祭祀牲畜之所，視為祭祀場所。故象徵聚眾、祭祀宰殺、犧牲奉獻等。其星明，象徵國泰民安，天下太平；如晦暗，表賊兵聚集，兵災禍亂將起。其所轄之星官含自身共有 6 個，茲就各星官代表含意分述如下：

16-1 左更：五星，管理畜牧的官員。

16-2 右更：五星，管理畜牧的官員。

16-3 天倉：六星，天帝的穀倉。

16-4 天庾：三星，曬穀場。

16-5 天將軍：十一星，天帝的大將軍。

17 胃宿（15 度）

西方七宿之三，其距星為胃宿一（牡羊座 35）。在黃道十二宮劃分其位置自金牛座 17 度至金牛座 30 度之間。有三星，視星等為 4.6 等星。五行屬土，「胃」就是天上的倉稟，儲存糧食的庫房。故若星明代表五穀豐收，天下富足安樂。其所轄之星官含自身共有 7 個，茲就各星官代表含意分述如下：

17-1 天廩：四星，儲存糧草之庫房。

17-2 天囷：十三星，穀倉。

17-3 大陵：八星，陵墓之意。

17-4 天船：九星，船舶航運管理或水旱災。

17-5 積屍：一星，陵墓中堆積的屍體。

17-6 積水：一星，聚成一攤的水。

18. 昴宿（11 度）

西方七宿之四，其距星為昴宿一（金牛座 17）。在黃道十二宮劃分其位置自雙子座 0 度至雙子座 9 度之間。五行屬日（火），有七星，視星等為 3.7 等星。主獄政，亦為胡人士兵，六星明亮，多有水災；七星皆變為黃色，主兵起；如星光閃爍，亦主有胡

兵亂邊境。其所轄之星官含自身共有 9 個，茲就各星官代表含意分述如下：

18-1 河：一星，天上的河流。

18-2 月：一星，為女后、大臣，主管刑與死傷。

18-3 太陰 (天陰)：五星，陪同天子打獵巡弋的臣子。

18-4 芻蒿：六星，畜養用的飼料。

18-5 天苑：十六星，圈養牛羊等牲畜的地方。

18-6 捲舌：六星，捲曲的舌頭，為進讒言的小人之意。

18-7 天讒：一星，讒言，搬弄是非或為巫醫。

18-8 礪石：四星，用於磨刀的石頭。

19. 畢宿（17 度）

西方七宿之五，其距星為畢宿一 (金牛座 ε)。在黃道十二宮劃分其位置自雙子座 9 度至雙子座 24 度之間。有八星，視星等為 3.5 等星。五行屬月 (水)，色是赤色。象徵邊境胡兵，明亮則天下太平，邊夷前來朝貢跪拜，武功興盛；若星色暗淡，主邊境有亂。其所轄之星官含自身共有 15 個，茲就各星官代表含意分述如下：

19-1 附耳：一星，綁住補網的零件 (註一)。

19-2 天街：二星，天上的街道。

19-3 天節：八星，來訪的外國使節。

19-4 諸王：六星，天帝皇室的諸位王爺。

19-5 天高：四星，觀測氣象、天象的高台。

19-6 九州疏口：九星，古代的翻譯從官。

19-7 五車：五星，古代的五種兵車。

19-8 柱：九星，兵車上的旗竿。

19-9 天潢：五星，水池或渡口橋樑。

19-10 咸池：三星，養魚的池塘。

19-11 天關：一星，天上的關口，為邊關防衛。

19-12 參旗：九星，天帝的旗幟或弓弩。

19-13 九斿：九星，九條飾帶，象徵天子之旗。

19-14 天園：十三星，天上的果菜園。

註 1: 由於「畢」本係為捕兔、捕鳥的網子，附耳應是連接本體與捕網的零件。

20. 觜宿（1 度）

　　為西方七宿之六，其距星為觜宿二 (獵戶座 φ^1)。在黃道十二宮劃分其位置自雙子座 24 度至雙子座 25 度之間。有三星，視星等為 3.4 等星。五行屬火。此星明，代表軍需充足，糧倉

富足，軍容強盛；若晦暗，象徵君王失權，臣下有亂。糧草不足。其所轄之星官含自身共有 3 個，茲就各星官代表含意分述如下：

20-1 座旗：九星，君臣宴會背後的旗幟。

20-2 司怪：四星，主掌日月星辰災變狀況及鳥獸之怪。

21. 參宿（10 度）

西方七宿之七，其距星為參宿三（獵戶座 δ）。在黃道十二宮劃分其位置自雙子座 25 度至巨蟹座 5 度之間。有七星，視星等為 1.8 等星。五行屬水，主殺伐，其中央三顆亮星為大將軍，參宿四及參宿五為左、右將軍，參宿六為後將軍，參宿七為偏將軍。此星明亮，代表軍容壯盛威武，國威遠播；晦暗則軍隊多有敗戰，大將遭俘或遭敵軍斬殺；如閃爍主戰事，兵將起。其所轄之星官含自身共有 7 個，茲就各星官代表含意分述如下：

21-1 伐：三星，擊殺用的器械。

21-2 玉井：四星，將官取水用的井。

21-3 軍井：四星，軍隊專用的取水井。

21-4 屏星：二星，廁所前的遮蔽屏風。

21-5 廁：四星，廁所。

21-6 屎：一星，排泄物。

22. 井宿（34 度）

　　為南方「朱雀」七宿之首，其距星為井宿一（雙子座 μ）。在黃道十二宮劃分其位置自巨蟹座 5 度至獅子座 5 度之間。五行屬木，有八星，視星等為 2.9 等星。此宿即為天井，為取水處，過度明亮則主江河氾濫成災。其所轄之星官含自身共有 20 個，茲就各星官代表含意分述如下：

22-1 鉞：一星，大斧。

22-2 北河：三星，北方的河流。

22-3 南河：三星，南方的河流。

22-4 天樽：三星，酒杯。

22-5 五諸侯：五星，察冤獄之官（帝師、帝友、三公、博士、大史）。

22-6 積水：一星，提供釀酒泉水之官員。

22-7 積薪：一星，儲放薪柴之處。

22-8 水府：四星，主管堤防溝渠事務的官員。

22-9 水位：四星，監測江河水位高低的官員。

22-10 四瀆：四星，四大江河（長江、黃河等）的象徵。

22-11 軍市：十三星，販賣軍用品的市集。

22-12 野雞：一星，供食用的禽鳥類。

22-13 孫：二星，孫子。

22-14 子：二星，兒子，孝順之象徵。

22-15 丈人：二星，老人，孤獨之象徵。

22-16 闕丘：二星，門口兩個對稱的結構物 (例如擺設石獅的平台)。

22-17 狼：一星，兇惡的豺狼，主盜賊。

22-18 弧矢：九星，弓箭。

22-19 老人：一星，老年長者，長壽之意。

23. 鬼宿（2 度）

南方七宿之二，其距星為鬼宿一 (巨蟹座 θ)。在黃道十二宮劃分其位置自獅子座 5 度至獅子座 10 度之間。有四星，視星等為 5.3 等星。五行屬金，由於是疏散星團，亮非亮，霧非霧，猶如一團氣體群聚，如人無體，魂魄群聚，故得其名。其所轄之星官含自身共有 7 個，茲就各星官代表含意分述如下：

23-1 積屍氣：一星，陰森的鬼氣，亡魂的聚集地，主死喪。

23-2 爟：四星，天上的烽火 (或可視為鬼火)。

23-3 天狗：七星，天上的狗，守衛防禦。

23-4 外廚：六星，烹煮準備祭品的廚房。

23-5 天社：六星，祭祀土地神（句龍）的廟。

23-6 天紀：一星，類似獸醫類型的官員。

24 柳宿（14 度）

　　南方七宿之三，其距星為柳宿一（長蛇座 δ）。在黃道十二宮劃分其位置自獅子座 10 度至獅子座 27 度之間。有八星，視星等為 4.1 等星。五行屬土，主酒食，明亮則主五穀豐登，豐衣足食；晦暗則多有歉收、饑荒等災難。其所轄之星官含自身共有 2 個，茲就各星官代表含意分述如下：

24-1 酒旗：三星，為酒館外的旗幟，主饗宴酒食之事。

25 星宿（7 度）

　　南方七宿之四，其距星為星宿一（長蛇座 α）。在黃道十二宮劃分其位置自獅子座 27 度至處女座 5 度之間。有七星，視星等為 2 等星。此七星主急兵或盜賊，故象徵有突發性事件。其所轄之星官含自身共有 6 個，茲就各星官代表含意分述如下：

25-1 御女（軒轅）:十六星，指上古時期的皇后（或皇帝），亦主　　　內政。

25-2 御女：一星，侍女。

25-3 內平：四星，執法平罪之官。

25-4 天相：三星，相國，輔佐之官。

25-5 天稷：五星，穀類集散場，亦為管理農務之官。

26. 張宿（17度）

　　南方七宿之五，其距星為張宿一（長蛇座 υ1）。在黃道十二宮劃分其位置自處女座 5 度至處女座 23 度之間。有六星，視星等為 4.1 等星。五行屬月（水），主珍寶亦為酒食賞賜，此星明亮代表百姓富足。其所轄之星官含自身共有 2 個，茲就各星官代表含意分述如下：

26-1 天廟：十四星，為天帝的祖廟。

27. 翼宿（19度）

　　南方七宿之六，其距星為翼宿一（巨爵座 α）。在黃道十二宮劃分其位置自處女座 23 度至天秤座 10 度之間。五行屬火，有二十二星，視星等為 4.1 等星。此宿為天帝之樂團，笙歌之地，故有民間九天翼宿星君之崇拜信仰，因此翼宿也對應了地面上的演藝人員。其星若明亮，象徵人民安樂富足，娛樂事業興盛。其所轄之星官含自身共有 2 個，茲就各星官代表含意分述如下：

27-1 東甌：五星，象徵古代南越國的蠻夷之國。

28. 軫宿（17 度）

　　南方七宿之七，其距星為軫宿一（烏鴉座 γ）。在黃道十二宮劃分其位置自天秤座 10 度至天秤座 23 度之間。五行屬水，有四星，視星等為 2.6 等星。其狀如車騎或車斗，為軍用車輛之象徵，用以運送糧草輜重。由於晴雨天將影響運送速度，是故亦亦可占晴雨之事。如閃爍主有軍隊移防調度之事。其所轄之星官含自身共有 8 個，茲就各星官代表含意分述如下：

28-1 長沙：一星，中國古疆域的長沙郡縣，亦主壽命。

28-2 左轄：一星，固定左側車輪的部件。

28-3 右轄：一星，固定右側車輪的部件。

28-4 軍門：二星，天子軍營的大門。

28-5 土司空：四星，管理人民土地的官吏。

28-6 青邱：七星，南方的蠻夷之國。

28-7 器府：三十二星，擺設樂器設施的庫房。

4-4 古天文占星術之分野及對應法

　　分野，即為界限、分界之意。中國古天文利用地面國土疆域或方位與用來與劃分天區的 28 宿相互對應，來推測事件發

生地點的「分野概念」起源甚早。據《周禮》記載:「……掌天星以志星辰日月之變化……以星土辨九州之地,所封封域,皆有分星,以觀妖詳……」這段記載充分詮釋了這個論述,也與強調「天人感應」的占星學,不謀而合。

而把星空與地面相互對應的分野法,對於天文星占是相當重要的事情,因為星占師**可以藉由異常星象發生的宿度,來推敲該星象相對應的地點**。例如漢王劉邦滅秦時,五星聚合於井宿,井宿在十二國對應法中為秦的分野,故象徵秦朝亡,漢朝興。又如歷史上著名以少勝多的淝水之戰也是如此,符堅在西元 383 年打算派遣大軍一次將東晉滅亡,一統江山。但當時依據星占紀錄,土星還有木星在斗宿、牛宿之間,而斗、牛在十二國劃分中屬於吳越的分野,而這剛好是東晉所在的區域,乙巳占云:歲星所在之分,不可攻之,攻之反受其殃;又云:填星(即土星)主福德,不可攻伐,最後擁有九十萬大軍的符堅慘敗僅有八萬軍力的謝安、謝玄,自此滅亡。故把星宿度與分野的概念清楚瞭解,對一個天文星占師來說,相當重要。

至於分野的對應有兩種方式,一種是直接以方位來與周天 28 宿對應,如九野、十二辰、十二次;另一種以地面國土疆域來對應。由於中國從戰國時代諸侯國林立到後來的大一統帝

國，因此國土疆域對應法也因應這個政治上的變化，以兩種型式來命名，分別為十二國(春秋戰國時代)及十二州(大一統帝國時代)。茲就這兩大類對應法分述如下，至於選用哪一種方法，端看個人喜好。

A. 方位對應法

(1) 九野(天)對應法

利用九野(天)的方位來對應28宿位置的方法，記載在《淮南子-天文訓》中，其對應關係如下圖：

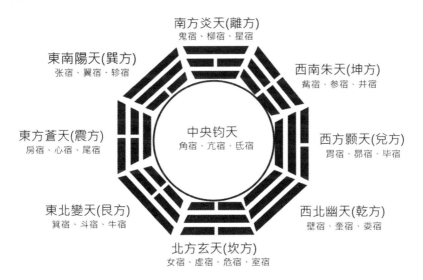

南方炎天(離方)
鬼宿、柳宿、星宿

東南陽天(巽方)
張宿、翼宿、軫宿

西南朱天(坤方)
觜宿、參宿、井宿

東方蒼天(震方)
房宿、心宿、尾宿

中央鈞天
角宿、亢宿、氐宿

西方顥天(兌方)
胃宿、昴宿、畢宿

東北變天(艮方)
箕宿、斗宿、牛宿

西北幽天(乾方)
壁宿、奎宿、婁宿

北方玄天(坎方)
女宿、虛宿、危宿、室宿

(2) 十二次與十二辰對應法

　　十二次，又稱為十二星次，指的是木「星」的歲「次」，木星繞行太陽一周約略 12 年，與十二地支相對應，因此古人用來紀年，故木星古稱歲星。十二次的這個次指的是歲星 (木星) 所在的宮位。如《國語》中記載：武王伐殷，歲在鶉火。這個「歲」指的就是木星，鶉火指的是木星所在的星次 (方向)。整段話的意思是：周武王討伐殷商的那一年，歲星在鶉火這一個星次 (方向)。可惜因為網路發達，許多錯誤的解釋深植人心，這也是相當無奈的事情。所以山人常說：真正的學問在書裡，網路上那種片段且充滿個人見解的論點，經常是錯誤連篇。

　　而十二辰，指的是十二地支子至亥，蓋「辰」為時光之意，十二次即為木星 12 年以來所在方位，與用十二地支 (辰) 紀年的方式相呼應，這才是正確的解釋。

　　而由於木星運行軌道為西向東也就是逆時針方向，而中國傳統的地支方位由於「視運動軌跡」，故為東向西，也就是順時針方向，是故兩者一順一逆。正所謂順為陽，逆為陰。所以十二次與十二辰對應，倒也符合中國傳統陰陽二分的概念。

十二次、十二辰對應法 (由外圈至內圈依序為：二十八宿、十二次、
十二辰)

B. 國土疆域對應法

(1) 十二國對應法

　　十二國對應法運用的是春秋戰國時期，各諸侯國的領土與
周天二十八宿相互對應，其對應國如下圖：

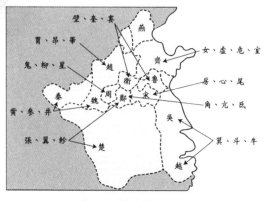

十二國對應法示意圖

(2) 十二野對應法

十二野對應法使用的是大一統帝國的州郡做分野，各州郡
(分野) 與周天二十八宿的對應如下圖：

野對應法示意圖

　　由於分野對應對於天文星占至關重要，因為這是推測發生地點的方法。因此山人特別將十二次、十二辰、十二國、十二州四種對應法彙整如下表。其實中國古天文占星術，亦可以分野方向來推測鄰近國家之事，例如十二州分野法中的揚州(箕、斗、牛宿)，因與臺灣、香港、澳門鄰近，應可以適用；日本、韓國鄰近青州、幽州方向，亦可對應。不過最好還是將28宿對應該國家領土疆域重新劃定分野較為適當。

　　因此山人在上一章二十八宿的分析中特別將各宿的周天度數與黃道十二宮度數做對應。只要你將國土疆域按照這個全球通用的黃經度數做劃分，即可完成全新的二十八宿對應分野圖。也期待這門源於中國的古天文占星術，有朝一日，能不再侷限在中國及其周邊國家運用。把老祖宗的智慧發揚光大，登上世界舞台，這是山人最大的願望。

四象	十二次	十二辰	十二國	十二州	對應二十八宿宿度
青龍 （東方）	壽星	辰	鄭	兗州	軫 12 度至氐 5 度
	大火	卯	宋	豫州	氐 5 度至尾 10 度
	析木	寅	燕	幽州	尾 10 度至斗 11 度
朱雀 （南方）	鶉首	未	秦	雍州	井 16 度至柳 9 度
	鶉火	午	周	三河	柳 9 度至張 17 度
	鶉尾	巳	楚	荊州	張 17 度至軫 12 度
白虎 （西方）	降婁	戌	魯	徐州	奎 5 度至胃 7 度
	大梁	酉	趙	冀州	胃 7 度至畢 12 度
	實沈	申	魏	益州	畢 12 度至井 15 度
玄武 （北方）	星紀	丑	吳越	揚州	斗 12 度至女 8 度
	玄枵	子	齊	青州	女 8 度至危 16 度
	娵訾	亥	衛	并州	危 16 度至奎 5 度

周天二十八宿與各對應法總表（含宿度）

中國古天文占星
介紹及判識準則

第五章 中國古天文占星介紹及判識準則

5-1 星占種類介紹

　　中國古星占除了主體的太陽系的行星、恆星以及彗星等星體之外，還包含氣象、氣候(風占、雨占)、雲占等，幾乎天象所有都能用來占卜，內容相當豐富且多元，相當程度詮釋了中國人敬天畏地的傳統儒家思想。為方便讀者理解，山人將古占辭依據其特性區分為六大類：恆星占、行星占、日占(含日蝕)、月占(含月蝕)、彗星、流星、客星占類、雜占類(氣候、雲、氣象、風力、妖星等)。

　　古天文占星術最重要的判識原則就是「占變不占常」，只有當星空中的行星或恆星發生變化時，才做出相對應的占斷。主要是因為古代科技不發達，人們對於宇宙的認知不足，加上對天的崇敬，所以當黑夜中明亮的星體發生變化，自然就會做出相關的推想。所以因此當星體發生變化或出現彗星、隕石時，古稱為「異象」，自然就不會有好的占辭出現，這是個很重要的概念。再來，山人就依據各類占斷法分節介紹如後。

5-2 恆星占

　　恆星，就是相對於行星而言，為不動的圓形發光體。最簡單的區分就是：除了我們已知的太陽系九大行星之外，其餘皆為恆星。意思就是說滿天的星斗，幾乎都是恆星。而既然恆星是固定不動，那麼自然沒有行進軌跡變化或是凌犯其他星宿的狀況，唯一會有改變的部份，只有顏色及光度的變化，只要瞭解這一點，對於占斷恆星就容易多了。

　　山人在上課時經常跟同學形容，當你發現有異常星象產生，打算進行「恆星占」的時候。不妨把星空想成舞台背景的大黑幕，上面裝飾滿滿的 LED 小燈泡，如果燈泡有不亮、閃爍的狀況，就表示這個小燈泡壞掉了。相同概念，把它運用在星空，天就是舞台後方的布幕，散佈其上的圓型發光星體，就是這一顆顆小小的 LED 燈。因此，當星體的光度、照度發生變化，那我們就知道，可能即將有事要發生了，就是這麼簡單的聯想。

　　有了這些概念，所以占斷恆星只要把握以下三種「光」的變化，自然就能做出正確的聯想與推理了，茲分述如下：

1. 恆星發生閃爍

　　站在科學的角度，恆星是不會有閃爍的現象，如果發生，

那大概都是因為地球大氣折射造成的錯覺。但古代對地球認知不那麼足夠，所以認定為異常現象，因此當恆星發生閃爍的時候，只要依據該星所代表的事物與含意，就能推敲出即將發生的變化。例如上一章介紹二十八宿的「軫宿」，其象意為運送糧草輜重的軍車。故當該星有閃爍狀況的時候，代表即將有軍隊移防或調動的狀況；又如同二十八宿中的「星宿」，主急兵或盜賊，如其星光閃爍，表示將有急兵或竊盜的事情發生，就是這麼簡單的聯想而已。如果你對星性掌握不熟悉，還有「乙巳占」可以參考，只要翻查本書附錄，馬上就可以知道答案。所以夜觀天象進行天文星占，做出相對應的預測，真的相當容易。

如果你經常追蹤山人在 facebook 的貼文，就知道這門「中國古皇家御用占星術」有多麼準驗，幾乎沒有失誤過。相信看完這本書，人人都可以輕鬆當個「中國古天文占星師」，成為親朋好友口中的「國師」。

2. 恆星亮度改變

恆星亮度改變的因素相當多，有時候是系外行星的遮掩，也有可能是恆星生命週期的改變。但因古天文星占是「唯心主

義」所以不去探討這些天文科學上的變化。亮度改變，表示這個星宿所代表的事物也有所改變，而亮度變化也只有兩種：不是變亮就是變暗，所以也是相當好做聯想推敲的。

原則上變亮都是好事，例如二十八宿的「翼宿」，是「笙歌之地」，天帝的娛樂行宮，變亮代表娛樂業興盛。從現代經濟學的角度來看，當人類最末端的需求－娛樂業興盛的時候，也代表國家富足強盛(山人註：因為人民吃飽，富足了才有時間進行娛樂性的消費)。但如果變暗，表示前途黯淡無光，當然也象徵經濟疲弱不振，人民生活困苦。又例如二十八宿的「柳宿」，象徵「酒食之地」，如果黯淡，表示酒食供應不足，所以象徵了可能會有農作歉收、饑荒的現象發生。

但凡有原則必有例外，例如井宿主天下江河，如果過度明亮，表示雨量將過度充沛，將有洪水氾濫成災的現象。又有如虛宿象徵傷心之地，鬼宿象徵是陰魂集散之地，所以過度明亮，會發生什麼事呢？就讓各位讀者自己去聯想吧！

如果聯想不出來，答案都在本書後附的《乙巳占》理面，只要查閱此書，按圖索驥，自然就能做出相對應的占斷。誠如山人經常跟學生說，答案都已經給你，你還考0分，那一定不是我的錯，不是嗎？

3. 恆星顏色改變

　　恆星顏色的改變，通常是因為星體溫度的變化所致，越年輕的恆星越熱，大多發出藍白色的光，隨著內部核燃料逐漸的消耗，溫度也會跟著降下來，因此年齡較長的恆星溫度都比較低，通常會發出紅色的光，而介於年輕與年長之間的中年恆星大都發散出黃色的光。

　　據《史記天官書》有關恆星顏色的紀載：白比狼，赤比心，黃比參左肩，蒼比參右肩，黑比奎大星。所以中國古代將星曜的顏色歸類成 5 種：白色、紅色、黃色、蒼色 (青色的一種) 還有黑色 (註一)。古人認為，行星顏色變化，表示國家治理還有社會環境出現變化，而星曜顏色的變化與即將可能發生的變故有相對應關係，茲就顏色變化代表的含意分述如下：

　　1. 白色：國有喪，有旱災發生。

　　2. 紅 (赤) 色：多主兵災，人民流離失所。

　　3. 青色：國有憂，有難或有大水發生。

　　4. 黑色：表疫疾或死亡。

　　5. 黃色：大吉，諸事皆宜。

　　經過我們歸類分析之後，五種顏色變化，只有黃色是吉祥如意的，其餘都是不好的結果，所以只要把另外四種顏色變化

的象徵意義記清楚。就算它是孫悟空會七十二變，也一樣逃不過我們如來佛的的手掌心，不是嗎？

註一：基本上不可能有黑色，不然根本看不見。此處的黑色指的應該是暗紅色。

5-3 行星占及其特性介紹

行星，指的就是太陽系的九大行星，但因三王星(天王、海王、冥王星)是近代才發現，因此古天文星占就只有針對金星(太白)、火星(熒惑)、木星(歲星)、水星(辰星)還有土星(鎮星或填星)做出相對應的占辭。

而古天文占星的原則是「占變不占常」，所以只要能清楚知道行星產生的變化，換言之就是行星反常的狀態是什麼。自然就能做出正確的推理與占斷。而行星異常狀況主要有三點：運動軌跡的變化、顏色的變化、凌犯其他恆星的狀況，茲就這三點分述如下：

A. 運動軌跡的變化

行星，一直規律的繞著恆星順著週期性的軌道行走，以我

們目前所知的太陽系，一律是逆時針運行。但因為地球自轉因素，故我們看起來的方向是順時針運行，而這「視運動軌跡」在占星學上稱之為順行。但有時候會出現逆行、停留還有伏行的視運動狀況（這些異常的行進軌跡成因，在前章節有說明，在此就不贅述），基於天文星占「占變不占常」的原則，由於順行為常態，故以吉論；逆、伏、留均為行進的變化，所以為凶。把這個大原則把握住，對於判識行星視運動軌跡的吉凶狀況，自然了然於心。

B. 行星顏色的變化

行星與恆星一樣，都會因為內部溫度變化而產生顏色改變的狀況，依據乙巳占記載，星空中五星的顏色分別為：

1. 木星（歲星）: 白色

2. 火星（熒惑）: 紅色

3. 水星（辰星）白色

4. 金星（太白）: 暗紅色

5. 土星（填星或鎮星）: 青色

還是一樣的原則，只要星體顏色變成黃色，一定大吉；其他顏色均為凶，吉凶立判。至於相對應的占辭，如果無法立刻

推論，只要查閱本書所附錄的「乙巳占」，自然就能快速做出占斷結果。

C 凌犯其他恆星的變化

行星凌犯其他恆星的狀況，在天文星占中佔相當大的篇幅。可以說主要的重點都在這裡，因此我們對於「凌犯」這個詞，要有很確實的瞭解。

凌犯實際上指的是兩個狀況：「凌」者，乃欺凌也，為以下犯上，以小犯大的意思。也就是較小的行星侵犯到較大的恆星或行星者謂之，例如大家常聽到的水星凌日、金星凌日等，因為水星、金星較太陽還小，如果跨越或擋在太陽的前方時，就是所謂的「凌」。（山人註：小欺大，真偉大。）；「犯」者，乃侵犯也，也就是行星運行軌跡接近恆星，精確來說行星與恆星相距 7 吋內甚至跨越恆星都算是「犯」。如果用肉眼觀測，當行星與恆星距離觀測者的兩指幅寬度，就能概略算了。

因此，行星占除了**主要由凌犯的狀況來判識吉凶**，也必須注意行星行進軌跡的順逆、顏色變化以及該行星、恆星的象意做綜合推敲判斷，才不會掛一漏萬。例如水星（辰星）為水，如果凌犯象徵為天上江河的井宿，代表即將有大水災發生；又

如參宿為大將軍，如果被象徵戰爭的金星（太白）凌犯，表示將軍即將出征，大戰將起，或戰爭將敗，大將陣亡等諸如此類占辭。

所以在做星占的時候，確實掌握各行星、恆星的象意跟觀察星體變化狀況同樣重要，畢竟我們不是單純的天文科學家，針對星象所對應人事間的變化加以解讀做出預測，才是我們古天文占星術的重點所在。

5-4 多星合宿占

所謂多星聚合，指的是五星甚至是七星之間的距離相近，但爭議在於到底是該以合於一宿內計算還是以行星相距度數計算，長期兩派人馬爭議不休。山人一直認為只要聚合在一個宿度內就算，**因據乙巳占記載：「……有三星以上同宿，謂之合……」按照這段記載，已經很明白的界定在中國如出現多星聚合的狀況，是以「宿」為單位而非以「度」計算**。這點對於判斷多星合宿相當重要，因為這是界定多星聚合的一個標準。但若以角度來算也是可以的，只是這時候名詞應該改為「連珠」或「掩星」或許會更妥適。

　　誠如山人在第三章提到的引力與重力，當多顆行星集中，星球間的重力、引力還有頻率會失去平衡，影響到住在地球上的我們。所以當聚合的星越多，這個平衡改變的幅度越大，自然影響也越嚴重，改變的幅度也越大。例如本書完成於 2020 年 10 月，這一年剛好是土冥日水四星在 1 月 12 日晚上 7 點合於一宿，而且是形成難得一見的四星連珠奇觀。這個星象，比起合宿更難遇到。所以這一年的變動，不得說不大。首先就是年初來自中國的武漢肺炎肆虐全球，主因在於爆發初期中國共產黨惡意隱匿疫情，加上世界衛生組織 (WHO) 配合掩蓋事實真象，造成這個無藥可醫的疫疾在全世界肆虐擴散，帶走無數生命，生靈塗炭，苦不堪言。截至 2020 年 10 月 9 日為止，全球共有 3 千 6 百多萬人染疫，100 多萬人死亡。加上共產黨野心勢力逐漸擴張，引爆全球怒火，全面性的戰爭，似乎一觸即發。這就是四星連珠的威力。說起來很輕鬆，但山人不幸躬逢其盛，雖可親眼見證歷史，但這一年過得驚心動魄，實在難熬。

　　聽完這個實例，我們就回過頭來看到底古人怎麼看待這奇特的星象吧！據乙巳占記載：三星若合，是謂驚，改立侯王；四星若合，是謂大盪，其國兵喪並起，君子憂，小人流。五星若合，是謂易行，改立王者，**德育四方（註一）**，**子孫繁昌。亡德受殃，滅其宗廟，百姓離去。**而 2020 年的中國，正是這個

狀況，從年初疫疾肆虐到蝗災、水災甚至六月都可以下雪，正所謂：六月雪，必有冤。看來此年中國冤氣相當重。而與印度還有周邊國家的戰爭紛擾。這狀況是否跟書上記載四星聚合的狀況一致呢？其國兵喪並起，君子憂，小人流。

至於多星聚合是否均為亡國的凶兆呢？據此段記載，並非如此，只有失德的君王，才是亡國的凶兆。對於有德的君王，那可是吉兆呢。不信嗎？在雍正年間，也出現過一次五星連珠，但因清初治理得當，百姓安樂，因此帶來了後來的乾隆盛世，也是大清國最輝煌的時期；而在春秋時代，五星聚於箕宿，當時以仁德著稱的齊桓公，稱霸中原。這不是與乙巳占的記載完全相同嗎？故上位者只要好好治理國家，讓人民富足安樂，縱然九星連珠的特異星象，依然百害不侵，不是嗎？

5-5 彗星、流星及客星占

太陽系的組成，除了熟知的恆星太陽以及九大行星之外，還有許多流星體（塵埃及塊狀體組成）、小行星還有主要由冰所構成的小天體等，這些零散的星體，也是跟所有行星一樣，也受太陽引力影響。

而流星體經過地球附近，若受到地球引力牽引就會往地球墜落，稱之為「流星」，通常體積不大，直徑約 0.1-1 公分之間跟沙粒大小差不多，因此幾乎在天空就被燒盡了。而小行星是較大的岩石，主要來自於火星與木星之間的小行星帶，當這小行星朝地球行進，如果體積太大，大氣層無法完全燒盡，落入地球就會成為隕石，其形狀及分類如下圖：

太陽系小型星體分類說明示意圖

對於這些星體有正確的認識之後，再來我們就來研究討論，中國古天文學家是如何看待這些太陽系的意外訪客吧！在古天文星占的分類，這些星體共有四種形式：孛星、拂星、掃

星、彗星。其中差異在尾巴的長短。簡單的區分就是，無尾或尾巴極短者（約 2 － 3 尺）為孛星，中等長度（約 1 － 2 丈）為拂星，10 丈內的中長尾巴稱之為掃星，超過 10 丈者才稱為彗星。其外型相當多樣，從馬王堆的帛書中發現的就有 29 種之多。

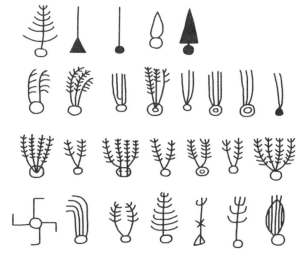

漢朝馬王堆發現的彗星帛書

　　雖然種類形式相當多，但我們通常直接取尾巴最長的「彗星」與尾巴最短的「孛星」，合稱為「彗孛」。因為這類外星體不管種類、外觀或是被叫做什麼名稱，通通都是不吉利的徵示，因此不需要再刻意區分。所以除非深入研究中國古天文，否則一般在星占上，我們通常統稱為「彗孛」。

　　彗星，古稱掃帚星，這是因為它除了主體是由冰塊、塵埃以及小岩石所組成的彗核之外，還拖著一條長長的尾巴，稱之為彗尾或彗髮，形狀就如同掃帚一樣。所以彗星象徵著除舊佈新，也可視為舊勢力崩解毀壞、國與國之間規則的改變以及新秩序的建立。如有墜地者，稱之為「隕石」，象徵當政者有遭流放、失去權力或駕崩死亡之虞。例如 1986 年隕石墜於湖北，總書記胡耀邦被逼下台，同年葉劍英去世；又 1997 年 2 月 15 日隕石墜於山東，同年 2 月 19 日，鄧小平去世。

　　是故此類不應出現之天外星體對國家統治者或當權者來說，那可是無比的大事，循舊例可以說若非死亡、中箭落馬甚或是遭滅亡。因此，對於這類不速之客，幾乎沒有吉祥如意的占辭。簡單來說，只要看到不管是彗星、孛星或是什麼不屬於星空的星體出現或墜落，通通都是不祥之兆，因此我們建議直接用「彗孛」、「祆星」、「客星」一詞籠統帶過，因細分它的名稱，在古天文占星術中沒有任何的意義。

　　會這樣說主要是古代認為彗孛、祆星、客星這類異常天象的成因是由於天地之間的五行錯亂所產生的惡氣與光芒，所以彗孛象徵的不是內亂、戰爭就是疫疾或天災等 (山人註：反正準沒好事發生)。至於會發生什麼事故或災難，那就要從它的

運行軌跡及外觀與出現時間長短做初步的判斷論述，茲分述如下：

A. 運行軌跡

　　在天文科學上，彗星的運行軌跡相當複雜，可順行、逆行甚至繞過太陽後又回來(如軌道週期為76－79年的哈雷彗星)。但在古天文占星術中只有區分成兩種「出現的方向」還有「去(指)的方向」。如果出於西方朝向東方，主邊境大戰，中國大敗；反過來如出於東方，朝向西方則為大勝邊夷之意(註2)；如果由北方出現朝向南方，表示天下大亂，國政荒廢，兵禍天災並起。如果南方出現朝向北方，蓋北方配卦為坎，坎為水，故象徵將有旱澇狀況發生。

註二：中國人自稱為「龍的傳人」，因此東方青龍，象徵著中國的政權；而西方世界在中國人眼裡是蠻夷之邦。故彗星行進軌跡若由西向東，表示西方蠻夷大勝；東向西，表示中國大勝。

B. 外觀與出現時間長短

　　行進速度越快，象徵災難越小，但應驗時間會比較快；行進速度越慢，災難就越大，但應驗時間會比較晚。而尾巴越長，主戰爭或喪故等重大變化，尾巴越短則主水災、旱災或饑荒等

天災。

　　以上兩點是針對彗孛出現的狀況，做一個初步大致上的判斷準則。但還是需要翻查乙巳占等相關星占書以找出正確的占辭，詳加考證，才能做出正確的占斷。

5-6 常見名詞解釋

　　中國觀天術有許多專有名詞，在各位翻查乙巳占時經常會看到，故山人針對其中部份常見之專有名詞在本節做解釋說明，讓各位在運用占辭時能夠更加得心應手，心領神會。

◎晝昏：謂白晝無雲遮蔽時，太陽依然沒有光芒。

◎夜冥：謂夜晚月出時，無烏雲遮蔽仍不見其光明。

◎星月相蝕：月與五星 (金星、木星、水星、火星、土星) 在周天 28 宿內相蝕，其中月明而星不見為月蝕星；星明而月不見為星蝕月。

◎動：謂星曜的光影閃動，搖曳不安。

◎芒：謂星曜光亮如針刺狀芒刺般。

◎角：謂星曜頂端有突起光影，有如長角一般。

◎喜：謂星曜光芒柔順飽滿。

◎怒：謂星曜過度光亮，猶如發怒一般。

◎合聚：謂兩顆以上星曜彼此相當逼近的狀況。

◎疏拆：謂兩顆以上星曜分離後，光芒遭隱蔽或改變顏色。

◎逆行：謂星曜運行方向改變成由西向東的狀況。

◎順行：謂星曜按照原本固定行進方向運行(東向西)的狀況。

◎遲行：謂星曜未依其正常運行週期，有緩慢的現象謂之。

◎疾行：謂星曜未依其正常運行週期，有加速的現象謂之。

◎合：兩顆星曜同在一個宿度者謂之。

◎聚：三顆以上星曜同在一個宿度者謂之。

◎從：兩顆非正常運行軌跡(順行)之星曜在同一宿度，後方星曜跟隨著前方星曜方向運行者謂之。

◎離：與上同，差異在同宿度內之兩顆星曜以相反方向運行。

◎盈：行星運行速度過快，例如水星日行一度，突然變為日行三度以上，此即為盈。

◎縮：行星運行速度過慢。

◎居：謂吉星停留在一宿之中謂之。

◎留：謂行星、祅、異星停留在一宿之中的狀況。

◎經天：謂星曜直至正午時刻仍可見到者謂之。

◎守：停留之意。

◎乘：兩顆星曜相疊居上位之星曜者謂之乘，例如土星與木星在星空中相疊，倘土星居上位則為「填星乘歲興」，餘皆仿之。

◎犯：謂行星與行星或其他恆星相近 7 吋內為犯。

◎侵：以大迫小是也，例如土星侵犯水星，即是。

◎凌：以小欺大者是也，例如：水星凌日，即是。

◎抵：兩顆星曜一動一靜，直至相會為止。

◎觸：兩顆星曜依序行進但其光芒相當接近者謂之。

◎經：謂星曜運行過宿度未有凌、犯、侵等異常狀況者謂之。

◎貫：自星曜正中間貫穿者謂之（通常為雲氣或光線折射）。

◎掩：謂兩星完全重疊，蓋住另一顆星曜者謂之。

◎鬥：兩顆星體接近，其各自運行軌跡離而復合或合而復離者謂之。

◎環：意指行星環繞另顆行星或恆星，且完成一周天之運行軌跡謂之。

◎繞：意指行星環繞另顆行星或恆星，但未完成一周天運行軌跡謂之。

◎戴：泛指月在星曜之下，如月上戴冠的現象。

◎勾：謂行星行進軌跡一往一返，其運行軌跡猶如彎勾者謂之。

5-7 古天文占星術判識準則

古天文占星內容雖然繁雜，但其判斷上還是有它一定的邏輯存在，只要把這些準則列出來，稍加做聯想推敲，即可得到初步的結論，再翻查「乙巳占」中相關的占辭，其實，成為一個古天文占星大師，真的不難，茲就此些判識準則，臚列如下五大準則供各位讀者做參考。

1. 除虛、危、鬼、井、昂五宿明亮為災，其餘諸宿如明亮皆以吉祥斷之，黯淡以凶危論之。

2. 舉凡行星運動軌跡判斷，順行者吉，表順天應地，逆、伏、留者凶。

3. 行星行進之時如有凌犯狀況，行星犯星宿(恆星)者，小凶；行星互相凌犯，大凶。

4. 流星、彗星、客星皆為不吉之象。

5. 如有三星合於一宿謂之「驚位」，多為立侯王或兵爭；四星合多謂之「大盪」，主天下半亡，國分裂，諸侯割據，兵大起；五星合謂之「易行」，主天下更名，朝代更換。唯若有德之君，多星聚合一宿反為禎祥之兆，諭示太平盛事即將來臨。

6. 星占之占辭，通常不會反映在當下，除非統治者治理不當，

天怒人怨，則應期將加速，有時甚至在發生異常天象發生當下；唯若統治者仁德大治，勤政愛民，人民安樂富足，則此多星合宿，反倒是象徵一個黃金年代即將開啟。

7. 應驗期限（古代稱為「應期」）：係從異常星象發生當時起算，一般而言短則 3 － 5 日（如彗星、流星）應驗，長則三年應驗。半年或一年屬短期應驗，兩年為中期應驗，三年為長期應驗，古占辭多會備註應驗的期限，各位只要按照書上記載的應期來預估即可。

第六章

實例説明

第六章 實例説明

在經過前幾章的磨練之後，各位讀者應該是充滿信心，準備來至少當一次「國師」了吧！由於科技進步，現在觀星已不需要任何觀測設備。在科技進步的現代，只要你有觀星的手機APP應用程式，幾千年的星象，行星的順逆運行軌跡，隨時隨地，只要一指觸碰，一切盡在你眼前，不須再帶著一堆設備，半夜跑去山上「夜觀星象」了。

如果懶得每天觀察，其實只要你平常多注意電視或網路上如有行星逆行或是日、月蝕的新聞，打開觀星APP軟體，看這些「異象」是哪些星體？發生在二十八宿的哪一宿？是否有凌犯其他恆星或行星的狀況？把這些星象弄清楚明白後，只要翻閱本書後附的《乙巳占》，按圖索驥，查出相對應星象的占辭即可輕鬆做出預言，過過當「國師」的癮。就如同本章的兩個範例：第一個是金星犯畢，只要翻閱《乙巳占》金星犯列宿(二十八宿的統稱)的占辭即可得到答案。又第二個是月球犯鬼宿，一樣翻閱月犯列宿的占辭即可對應，餘皆仿此即可。

　　中國古天文星占，在民間欠缺觀測設備及科學素養的環境下，加上統治者禁習天文星象 (山人註：以免出現像山人這種整天妖言惑眾的人)，想接觸這門「帝皇觀天術」並運用到純熟，真的是相當困難的事情。但現今資訊發達，教育普及，科技便利，相信只要把這本書研讀完之後，在現代科技的輔助下，相信人人都能輕鬆學會這門有趣且準驗度相當高的「中國古皇家御用觀天術」。

6-1 金犯畢右角，胡兵大起

在 2020 年 6 月 13 日，太白金星犯畢宿右角。畢宿象徵胡兵，故乙巳占云：金犯畢口，大兵起。又云：金犯畢右角，胡兵大戰。果於 2020 年 6 月 15 日，發生中印邊境戰爭，但因為金星犯列宿，故為小戰。

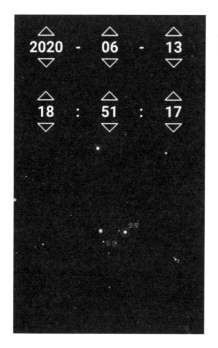

6-2 月犯鬼，民多疫疾

2019 年 11 月 18 日，月球犯鬼宿。鬼宿又名積屍，象徵死亡，故乙巳占日：月犯鬼，民多疾疫，是年夏，大疫。當時武漢肺炎即開始流行，爾後由於中國共產政權在初期隱匿疫情，導致全球性的瘟疫災難，感染者超過千萬人，死亡百萬人以上，並造成全球經濟衰退，世人苦不堪言。

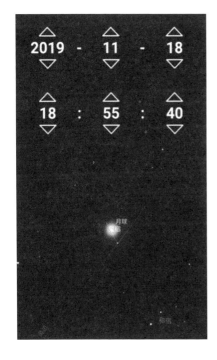

125

6-3 土居斗牛，女主興，所在之國有福

2018 年 2 月 18 日起至 2021 年 2 月 5 日，土星居於斗宿與牛宿之間，據乙巳占云：填星為女主之象，坤之氣也。言服佑信順，所在之國大吉之。以十二國對應法來看，斗牛係吳越之地，故應於臺灣。

時任總統蔡英文，為中華民國史上第一位女性總統，並於 2020 年底成功連任，在政府與台灣民眾同心協力之下，成功躲

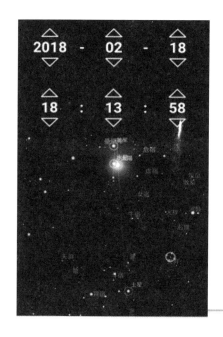

過中國武漢肺炎肆虐，成為全球防疫模範生，同年臺灣經濟成長率 2.98%，除為 30 年來首度超越中國的亮眼數據，更是全世界開發中國家表現最佳。股市上漲 2700 點，創下歷史新高，人均 GDP 破 3 萬美元，整體國家繁盛欣欣向榮。唯自 2021 年 2 月 8 日土星離開牛宿後，國家即陷入疫情風暴之中，由此觀之，古星占占辭確實相當準驗。

乙巳占

唐 李淳風著

唐　李淳風著

《乙巳占》序

乙巳占　卷第一

乙巳占　卷第二

乙巳占　卷第三

乙巳占　卷第四

乙巳占　卷第五

乙巳占　卷第六

乙巳占　卷第七

乙巳占　卷第八

乙巳占　卷第九

乙巳占　卷第十

《乙巳占》序

朝議郎行祕閣郎中護軍昌樂縣開國男 李淳風　撰

　　夫神功造化，大易無以測其源；玄運自然，陰陽不可推其末。故乾元資始，通變之理不窮；坤元資生，利用之途無盡。無源無末，眾妙之門大矣；無窮無盡，聖人之道備矣。

　　昔者伏羲氏之王天下也，仰則觀象於天，俯則觀法於地，觀鳥獸之文，與天地之宜，近取諸身，遠取諸物，於是始畫八卦，以通神明之德，以類萬物之情。故可以探賾索引，鉤深致遠，幽潛之狀不藏，鬼神之情可見。允符至理，盡性窮源。斷天下之疑，通天下之志，定天下之業，冒天下之道。可大可久，通遠逾深，明本其宗，致在於茲矣。故曰：天垂象、見凶吉，聖人則之，天生變化，聖人效之。法象莫大乎天地，通變莫大於四時，懸象著明莫大乎日月。是知天地符觀，日月耀明，聖人備法，致用遠矣。

　　昔在唐堯，則曆象日月，敬授人時，爰及虞舜，在璿璣玉衡，以齊七政。暨乎三王五霸，剋念在茲，先後從順，則鼎祚永隆；悖逆庸違，乃社稷顛覆；是非利害，豈不然矣！斯道實天地之宏綱，帝王之壯事也。至於天道神教，福善禍淫，譴告

多方，鑑戒非一。故列三光以垂照，佈六氣以效祥，候鳥獸以通靈，因謠歌而表異。同聲相應，鳴鶴聞於九皋；同氣相求，飛龍吟乎千里。兼復日虧麟斗，月減珠消，暈逐灰移，慧因魚出。門之所召，隨類畢臻；應之所授，待感斯發；無情尚爾，況在人乎？

　　余幼纂斯文，頗經研習，古書遺記，近數十家，而遭大業昏凶，多致殘缺，泛觀歸旨，請略言焉。夫神妙無方，義該萬品，陰陽不測，事同百慮。故景星夜煥，慶雲朝集，二明合於北陸，五緯聚於東井，此乃表帝皇之盛德，順天下之嘉瑞也。孛氣見於夏終，慧星著於秦末，或狗象而東墜，或蛇行而西流，此則呈執政之酷暴，逆生民之禍應也。殷帝翦髮，沃澤潤乎千里；宋公請殃，熒惑退移三捨；此則修善之慶，至德可以禳災也。劉裕作逆，以長星為紀瑞；毋丘起亂，以蚩尤為我祥；此則覆宋之咎，逆招天殃者也。唐堯欽明，鎮還水府；殷湯聖政，焦金流石；此猶日在北陸而沍寒，日行南陸而炎暑；月麗箕而多風，從畢而多雨；此運數之大期，非關治亂者也。荊軻謀秦，白虹貫日；衛生設策，長庚食昴；魯陽麾指，而曜靈回駕；苟公道高，而德星愛聚；此則精誠所感，而上靈懸著也。黃星出漢，表當塗揖讓之符；紫氣見秦，呈典午南遷之應也。祅象著而殃鍾齊晉，蛇乘龍而禍連周楚；熒惑守心，始皇以終；流光

墜地，公孫遂隙；此則先形以設兆也。使流入蜀，李郃辯其象；客氣逼座，嚴陵當其占；芒碭之異氣常存，舂陵之火光不絕；或稷星侵楚，氣兆晉軍，此則當時旄象也。周衰夜明，常星不見；漢失其德，日暈晝昏；女主攝政，遂使紀綱分析；權臣擅威，乃令至柔震動；景藏飛燕，地裂鳴雉，此則後事而星驗也。是乃或前事以告祥，或後攻而示罰，莫不若影隨形，如聲召音。凶譎時至，譴過無差，休應若臻，福善非謬，居遠察邇，天高聽卑，聖人之言，信其然矣。

是故聖人寶之，君子勤之，將有興也，咨焉而已，從事受命，而莫之違。然垂景之象，所由非一，占人管見，異短別規。至如開基闡業，以濟民俗，因河洛而表法，擇賢達以授官，則軒轅、唐虞、重黎、羲和，其上也；疇人習業，世傳常數，不失其所守，妙蹟可稱，巫咸、石氏、甘公、唐昧、梓慎、裨灶，其隆也；博物達理，通於彝訓，綜覈根源，明其大體，箕子、子產，其高也；抽祕思，述軌模，探幽冥，改弦調，張平子、王興元，其枝也；沉思通幽，曲窮情狀，緣枝反干，尋源達流，譙周、管輅、吳范、崔浩，其最也；託神設教，因變敦獎，亡身達節，盡理輔諫，穀永、劉向、京房、郎顗之，其盛也；短書小記，偏執一途，多說游言，獲其半體，王朔、東方朔、焦貢、唐都、陳卓、劉表、郤萌，其次也；委巷常情，人間小惠，

意唯財穀，志在米鹽，韓楊、錢樂，其末也，參同異、會殊途，觸類而長，拾遺補缺，蔡邕、祖暅、孫僧化、庾季才，其博也；竊人之才，掩蔽勝己，諂諛先意，讒害忠良，袁充，其酷也；妙賾幽微，反招嫌忌，忠告善道，致被傷殘，郭璞，其命也。

　　自古及今，異人代有，精窮數象，咸司厥職，或取騷一時，或傳書千載，或竭誠奉國，或嘉遯相時，隱顯之跡既殊，詳略之差未等。余不揆末學，集某所記，以類相聚，編而次之。採摭英華，刪除繁偽，小大之間，折衷而已。始自天象，終於風氣。凡為十卷，賜名《乙巳》。每於篇首，各陳體例，書雲盡意，豈及多陳？文外幽情，寄於輪廓，後之同好，幸悉余心。

乙巳占　卷第一

天象第一

　　論天體象者，凡有八家：一曰渾天，即今所載張衡《靈憲》是也； 二曰宣夜，絕無師學；三曰蓋天，《周髀》所載；四曰軒天，姚信所說；五曰穹天，虞聳所擬；六曰安天，虞喜所述；七曰方天，王充所論；八曰四天，祆胡寓言。凡此八家，渾天最親，今獨取之，以載於此。 淳風謹按：張衡天文之妙，冠絕一代。所著《靈憲》、《渾儀》 略具宸曜之本，今寫載以備其理矣。

　　《靈憲》曰：昔在天王，將步天路，用定靈軌，尋緒本元，先准於渾體，是焉正儀立度，而皇極有攸建也，樞運有攸稽也。乃建乃稽，斯經天常。聖人無心，因茲以生心，故《靈憲》作興，曰：太素之前，幽清玄靜，寂寞冥默，不可為象。厥中唯虛，厥外唯無，如是者永久焉。斯謂溟涬，蓋乃道之根也。道根既建，自無自有，太素始萌，萌而未兆，並氣同色，渾沌不分。故道志之言云：有物渾成，先天地生。其氣體固未可得而形也，其遲速故未可得而紀也，如是者又永久焉，斯謂龐鴻，蓋乃道之干也。道干既育，有物成體，於是元氣剖判，剛柔始分，清濁異位。天成於外，地定於內。天體於陽，故圓以動；

地體於陰，故平以靜。動以行施，靜以合化，堙郁構精，時育庶類，斯謂天元，蓋乃道之實也。在天成象，在地成形。天有九位，地有九域；天有三層，地有三形。有象可效，有形可度。情性萬殊，旁通感薄，自然相生，莫之能紀。於是人之精者作聖，實始紀綱經緯之。八極地之維，逕二億三萬二千三百里，南北則短減千里，東西則廣增千里。自地至天，半於八極，則地之深亦如之。通而度之，則是渾已。將覆其數，用重勾股，懸天之景，薄地之儀，皆移千里，而差一寸，得之，過此而往者，未之或知也。未之知者，宇宙之謂也。宇之表無極，宙之端無窮。天有兩儀，以舞道中。其可睹，樞星是也，謂之北極。在南者不著，故聖人弗之名焉。其世之遂，九分而減二。陽道左回，故天運左行。有驗於物，則人氣左贏，形左繚也。天以陽回，地以陰淳。是故天致其動，稟氣舒光；地致其靜，承施俟明。天以順動，不失其中，則四序順至，寒暑不忒，死生有節，故品物用生。地以靈靜，作合承天，清化至養，四時而後育，故品物用成。凡至大莫著天，至厚莫若地也。至質者曰地而已。至多莫若水，水精為漢，周於天而無列焉，思次質也。地有山嶽，以宣其氣，精種為星。星也者，體生於地，精成於天，列居錯跱，各有攸屬。紫宮為皇極之居，太微為五帝之庭。明堂之房，大角有席，天市有座。蒼龍連蜷於左，白虎猛踞於

右，朱雀奮翼於前，靈龜圈首於後，黃帝軒轅於中。六擾既畜，而狼蚖魚鱉，罔有不具。在野象物，在朝象官，在人像事，於是備矣。懸象著明，莫大乎日月，其徑當天周七百三十六分之一，地廣二百四十二分之一。日者，陽精之宗，積而成鳥，像烏而有三趾，陽之精，其數奇。月者，陰精之宗，積而成獸，像兔而乃缺唇，陰之精，其數偶。其後有窮羿者，羿請不死之藥於西王母，姮娥竊之以奔月，將往，求筮於有黃，有黃占之曰：吉，翩翩歸妹，獨將西行，逢天晦芒，無恐無驚，後且大昌。姮娥遂托身於月，是為蟾蜍。夫日譬猶火，月譬猶水。火則外光，水則含景。故月，光生於日之所照，魄生於日之所蔽。當日則光盈，就日則光盡。眾星被曜，因水轉光，當日之沖，光常不合者，蔽於地也，是謂暗虛。在星星微，遇月則食，日之薄地，暗其明也。由暗視明，明無所屈，是以望之若大，方於中天，天地同明；由明瞻暗，暗還自奪，故望之若小，火當夜而揚，光在晝則不明也。月之於夜，與日同而差微。星則不然，強弱之差也。眾星列布，其以神著，有五列焉，是為三十五名。一居中央，謂之北斗，動變挺占，實司王命。四佈於方，為二十八宿，日月運行，歷示吉凶，五緯躔次，用告禍福，則天心於是見矣。中外之官，常明者百有二十四，可名者三百二十，為星二千五百，而海人之占未存焉。微星之數，蓋

萬一千五百二十。庶物蠢蠢，咸得系命。不然，何以總而理諸？夫三光同形，而有似珠玉，神守精存，麗其職而宣其明，及其衰也，神歇精數，於是乎有隕星。然則奔星之所墜，至則石矣。文曜麗乎天，其動者七，日月五星是也。周旋右回，天道者貴順也。近天則遲，遠天則速。行則屈，屈則留；回則逆，逆則遲：迫於天也。行遲者犯之於東，東屬陽；行速者視之於西，西屬陰。日旦而月夕，此配合也。攝提、熒惑、填星候晨，見附於日也，太白、辰星俟昏，見附於月也。三陽二陰，三天兩地，故男女取則焉。方星巡鎮，必因常度，苟或盈縮，不逾於次。故有司作使，曰：老子四星、周伯、王蓬，絮內，各一星，錯於五緯之間，其見無期，其行無度，實祆星經之所，然後吉凶宜用，其祥可量也。

天數第二

　　王藩者，廬江人也。吳時為中常侍，善術數。傳劉洪《乾象歷》，依乾象法而論渾天曰：前儒舊說，天地之體，狀如鳥卵。天包地外，猶殼之裹黃也。周旋無端，其形渾渾然，故曰：渾天也。周天三百六十五度、五百八十二分度之百四十五半。半覆地上，半在地下。其二端謂之南極、北極。北極出地三十六度，南極入地亦三十六度，兩極相去一百八十二度半強。繞北

極徑七十二度，常見不隱，謂之上規；繞南極七十二度，常隱不見，謂之下規；赤道橫絡，謂之中規。赤道帶天之紘，去兩極各九十一度少強。黃道，日之所行也，半在赤道內，半在赤道外。與赤道東交於角五度稍弱，西交於奎十四度少強。其出赤道外，極遠者二十四度，斗二十一度是也；其入赤道內、極遠亦二十四度，井二十四度是也。日南至，在斗二十一度，去極一百一十五度少強。是日最南，去極最遠，故景最長。黃道斗二十一度，出辰入申，日晝行地上一百四十六度強，故晝短；夜行地下，二百一十九度稍弱，故夜長。自冬至之後，日漸去極近，故景稍短。日晝行地上漸多，故日稍長；夜行地下度漸少，故夜稍短。日所在度漸北，以至於夏至，日在井二十四度，去極六十七度少強，是日最近北極，故景最短。黃道井二十四度，出寅入戌，日晝行地上二百一十九度多弱，故日長；夜行地下百四十六度強，故夜短。自夏至之後，日漸去極遠，故景少長。日晝行地上度漸少，故日稍短；夜行地上度漸多，故夜稍長。日所在度漸南，故日出稍南，以至於冬至而復初焉。斗二十一度，井二十四度，南北相去四十八度。春分日在奎十四度少強，秋分日在角五度少弱，此黃、赤二道之交中也，去極俱九十一度少強。南北處交斗二十一度、井一十四度之中，故景居二至長短之中。奎十四度，角五度，故曰：在赤道。出卯

入酉，日晝行地上，夜行地下，俱百八十二度半強。故曰：見之漏五十刻，不見之漏五十刻，謂之晝夜同。夫天之晝夜，以日出為分；人之晝夜，以昏明為限。日未出前二刻半為晚，日入後二刻半為昏。故損夜五刻以益晝，是以春秋二分之漏，晝五十五刻。

王藩按：《周禮》曰："夏至之景，尺有五寸，謂之地中。"鄭眾說云："土圭之長，尺有五寸。以夏至之日，立八尺之表，其景與土圭等，謂之地中。今穎川陽城地也。"鄭玄云："凡日景於地，千里而差一寸。景尺有五寸者，南戴日之下萬五千里也。以此推之，日當去其下地八萬里矣。日邪射陽城，為天徑之半也。天體圓如彈圓，故地處天之半，而陽城居其中，則日春秋冬夏、昏明晝夜，去陽城皆等。以勾股法言之：旁萬五千里，勾也；八萬里，股也；無盈縮矣。故知從日邪射陽城為天徑之半也。從日邪射陽城，弦也。以勾股求弦法，八之，得八萬一千三百九十四里三十步五尺三寸六分也。以周率乘之，逕率約之，得五十一萬三千六百八十七里六十八步一尺八寸二分，周天之數也。一度凡一千四百六里二十四步六寸四分有奇。黃、赤二道相與交錯其間，相去二十四度，以兩儀准之。二道俱三百六十五度、五百八十二分度之一百四十五半，是以知天體圓如彈丸。"

淳風按：＂王藩所論，冬夏二至，春秋二分，日度交黃道所在，並據劉洪乾象所說，今則並差矣。黃道與日相隨而交，據今正觀三年乙丑歲，則冬至日在斗十二度，夏至在井十五度，春分日在奎七度，秋分日在軫十五度，每六十年餘差一度矣。淳風今略陳新法，以考天數及渾儀交道等法如左。周天三百六十五度，及分縱橫斜側皆定耳，更無盈縮。先以銅鐵為環卷六枚，兩兩合，周徑二小四大。大者適容其五枚，各均賦三百六十五度及分。其一大者，名為平准卷，唯雕刻六十四卦十二辰，先側立二大環卷，南北側之，以平准卷交合加之，令側者為南北，逕准為主。一曰游環。游環上安釭釧，游環著雙軸，以內大環軸孔中，令得運轉。軸中一圓長筒管。其筒孔周徑，准儀大小而斟酌之。若長八尺，即須孔徑一寸，他皆准此。其側環安釭釧之處，在北者謂之北極，出平准北面上三十六度；在南者謂之南極，入平准南面下三十六度。從其南端北向斜上望之，即見北極星。又以一天環加於側環外，斜絡之，令東西合於卯酉平面之準，南北上下去二極，各九十一度強，以為赤道。然後轉其中游環，令得左右、東西、上下，以當所望處，轉軸中筒孔，使得南北以測‧去極遠近及赤道內外之度數，然則筒孔瞻察，無所不至矣。若欲安星辰者，更著從脅上屈銅鐵，穿珠為星，以放上象，隨所在次第而安置之，轉令應天皆得，

此渾天游儀之法也。按渾儀，必先以水準地使平，夜占極，晝測日景，定其經緯，然後措之矣。余近造乙巳元歷術，實為絕妙之極，日夜法度諸法，皆同一母，以通眾術。今列之以推天度，日月五星行度皆用焉。

日度法：一千三百四十，以此數為一度之長分數也。周天有三百六十五度、一千三百四十分度之三百四十一。南極去北極，巡規一百八十二度、一千三百四十分之八百四十半。赤道去二極，巡規各九十一度、一千三百四十分之四百二十分、小分四分之十，即春秋分之所在度，黃、赤二道交處，去北極之遠近也。黃道出入赤道二十四度，冬至日在赤道外二十四度，去極一百一十五度，一千三百四十分度之四百二十分、小分四分之一。夏至日在赤道內二十四度，去北極六十七度、一千三百四十分度之四百二十分、小分四分之一。此其常數也。

淳風今又按張胄《玄象歷》及今傳《仁均歷》，春分、秋分，日皆在卯半以前，其沒亦在酉半以後，各四分刻之一。春、秋二分之日，晝漏五十刻半，夜漏四十九半，然則赤道、黃道交處，亦直在卯酉之北。又有北極去地三十六度，則天之正高在地中陽城之上。以四維循規去地亦九十一度，一千三百四十分度之四百二十分、小分四分之一矣。以三十六

度減之，餘五十五度，一千三百四十分度之四百二十分、小分四分之一。夏至日黃道在北極南六十七度、一千三百四十分度之四百二十、小分四分之一。是正北子地一百三度，一千三百四十分度之四百二十分有奇矣。以天頂去四維各九十一度，一千三百四十分度之四百二十分、小分四分之一減之，餘一十二度矣。是夏至日在天頂南一十二度，他悉仿此求之，皆可知也。

是知繞北極循規徑七十二度，常見不隱；繞南極循規徑七十二度，常隱不見。去極三十六度外，一百一十度內，四時辰昏，有時而隱，有時而見，為日在其中故也。繞北極常見者，謂之上規；南極常隱者，謂之下規；赤道橫絡謂之中規焉。

然圖體以平物為之易辨，若作渾儀，始識於事稍難。今世供傳星圖者，蓋皆天圖，其四畔外，即是南極下規矣。分佈二十八宿距度、與黃、赤二道、上規並具焉。天之運也，一晝一夜，而運過周天所過之度，則一日所行之數，在天謂之一度，在歷謂之一日一夜。度之天數無常准，各隨一家之法令，一千三百四十是也。日行三百六十五日而周天，故天一周有三百六十五日有奇矣。天運渾渾然不思，東出西沒，周而復始，永無窮焉。

天占第三

　　淳風按：自黃帝占已後，向數十家，其間或真或偽，不可悉從。今略取其理當者，刪而次比，以著於篇。其間亦有出自經傳子史，但有關涉，理可存者，並不棄之，今錄古占書目於此，以表其人。自入占已後，並不復具記名氏，非敢隱之，並為是幼小所習誦，前後錯亂，恐失本真故耳。

　　《黃帝》、《巫咸氏》、《石氏》、《甘氏》、《劉向洪範》、《五行大傳》、《五經緯圖》、《天鏡占》、《白虎通占》、《海中占》、《京房易祅占》、《易傳對異占》、《陳卓占》、《邵萌占》、《韓楊占》、《祖垣天文錄占》、《孫僧化大象集占》、《劉表荊州占》、《列宿占》、《五官占》、《易緯》、《春秋佐助期占》、《尚書緯》、《詩緯》、《禮緯》、《張衡靈憲》

　　夫天地者，萬物之父母也。覆載育養，左右無方。況人稟最靈之性，君為率上天之宗，天見人君得失之跡也，必極吉凶，故隨其所在，以見變異。天有災變者，所以譴告人君覺悟之，令其悔過，慎思慮也。行有玷缺，氣逆於天，精氣感出，變見以誡之。若天忽變色，是謂易常，四夷來侵，不出八年，有兵戰。若陽不足，臣盛將害君上，則天裂。

按：馬續《天文志》云："孝惠二年，天開東北，廣十丈，長二十餘丈，天裂，陽不足；地震，陰有餘：皆下盛將害上之變。"當時呂氏臨朝干位，卒有兵亂，此其驗也。若天分裂，作君之亂，無道之臣欲裂國，其下之主當之。若天開見光，流血滂滂；天裂見人，兵起國亡；天鳴有聲，至尊憂而且驚。

劉向曰：春秋之前，天鳴地坼，災異並臻，其主不知驚懼修德，上帝降災，禍變必極，皆亂國之所生也。

凡國亂，五星化下為之祅，而降之自天。是故歲星降為貴臣，熒惑降為童兒嬉戲歌謠，填星降為老人婦女，太白降為壯夫處於林麓，辰星降為婦女，或變化無所不為，以見異而告之也。凡天雨雜物，其類甚多。若雨禽獸，是謂不祥，不出三年，其下兵興。天雨蟲，人君不親骨肉而親他人，與裸蟲同類，故蟲從天墜地，骨肉去也。不救，兵大起。其起也，立王公，率同姓諸侯，無偏黨側，災消。

劉向云：春秋時蟲者，蟲之災也。以刑罰暴虐而取於天下，貪叨無厭以興師動眾，聚邑治城而失眾心，蟲為害矣。故宋文公三年秋，雨蟲於宋。是時宋公暴虐重刑，賦斂無已，故應是雨蟲。天雨魚鱉，國有兵喪。天雨骨，是謂陽消。王者德衰，令不行，佞不用，不出三年，內有爭。天雨筋，國大饑。

天雨膏如蟲，輔臣多貪，賢智隱之應也，君臣無道暴虐。

天雨肉，天不享其德，將易其君。

天雨爵錫，如甘露著樹，不出三年，改易王。白者為甘露，黃者為爵錫。天雨如水銀，是謂刑祖。不出三年，兵喪並起，亡國失土。天雨血，是謂天見其祆。不肖者不得久處其位，不出一年兵起。京房曰："臨獄不解，茲謂進非，厥咎天罰。故天雨血者，茲謂不親，民有怨恐，不出三年，亡其宗人。"又曰："佞人用，功臣棄戮，故天雨血。"

天雨毛，邪人進，賢人逃，貴人出走。

天雨羽，君德不通，逆施天下。

天雨金、銀、鐵、錢、花，兵將興，失道之君當之。

淳風按："隋仁壽四年甲子諸州造舍利塔時，陝州天雨金銀花，時人以作像，像祥瑞，以奏於高祖，高祖知其非吉。其後有楊諒之亂、二世失道，斯其驗也。"

天雨石，為政者質信不施，為詐妄行，國君死亡。

甘氏曰："無雲而雷，隕石墜地，大可一丈，圓形如雞子，兩頭銳，名曰天鼓。所下之邦，必有大戰，伏屍數萬，不可救。"春秋魯僖公十六年，隕石於宋五，此時宋襄公之應也。望之

是星，至地為石。失其所，無光榮之象也。

皇甫士安曰："殷紂暴虐，天雨灰。"天雨灰，邑君有來歸邑者。

墨子曰："商紂不德，十日雨土於亳。"天雨土，君失封。

天雨五穀，是謂禾不熟。人君賦斂重數，故示戒。不出五年，國乏軍糧。

天雨粟，不肖者食祿，三公易位。

天雨黍豆麥粟稻，是謂惡祥。不出一年，人民父子流亡，莫知所向。若國君失信，專祿去賢，則天雨草。君信讒，臣不和，天雨草木，其歲人多兵死。

天雨釜甑，歲大豐穰。此釜甑適如小錢許大，從地中生出，余親見之。其中有如小麻黍粟大，世人謂之蒸餅，豐穰之驗也。

天雨絮，其國將喪，無後有兵。

天雨蘖，君有咎。

天雨墨，臣多陰謀。

天火燒國郭門，其地有謀人欲發。

天光蟠邑城門，其國圍。

天火焚宗廟社稷，大殃，國將亡主。

淳風按："漢魏時，造作宮室過度，而頻有天災，其後尋有兵亂。隋末大業十二年，東京災宮，西京災顯揚門。至十三年，二邑並被圍沒，即絕其宗廟社稷，亦天告之驗。"

天雨下物，非人所聞見者，皆大兵也。其災見所主國分，應發遠近。皆在略例篇中。

日占第四

夫日者，天之所布，以照察於下而垂示法則也。日為太陽之精，積而成像人君。仰為光明外發，魄體內全，匿精揚輝，圓而常滿，此人君之體也。晝夜有節，循度有常，春生夏養，秋收冬藏，人君之政也。星月稟其光，辰宿宣其氣，生靈仰其照，葵藿慕其思，此人君之德也。是以日生道德，養生福佑仁恩。若人君有瑕，必露其匿，以告示焉。夫日之體象周徑之數，余別驗之，著於《歷象志》，此非所須，故不錄之也。

日行於天，一晝一夜行一度。日出地上謂之晝，日沒地下謂之夜。一晝一夜謂之一日。日者實也，言光明盛實也。日之光後，不可名狀，假甲子乙丑以異之焉。其行於天，去極近，日長而暑；去極遠，日短而寒；去二極中，暄涼等，晝夜停。故聖人作歷，以推步焉，序之以四時，分之以八卦，正之以中

氣，變之以節候，為二十四氣焉。

　　上元乙巳之歲，十一月朔，甲子冬至夜半，日月如合璧，五星如連珠，俱起北方虛宿之中，合朔冬至已來，至今大唐正觀三年己丑之歲，積七萬九千二百四十五年算上矣。日行一度，即是日法一千三百四十分，一年行三百六十五度、一千三百四十分度之三百二十八，每歲不周天十三分矣。慾求當時冬至日所在度者，置上元乙巳以來積算，盡所求年減一，以歲分四十八萬九千四百二十八乘之，為歲別日行積分，以周天分四千八萬九千四百四十一去之，餘不滿法者，以度法除之，為度餘。命起虛四度，宿次除之，經虛，去度分三百四十一。不滿宿算外，即冬至加時日所在宿度及分，求次氣日所在度及分者，加冬至日度十五，小余二百九十二，小分五。小分滿六，去之後，從小余一。小余滿日度法，去之，從度數。一度滿宿，依次命之，即次氣日所在度及分，求次日者加一度，去命如前。若求冬至日甲乙名者，置所求年歲別日行積分，以日法除之，為積日，不盡為冬至小余。以六十去積日，不盡為冬至大余。命以甲子起算外，即所求年冬至日。及小余求次氣日名者，依求次日度法加之，滿法從日滿六十去之，命如前，即次氣日名也。俱日行之所在，目視不可見宿度，故須算知。推其分野，以辨災祥。

又，二十四氣日影律候至與不至，皆有應驗。今故列之如左，並二十四氣影如後。及律氣應不應法，用此，虛是占日之大綱矣。

二十四氣影長短，《易緯》占律名。

祖沖之歷日中影長短。

冬至中影長一丈三尺。

律鍾中黃，律長九寸。（徑三分）

小寒中影長一丈二尺四寸三分。

大寒中影長一丈一尺二寸。

律中大呂，律長八寸二百四十三分寸之一百三。

立春中影長九尺八寸。

雨水中影長八尺一寸七分。

律中太簇，律長八寸。

驚蟄中影長六尺六寸七分。

春分中影長五尺三寸七分。

律中夾鍾，律長七寸二千一百八十七分寸之一千七百五。

清明中影長四尺二寸五分。

穀雨中影長三尺二寸六分。

律中姑洗，，律長七寸九分寸之一。

立夏中影長二尺五寸三分。

小滿中影長一尺九寸九分。

律中仲呂，律長六寸二萬九千六百八十三分寸之一萬二千九百四。

芒種中影長一尺六寸九分。

夏至中影長一尺五寸。

律中蕤賓，律長六寸八十一分寸之二十六。

小暑中影長一尺六寸九分。

大暑中影長一尺九寸九分。

律中林鐘，律長六寸。

立秋中影長三尺五寸三分。

處暑中影長三尺二寸六分。

律中夷則，律長五寸七百二十九分寸之四百五十一。

白露中影長四尺二寸五分。

秋分中影長五尺三寸七分。

律中南呂，律長五寸三分寸之一。

寒露中影長六尺六寸七分。

霜降中影長八尺一寸七分。

律中無射，律長四寸六千五百六十三分寸之六千五百二十四。

立冬中影長九尺八寸。

小雪中影長一丈一尺二寸。

律中應鐘，律長四寸二十七分寸之二十。

大雪中影長一丈二尺四寸三分。

候影法：先定南北，使正樹八尺表為勾，臥股一丈四尺。按其歷氣，日中視影與歷合則吉，不合則凶。日影中，年短於氣歷舊影，則為日行上道；與歷同，為行中道；長於舊影為行下道。行上道太平，行中道昇平，行下道為霸世也。

候氣法：截十二竹及銅為律管，口徑三分，各如其長短。埋於室中，實地依十二辰次之，上與地平，以葭莩灰實律中，以羅縠覆上。律氣至，吹灰動縠，小動為和，大動為君弱臣強，不動為君嚴暴之應也。　其律聲有清濁，吹之以聽其音，以知世之和與不和。是故西戎猶解聽律，以辨國中。國有聖人，有聖人則東風應乎律矣。又，詩序稱：聲成文謂之音。世有治亂，音有哀樂，人君宰相須深察之。律應早晚，和與不和，乃史官之要事也，皆系之於日行，故錄附於此，以示一隅。今史官傅仁均、薛頤等，並不考用影律，屍素之流也。

京房曰，日月行房乘三道，太平行上道，昇平行中道，霸世行下道。日不可視，以宿度影晷推之可知，影短則行上道矣。

列宿當有道之國，日月過則光明，人君吉昌，民人安寧。日或黑或赤或黃，有軍軍破，無軍喪侯王。若人君不聞道德，其臣亂國背上，則日赤。

劉向《洪範五行傳》曰：漢成帝河平九年正月二日朝，日出如血無光，漏上四刻五刻，乃頻有光，照地赤黃，食後乃復。是時成帝無道德，後宮趙氏亂於內，外家王氏擅權，遂至國亡也。若臣逆君法，日赤如火，其國遂矣，國亡也。若臣逆君法，日赤如火者，其國內亂。若陰沉日月無光，晝不見日，夜不見星，皆有雲障之而不雨，此為君臣俱有陰謀，兩敵相當，陰相圖議。若晝陰，夜月出，君謀臣。

若夜陰，晝日出，臣謀君。若日濛濛，並無光，士卒內亂。

日出一竿無光曜者，其月有三死，若有憂。若人君宰相不從四時行令，刑罰不時，大臣奸謀，離賢蔽能，則日月無光並見瑕讁，不改其行，其國五穀不成，六畜不生，人民上下縱橫，盜賊並起。

日出無光曜者，主病，一曰：主有負於臣，百姓有怨心。

日失色，所臨之國不昌。

日晝昏，行人無影，至暮不止者，上刑下急，民不聊生。

不出一年，必有大水，下田不收。

日晝昏，烏鳥群鳴，國失政，臣持政。

日無雲不見光，比三日，為大喪，必有滅國。

日中烏見，主不明，為政亂，其分國有白衣會，大旱。

三足烏出在日外，天下大國受殃，戴麻森森，哭聲吟吟。

日光明盛，萬物不得視其體，猶人君之尊，權勢不可窺逾。

今日無光，人皆見其體貌，將有伺察神物者焉，人君失其威柄之象，特宜修德政以禳之。

日中有火光氣現者，其國君左右大臣欲反。夫祭天不順，茲謂逆祀。

日中有黑子、黑雲，若青若黃赤，乍二乍三，天子崩。按《晉中興書》云：昇平三年十月丙午，日中有黑子，大如雞子，俄而孝宗崩。晉太和四年十月乙未，日中有黑子如李。至八年十一月己酉，天子廢為海西公。若日足白者，有破軍敗將，諸侯王敗退。日足白者，日影屬地而純白也。日上有黃芒，天下攻戰。

日消小，所當國君死。

日中分，其國亡。

日夜半見，天下不安，是謂陰明，天下大兵，洪水流行。

日再出再沒，國亡君死，有兵，主降於臣，天下亡。

日出非其所，天子失國，政令不行。

兩日並出，諸侯有謀，是謂滅亡。天下用兵，無道者亡。

兩日並照，是謂陽明。假主抗衡，天下有兩王並爭。

眾日並見，天下裂分，百官各設，法令不一。王者並出，言天子多也。汲塚書曰：甲居於河曲，天有祅孽。

十日並出，日像似日形耳，非正如日也。

兩軍相當，數日並出，當分營以應之。

日斗者，日中三足烏見，常在日出至食時候之。或離而復合，白日與黑日斗，其國相攻，天下有兵，不出三年，天下大饑。日斗之時，或有五色仰珥之狀，為行隊而相追凌突，皆為天子失國，為軍兵滿野。

日病主病，日赤黃是也。

月死主死，日赤紫色是也。

月並出，中國有兩主立。日月並見，是謂滅亡。天下兵起，

國將亡。

　　日月並見，相去數寸，臣下作亂，滅其國主也。

　　日月大星，並出晝見，是謂爭明，大國弱，小國強，有立侯王。

　　日月星俱見有者，天子不能禁制臣下，政令不行，大國亡。

　　日入月中，不出九十日，兵大起，易法令，金鐵貴三倍。二旬而正，主病，不則將軍去，後死。

　　日見月中，人主死。朔日日赤是也。

　　月與日並照，日中光不盛，后妃持政。

日月旁氣占第五

　　淳風按：夫氣者，萬物之象，日月光明照照之使見。是故天地之性，人最為貴，其所應感亦大矣。人有憂樂喜怒誠詐之心，則氣隨心而見。日月照之以形其象，或運數當有，斯氣感占召，人事與之相應，理若循環矣。風雨氣見於日月之旁，三日內有大風，遠至七日內，大雨久淫者為災，無此風雨之應也。七日內無風雨之後，乃可論災祥耳。

　　一日冠氣。青赤色立在日月之上，冠帶之象也。天子當立

侯王，封建親戚，授之茅土以為蕃屏。白則有喪，赤則有兵。

二曰戴氣。青赤色橫在日月之上，而小隆起，其分當有益土進爵推戴之象，亦為福佑之象。黑則有病，青則多憂。（五色鮮明黃潤為吉。此純赤、純黑、純白、純青為凶色。）

三曰珥氣。青赤短小，在日月之旁，纓珥之象也。其色黃白，女主有喜。日朝有珥，國主有進幸之事。其不可行，女主戒之。純白為喪、間赤為兵，間青為疾，間黑為水，間黃為喜。他皆仿比。有軍而珥為喜，兩軍相當，軍欲和解，所臨者喜。在日西，西軍勝；在日東、東軍勝。南北亦然。敗處可知也。無軍而珥，為拜將。日有四珥，天子立侯王，有子孫之喜，期不出三年。日有六珥，其分有喪。若有赤雲掩日，下有亡國。

四曰抱氣。青赤而曲，向日抱扶。抱，向就之象也。日月旁有抱，鄰國臣佐來降，亦有子孫之喜，臣下忠誠以輔之象也。

五曰背氣。青赤而曲，向外為背，背叛乖逆之象。其分有反城叛將，邊將欲去，善防之。

六曰玦氣。青赤，曲向外，中有橫枝似山字，玦傷之象也。君臣不和，上下玦傷。兩軍相當，所臨者敗，有軍必戰。

七曰直氣。青赤色，一丈餘，正立日月之旁，直立之象也。

其分有自立者。

八曰交氣。青赤色，狀如兩直相交，淫悖之象也。人生有淫悖之行，則有此氣。常以九月上旬兩日候之，日月旁有交赤雲，其下有兵。

九曰提氣。日月四旁有赤雲曲向，名曰四提。提似珥而曲，不出其年，兵起，王者死，赤為亡地，有自立者。一云氣形如三角，在日四方，為提。

十曰纓紐承履。氣青赤色，在日下。上曲為纓，下直立為履。在日下兩邊，交曲而雙垂為紐，皆喜氣也。人君將有納女寵之象也。氣如半暈，在日下為承。承者，臣承君也，為君臣相承有喜。青赤氣橫直在日上下者為格。格者，格斗之象也。日冠而珥，君有私事，在珥之所處，處東在東。他皆仿此。日戴而珥，天子有喜賀子孫之事。抱為和親，日多抱珥，則國中歡喜而和洽。若一抱兩背而玦，是謂大疫。軍眾在外，將有反者。日有背玦，四直交在其中，臣欲為邪。有芒刺，中青外赤，為逆，外青無芒，為謀。此數見，國家凶。抱而且背，不和之象。順逆相參，明者勝，抱明久順勝。他皆仿此。凡有抱者以攻戰，從抱擊之者勝，芒外刺者中人勝，芒內刺者外人勝，皆以象類為法也。

十一曰暈氣。暈周而匝，中赤外青，軍營之象也。對敵有暈，厚而鮮明久留者勝，在東東勝，他仿此。無軍在外而有此氣，天子失御，人民多叛。日月皆暈，共戰不合，兵罷。日以庚子暈，有赦令。日有青暈，不出旬日有大風，糴貴，人民多為病凶。日有黑暈，災在用事之臣。日暈七日無風雨，兵大作。不可起兵，眾大敗。日暈而珥，宮中多事，後宮忿爭。七日不雨、審察宮中。日暈而珥，立侯王，人有謀。軍在外，外軍有悔。日暈且珥如井干，國亡以兵亂大戰。一珥為一國兵戰，二珥為二國兵戰，以珥為數，日暈珥，貴人有罷，國有謀反，亦為拜將。

　　十二曰負氣。負氣者，青赤如小半暈狀而在日上則為負，負者得地，為喜。日重暈四負，殊大，如內亂，三日雨，不占。戟氣者，青赤氣長而斜倚日旁，為戰戈戟相傷之象。

　　日暈且有冠，且有戴，天下立侯王。若自立者，其分必有益土。

　　日暈而有戴，若拜謁、立諸侯，德令矣。

　　日暈有抱，抱為順，日月之旁，王者有喜，子孫吉昌，政令行。兩軍相當，有抱者勝。

日暈抱珥，上將易。日暈而背，兵起其分，失城背焉，逆有降、反城。背在東，東有叛；在西，西有叛。他仿此。蓋兩軍相當，背所在方敗，無背者勝。背者逆也。

日暈中有璏為不順，與背同。人臣不忠，為外其心，君臣乖離。其國兵起，若有逃臣。

日暈而玦，兩軍相當，所臨者敗。內外同，軍玦戰。

日暈而有直氣在兩旁，其國有自立諸侯王者，封賞左右。兩軍相當，有直者勝。

日暈四提，必有大將出亡。

日暈而有背，抱珥直而虹貫之，宜從虹而擊之。日暈有背者，有軍不合戰，將有叛。內外同，在內為內，在外為外。兩軍相當，日暈而冠珥及纓者，軍和解。抱戴者有喜。

日月無精光，青赤暈，虹蜺背玦在心度中，是謂大蕩。兵喪並起，當以赦除之咎。

日暈而珥，有雲穿之者，天下名士死。

日暈而兩珥右外，有聚雲在中與外，不出三日，城圍出戰。

日月暈，仰視之，順輿當有雲氣從旁入者，急隨雲以攻之，

大勝。

日暈，有聚雲不出者，兵起三日，內城受圍。

日暈，而白雲如車蓋臨日上，城降得地。

日暈再重，有德之君得天下，其分有攻戰。

日暈色青再重，外戚、親屬在內為亂，王者有憂，有亡地。

日暈三重，諸侯王反，天下受兵，期三年有攻戰。

日暈四重，滅。有野有反相，亡國死王。

日暈五重，是謂陰謀。女主喪，其年饑。天下有兵，其地破亡。

日暈六重，國失政，兵起國喪。

日暈七重，中國弱，戎狄強，有急使至。

日暈八重，士人亂，天子傷。

日暈九重，天下亡。

日暈十重，天下大亡。各以其日所在辰、星宿、國分占之。

日暈再重而有兩珥，白虹貫之，天子有憂，大戰流血，橫屍遍野。

日暈三重兩珥，其國有兵，亡其市邑，有相叛。

日交暈，立大夫為將軍。交暈無厚薄，交爭力勢均，厚者勝，交暈居上者勝。交暈而珥，天下兵起，有兵者罷，暈而不匝者敗。有暈在東，東軍勝。兩半暈相向者，風殘五穀。日交暈，貫日，天下有破軍死將。

日暈有一抱一背，兩軍相當，從抱擊背者勝。暈不匝空而軍敗。有赤氣如布掩日，為大戰。

日月旁有懸鐘，如人臥其下，有死將。

日旁有黑氣，如龍銜日，及如人背日，大將欲反。

伏虎守日，大將軍反。

四虹貫日，有人謀亂，氣赤猶甚。

赤雲如人頭懸鏡，皆兵起流血之象。

白虹貫日，虹蜺連結，展轉刺日，並後族悉黜，天子外戰，若兵威內奪。

赤暈有一虹，所在將死。

日月始出，有黑雲貫之，或一或二或三，不出三日，必有暴雨。

有赤雲如杵，長七八尺，撞入日月，所宿國主死。

日月中有人者，臣害主，兩主爭。

日蝕占第六

　　夫日依常度，蝕者，月來掩之也，臣下蔽君之象。日行遲，一日行一度，一月行二十九度餘；月行疾，二十七日半一周天，二十九日餘而迫及日。及日之時，與日同道，而在於內映日，故蝕其象。大臣與君同道，逼迫其主，而掩其明。又為臣下蔽上之象，人君當慎防權臣內戚在左右擅威者。

　　其蝕雖依常度，而災害在於國君大臣。或人疑之，以為日月之虧蝕，可以算理推窮，皆先朔知之。蝕分多少時節、早晚所起，皆如符契左右，此豈天災之意耶？夫月毀於天，魚腦滅於泉，月豈為螺蚌之災而毀其體乎？但陰陽之氣迭相感應自然耳。東風至而酒湛溢，東風非故為溢酒而來至也，風逼至而酒適溢耳，此豈不相感應者歟？若然，油水之類也。東風至，油水不溢而酒獨溢，猶天災見，有德之君修德而無咎，暴亂之王行酷而招災，豈不然也？陽燧之取火，方諸之取水，皆以象占之也。陽燧方諸銅蛤之類，將凡鏡往求而不得者，為無其象而不占也。

　　災之所起，起於昏亂之所，無災非朔而蝕者，名為薄蝕。凡薄蝕者，人君誅之不以理，賊臣漸舉兵而起，北陰氣盛，掩薄日光也。陰盛侵陽，臣凌其君，其分君凶，不出三年。無道之國，日月過之而薄蝕。兵之所攻，國家壞亡，必有喪禍。

　　裴子曰：夫日者君也，月者臣也，一歲十二會，君臣相見之象。君有失德，臣下專之，故有日蝕之咎，故伐鼓，用幣，責上卿，是其禮退臣道也。

　　以知君臣忠。天下太平，雖交而不能蝕，蝕即有凶。臣下縱權篡逆，兵革水旱之應兆耳。日者陽精之明，曜魄之寶，其氣布德而生。生在地曰德，德者生之類也，德傷則亡，故日蝕，必有亡國死君之災。日蝕則失德之國亡。日蝕，則王者修德。修德之禮重於責躬。是故禹湯罪己，其興也勃焉。

　　日薄蝕，色赤黃，不出三年，日蝕所當之國有喪。一曰日始出而蝕，是謂無明。齊越之國受兵亡地。凡日蝕者，則有兵有喪。失地因亡，皆以日蝕時早晚、分宿、日辰占之。

　　日午時已後蝕者，有兵，兵罷不起。

　　日蝕從上起，君失道而亡。從旁起，內亂兵大起，更立天子。

日蝕從下起，女主自恣，臣下興師動眾失律，將軍當之。

日蝕少半，諸侯、大臣亡國失地相逐。蝕半，有大喪亡國。蝕大半，災重，天下之主當之。蝕盡，亡天下，奪國，臣弒君，子弒父，不出三年。

日蝕見星，臣弒其君，天下分裂。

日蝕而暈傍珥，白雲來去掩映，天下大亂，大兵起。臣弒君，君失位。

日蝕陰侵陽，君位凶，群兵動，宜施恩賞。

日蝕而旁有似白兔、白鹿守之者，民為亂，臣逆君，不出其年。其分兵起。

凡日蝕之時，或有雲氣風冥暈珥，似有群鳥守日，名曰天雞，后妃謀易主位，奪其君，數視動靜，欲行其志。

日蝕大風地鳴，四方雲者，宰相專權謀反之象。

地震烈，日色昧而寒乃蝕者，四方正伯專誅，恣行殺逆。

日蝕而大寒，又在於平旦，中國大飢餓，賊盜起，夷狄動，諸侯亂。

日蝕星墜而復上，君將被殺，下將窮竭，賦斂重數之應。

日月俱蝕，國亡。

日者，人主之象，故王者道德不施，則日為之變。

薄蝕無光。日以春蝕，大凶，有大喪，女主亡；夏蝕無光，諸侯死；秋蝕，兵戰，主人死；冬蝕，有喪，多病而疫。

凡四時以王日蝕者，主死；以相日蝕者，國相死；以囚死日蝕者，臣殺君；休廢日蝕者，多病疫。

日以正月蝕，人多病；二月蝕，多喪；三月蝕，大水；四月、五月蝕，大旱，民大饑；六月蝕，六畜死；七月蝕者，歲惡，秦國惡之；八月蝕者，兵起；九月蝕者，女工貴；十月蝕者，六畜貴；十一月、十二月蝕者，糴貴，牛死於燕國。其日之甲乙，一如略例中。

蝕列宿占：

日在角蝕，將吏耕田。臣有憂為司農之官者。國四門閉，其國凶；（月同。）日在亢蝕，朝廷之臣有謀叛；日在氐蝕，天子病崩，卿相讒諛，君殺無辜，王后惡之；日在房而蝕，王者憂疾病，有亂。又大臣專權；（月同。）日在心而蝕，君臣不相信。政令失儀度，準繩變其宜；日在尾蝕，將有疫，後宮

中小凶；日在箕蝕，將有疾風飛砂，發屋折木，戒之於出入；日在斗蝕，將相憂，國饑兵起；（月同。）日在牛蝕，其國反叛兵起，戒在後夫人祠禱之咎；日在女蝕，戒在巫祝后妃禱祠；日在虛蝕，其邦有崩亡，天下改服；（月同。）日在危蝕，有大喪，君臣改服；日在室蝕，人君出入無禁，好女色，外戚專權；日在壁蝕，則陽消陰壞，男女多傷敗其人道，王者失孝敬，下從師友，虧文章，損德教，學禮廢矣；日在奎蝕，魯國凶，邦不安，慎在人主、邊境廄庫；日在婁蝕，戒在聚斂之臣；日在胃蝕，委輸國有乏食之憂；日在昴蝕，大臣厄在獄，王者有疾，戒在主獄有犯誤天子者；日在畢蝕，將有邊將亡，人主有弋獵之咎；日在觜蝕，大將謀議，戒在將兵之臣；日在參蝕，戒在將帥；日在井蝕，秦邦不臣，畫謀不成，大旱，人流亡；日在鬼蝕，其國君不安；日在柳蝕，廚官門戶橋道之臣有憂；日在七星蝕，橋門臣憂黜；日在張蝕，山澤汙池之官有憂；日在翼蝕，王者退太常，以法官代之，有德令則蝕不為害，其歲旱，亦為王者失祀，宗廟不親，戒在主車駕之官；日在軫蝕，貴臣亡，後不安。（月同。）

凡日蝕者，皆著赤幘以助陽也。天子素服，避正殿，內外嚴警，太史靈台伺日，有變，便伐鼓，聞鼓音作，侍臣皆著赤幘，帶劍以助陽，順之也。

乙巳占　卷第二

月占第七

　　夫月者，太陰之精，積而成象，魄質含影，稟日之光，以明照夜，佐修陰道，以之配日，女主之象也。以之比德，刑罰之義也。列之朝廷，諸侯大臣之數也。是以近日則光斂，猶臣近君卑而屈也；遠日則光滿，為其守道循法，蒙君榮華而體勢申也。當日則蝕，猶臣僭君道，而禍至於覆滅。盈極必缺，示其不可久盈也。月闕也，陰道、臣道、妻道，不可使盈，理當恆闕也。其行速，臣下之道也。行有弦望晦朔，遲疾陰陽，政刑之等威也。

　　日，日行一度；月，日行十三度一千三百四十分度之四百九十四分。此平行之大率也。上元乙巳之歲，十一月甲子冬至夜半，日月如合璧，五星如連珠，俱起北方虛宿之中，合朔冬至，與日俱行，各修其度。至合正觀三年己丑之歲，積七萬九千三百四十五算上矣。推月朔置上元乙巳以來歲朔積分，（在日度中。）以月法三萬九千五百七十一。以法去之，餘以日法約之為閏大餘，不盡為閏小餘，減冬至小餘。不足減，減大餘，加日法乃減之，大餘不足減，加六十乃減之，（冬至大小餘，並在日內推也者。）餘為所求。天正十一月大小余，命

以甲子算外,則天正朔日也。求次月朔者。加大餘二十九,小餘七百一十一,小餘滿日法去之從大餘,一大餘滿六十去之,命日如前,則次月朔日及餘也。求上弦日。加朔大餘七,小餘五百一十二,大餘滿法去之,命如前,則天正上弦常日也。又加得望日,又加得下弦,又加得後月朔日。前朔、後朔相去二十九日七百一十一分,謂之一月。一月之中,行天一周,又行二十九度七百一十一分,而又與日一合矣。求朔日夜半月所在度者,置朔日加時日所在度,減去朔小餘,則朔日夜半月所在度矣。求次日加時夜半月度,加十三度一千三百四十分度之四百九十四分。滿日法從度,度滿宿去之,命以次宿算外,則次日夜半月所在度及分矣。此皆平行也。月行又有遲疾不同。極遲一日行十二度強,極疾一日行十四度太強。大率合朔後極疾,起而漸遲,十三日半強而極遲,則又漸疾,十三日半強而極疾。一遲一疾,凡二十九日半強。又有陰陽行。上元之初,合朔已後,月則出日道外,行陽道,經十三日半強,則又入日道內,越黃道,行陰道,又十三日半強,而出黃道之外矣。當越道之處,名曰交道。大凡二十七日強而一出,一入兩過,交於黃道;黃道,日道也。月不行日道者,猶臣不可與君同名器矣。在黃道內外極遠之時出入各六度矣。朔日與同度之時,月在交道內,而當交則蝕矣。不當交則不蝕,此猶臣與君相遇,

同道擅權而掩蔽君矣。望日加時，月在交道上過，則日蝕；不當交道上過，則不蝕矣。其推求法術，並著在《歷象志》、《乙巳元經》，事煩不能具錄，略表綱紀焉。

　　夫月之行也，每朔稟先於日，漸舒其照，遠而益明，行於列宿，不巡光道。舒而還斂，屈體戢光，盈而不僭，以至於晦，此順理之常也。猶大臣諸侯稟承君命，教令節度，巡行萬國，照察百揆，而無僭亂擅權之心。有功歸主，不自矜伐，退以報君焉。烏兔抗衡，光盛威重，數盈理極，危亡之災，一時頓盡，遂使太陽奪其光華，暗虛虧其體質，小僭則小虧，大驕則大虧，此理數之當然也。是以明王在上，月行依道。主不明，臣執勢，則月行失道。大臣用事，背公向私，兵刑失理，則月行乍南乍北。女主外戚擅權，則或進或退朒朓，皆君臣德刑不正之咎也。有不如常，隨其事占其吉凶。月行疾則君刑緩，行遲則君刑急。月之與日，遲疾勢殊，而事勢異也。劉向曰：" 是故人君，月有變．則省刑薄斂以修德，恩從肆赦，故春秋有眚災肆赦之義矣。

　　月若變色，將有災殃。青為饑而憂，赤為爭與兵，黃為德與喜，白為旱與喪，黑為水，人病且死。

　　月若晝明者，月為臣，日為君，臣以明續君，當在其時，

不可與君爭力竟能。晝明者，此奸邪並作，不救，則失其行而必毀矣。其救也，出退強臣，斷絕奸佞，近忠直，親賢良，則月得其行，不專明矣。是故人君宰相不從四時行令，刑罰不中，大臣奸謀，黜賢蔽能，則日月無光而見瑕讁矣。不救其行，五穀不成，六畜不產，人民上下不從，盜賊並起。

月出非出所，行非其路，皆女主失行，姦通內外陰謀，小國兵強，中國民饑，下欲僭權矣。

月生正偃，天下有兵，合無兵，人主凶。

月行急，未當中而中，未當望而望，皆為急。兵大戰，軍破將死，大臣執政逼君，主將有女主擅權，天下亂，易宗廟。

月未當缺而缺，大臣滅，女主黜，諸侯世家絕。

月再中，帝王窮。

月當出而不出，有陰謀，有死王，天下亂。

月未當上弦而弦，國兵起；未當下弦而弦，臣下多奸詐。當盈而不盈，君侵臣，則大旱之災。未當盈而盈，臣欺君，有兵。

月初生而盛，女主持政。大月八日，小月七日，昏中過度，有兵事，如不及度，喪事。月生五日，而昏中已後盛，君無威

德，佞臣執權柄，民背君，尊其臣。

月前望西缺，後望東缺，名反月，臣不奉法制度，侵奪主勢，無救，為湧水，兵起。（其救也，止刑罰，誅奸猾，任賢而稽疑，定謀事成，則月變不為傷亡也。）

月當晦而不盡，所宿國亡地。

月初生小而形廣大者，有水災。

月大而體小者旱，有氣色非常，皆為皇后陰謀事。

月始生有黑雲貫月，名激雲。或一或二，或三或四，不出三日，有暴雨。

月上有黃芒，君福昌，皇后喜。

月生刺，是謂賊臣生中國。

月生牙齒，女主后妃亂，天下兵起。

月生爪牙，入主賞罰不行。一占云：人君左右，宜防刺客。

月望而中蟾光不見者，所宿之國山川大水，城陷民流，亦為女主宮中不安。

月出覆沒，天下亂。

月分為兩道，無道之君失天下。

月墜於天，有道之臣亡。

月出子地中，庶民出為王。

兩月並出相重，急兵至。

三月並見，其分有立諸侯，而女主有競。

兩月並出，天下治兵，異姓大臣爭朝勢為害，王者選能授之。

月重出，皆為暴兵殘害天下亂首，將有亡天下之象也。

余於大業九年在江都，時年十三，寓游彼土。正月內，因送孝於城東。是時正月二十七日旦起，東方有二月，見之相去二尺許，分明在箕斗之間，眾懼見之。俄而玄感於黎陽起逆，朱爕、管崇又殘賊於江南，天下因此遂兵賊相掠，至於滅亡，此尤大效也。東方小月承大月，小國毀，大國伐之為主。凶在西方。小月承大月，小邑勝；大月承小月，大邑勝。

月兩弦中間，光盛面多眾，或二或三，或四或五，乃至十月並見，皆為天下分裂，天子政在諸侯，諸侯自立，諸侯傍氣象，皆與日占大同。

月與五星相干犯占第八

　　凡五星及列宿與月相蝕相薄，皆凶。歲星蝕月，有大喪，女主死，臣弒君易主。熒惑蝕月，讒臣貴，後宮女有害主者。填星蝕月，女主凶，當有黜者，有喪。太白蝕月，易大將，將死。辰星蝕月，有大水。五星入月中，其分野有逐君，大臣賊主。

　　月蝕五星，若捨皆其分，有災。月凌歲星，年多盜賊，刑獄煩。月與歲星同光，即有饑亡。（土同。）月與歲星同宿，其年疫疾。月與熒惑相犯，戰勝之國大將死，天下有女主之憂。月與熒惑同光，內亂且饑。月吞滅熒惑，國敗。月犯填星，女主敗喪。（魏青龍二年十月乙丑，月犯填星。三年正月，太后郭氏崩。晉安帝隆安四年正月乙亥，填在牽牛、月頻犯之。七月壬子，皇太后李氏崩。）填星入月，不出四旬，有土功事。若犯，貴人絕無後。太白入月中不見星者，臣殺主。月蝕太白，國君亡，臣弒主。月犯太白，將有兩心。戴太白，有卒兵。月生三日，刺太白之陽。陽國大邑勝，小邑損。月刺太白之陰，兵在外者未及入，在內者不及出。月與太白合宿，太子死。

　　太白在西方始見，在月北為得行，在月南為失行，西方先起兵者敗。

太白與月相去三尺，有憂軍。與月相去二尺，有憂城。與月相去一尺，有拔城。

太白入月中不出，客將死；出者，主人將死。無軍，大將當之。

太白出東方，在月南，中國勝。在月北，中國敗。出西方，在月北，負海國勝；在月南，負海國敗。

金火與月相近，其間六寸，天下有兵；間一尺，天下憂；尺五已來，無害。

太白出西方似月，三日候之，與月並出。間容一指，軍在外，期十日，有破軍死將，客勝。容二指，期十五日，有破軍死將，主人小勝。容三指，期二十日，有破軍死將，客軍大勝，主人亡地。容四指，期二十五日，客軍入境，主人不勝。容五指，期三十日，軍陣不戰。

太白以月未盡一日，晨出東方，與月並出，候之以指。容一指，十日，有破軍死將，主人不勝。容二指，十五日，客大破，主人得地。

容三指，期二十日，有破軍死將，主者亡地。容四指，期二十五日，客軍大敗。容五指，期三十日，軍陣不戰。（金同。）

月犯辰星，辰星入月中，有水行事起，不出三旬，內有匿
謀，春夏大水。晉孝武太元十三年十一月戊子，辰星入月在危，
是時濤水入石頭，春大雨，牛馬疾疫，穀貴，不出百日也。

月干犯列宿占第九

角：月犯角，天子大人惡之，大人有憂獄事，天下大凶。犯左、
　　右角，大戰，大臣當之。有憂喪。兩軍相當。犯左角，大
　　戰將死；右角，廷尉死。月在角中行，為出天門中道，百
　　姓安寧，歲美無兵。出右角，北胡王死，天下多雨。行中
　　道之南，南君惡之，大臣不輔。

亢：月犯亢，其國將死。月蝕亢，大人多死疫癘，在朝廷之臣
　　為始。月在亢，有變，王者布政失理，宜省刑罰。

氐：月犯氐，天下兵起。晉孝武太元三年二月癸亥，月入氐，
　　大將軍韋楷率兵襲汝南，苻堅及子等十餘萬人寇襄陽。是
　　年大兵。月蝕氐，及犯在氐有變，皆為宮中陰謀，大人女
　　主，宿止不安，刑政失理，天下饑亂，兵寇賊起。

房：月犯蝕房上將，上將誅。犯蝕次將，次將誅。上相、次相
　　亦然。月行房南一丈，兵起，天子旁有亂臣，歲有大水，

七月期。月行天駟中，經歲安寧，五穀熟。月行太陽，天下亂，民事失，民啼哭，陽道未窮而死；月行太陰，天下後起，陰道未窮而作。月出中道，天下和平，利以稱兵。月變於房，名寶出，駟駕滿野，將不安，失時令。

心：月犯心，主命惡之，其宮內亂，臣有逆者。月犯心中，人王遇害，有大賊，國人亂。月乘心，其國相死。出心太北，國旱，宗廟災。出心太南，君憂，且有兵起。月變於心，人主有憂，兵在外，大將易。無兵，太子事，亦為天子計失於刑罰。

尾：月犯尾，貴戚有誅者，其國將軍死。月在尾，後宮有爭，人君子孫不吉。

箕：月入箕，糴大貴，天下旱，饑死過半，人君號令，傷於酷暴，百姓失所。月在箕，後宮政教失，女主乖怨，有暴風。失行於箕者，大風。

南斗：月行於南斗，大臣誅，大將及近臣去，將軍死，女主凶。（《宋書志》稱：晉哀帝興寧三年七月庚戌，月犯斗。來年五月戊寅，皇后庾氏崩。安帝義熙元年三月已巳，月掩斗第五星，至八月丙戌，頻掩之。是年三月始興太守徐道覆反。四月，盧循起湘中。五月，循破劉穆。自是京畿大

臣多戮死也，）月入斗魁，大人憂，太子辱，宮中有賊。
月一歲三入南斗，有德令，有兵起。月在斗有變，易相，
爵祿失，大臣有憂刑戮，及將相非理食祿，更易天子法令
者。月乘斗，色惡，蒼芒，丞相死。月宿斗，為風雨。月
蝕斗，群臣憂國亂。

牽牛：月犯牛，牛疫，牛馬羊暴貴，犧牲之官有憂，將軍奔，
　　　道路關梁阻，天下有詐，穀大貴，大國有憂，將軍死。一
　　　曰牛多病。月在牛有變，關梁閉塞，將有農令犧牲之事，
　　　四足蟲疾矣。月乘牛，有大水，人相棄於道。

須女：月犯女，女子凶，憂疾患女惑之事，其國有憂，將軍死。
　　　（晉孝武大元二年八月戊辰，月入女。八月，征西將軍桓
　　　豁率。十月乙未，犯女，壬寅，尚書令王彪之卒也。）有
　　　改易高下貴賤，女工興，有女令。月在女有變，有兵不戰
　　　而降。又曰嫁女娶婦之事，亦為女主布帛。

虛：　月犯虛，天下大虛，虛邑復盛，天下政亂，國有憂，將軍
　　　死，百姓饑，哭泣不已，有陵廟事也。月蝕虛危，人多去
　　　其室，有大戰。月變於虛，有土功在外，軍人饑。

危：　月蝕危。不有崩主，必有大臣喪，天下改服，將有墳墓哭
　　　泣之事。月犯危，治台樓蓋屋者多，天下亂，將軍死。月

在危有變，將有哭泣死喪、墳墓蓋屋動眾之事。

室：月犯蝕室，及在室有變，國亂有憂，將亡地失。若宗廟有毀，將相有死者，王者自將兵，宿在離宮，不安正寢，宜修文德、設武備、振軍旅以應之。

東壁：月犯蝕東壁及在壁有變，大人為亂，人民多死，兵在外，軍人大驚，近臣去，將軍死，軍糧絕，將軍有謀，將有府庫土功之事。月宿壁，不雨則風。（斗同。）蝕壁，有開閉之事，大臣戮，有文章者執。

奎：月犯奎，若在奎有變，大人亂，大臣凶，人多死憂，將軍有謀，有溝瀆女子之事。月犯奎大星，乳婦多死，邊民不安，有大水。月蝕奎，大將軍戰死。

婁：月犯蝕變於婁，有兵在外，不戰而和，有聚斂之事，多有搜狩弋獵之事，民多獄怨，國君納女，遊獵無度，大人憂，將軍死。

胃：月犯蝕變於胃，其國有憂，將軍死，鄰國有暴兵，天下穀無實，有倉廩賦斂之事，小國兵起不戰，有霜，以夷狄為憂，民多病。

昴：月犯蝕變於昴，天子破匈奴，有白衣會，貴臣有憂，民離

散，去其鄉，獄訟煩苛，無辜獲罪。（檀道鸞《晉陽秋》
云：孝武帝寧康元年正月丁未，月掩昴，七月己亥大司馬
桓溫薨。安帝義熙五年二月甲子，月犯昴，九月又犯昴，
閏月丁酉又犯之，是年宋高祖討鮮卑。十月翌主為其子所
殺，六年鮮卑滅胡也。）月行犯昴，北有赤白雲緣月，兵
入匈奴有得地；赤白雲不緣月，兵入不得地。月乘昴，天
下法峻，水滿野，穀不收。月行觸昴，匈奴受兵。月蝕昴，
諸侯黜門戶，大臣有事。月入昴，赦；月出昴，天下有福，
大臣匿其罪。月入昴中，胡王死，理官有憂。月蝕昴，貴
臣誅，貴女失勢心月變於昴，兵在外絕食。月犯昴，將軍
死，胡不安，或背叛。月行一歲不出昴畢間，來年有兵。

畢：月犯畢，出其北陰，國有憂。月入畢中，將軍死，不則有
　　邊兵，期十月。月犯畢，天子用法誅罰急。若蝕畢，賊臣
　　誅，貴人多死，兵革起。畢星見月中，女君當死，有德令。
　　（晉孝武大元五年五月庚子，月掩畢，六月丁卯又掩畢，
　　進入畢口。九月癸未，皇后王氏崩。）月失行，合陽風，
　　合陰雨。月失行離畢則雨。月犯畢大星，下犯上，臣殺主，
　　大將死。月變於畢，有邊兵之急，邊將刑。

觜觽：月犯觜觽，小戰，吏多死道路者，或背叛。月變於觜觽，刑

罰之事，將相有殃。（月犯蝕皆同占。）

參：月犯蝕參，貴臣誅，赤地千里，其國大饑，人民相食。月變於參，百姓葆旅。月犯左肩，左將戰死；犯右肩，右將死。月犯蝕參伐星，戰，小將死。月宿參伐為風雨。月蝕參伐兵起。

東井：月犯井，將軍死。（晉孝武大元元年五月戊午，十二月乙卯，月掩東井。六年二月壬子，建威將軍桓副薨。七月甲辰，將軍王邵薨。月犯井左右星，女主憂。魏齊王嘉平三年四月戊寅，月犯井，七月皇后甄氏崩。）月犯井，人主有憂，大水。若水官有黜者，其國有憂，平准水衡之官，刑政不平矣。月蝕井，大臣有謀，皇后不安，五穀不登。月蝕井，內亂之災，以日占其國也。月犯井鉞星，為內亂兵起，破軍殺將，城陷血流。（《宋志》云：魏正始四年十月、十一月，月犯井鉞，是月司馬懿討諸葛恪，恪棄城走。晉穆帝永和十二年六月己未，月犯井鉞，桓溫破姚襄於伊水，北定周地。十二月槁城陷，執段龕三十餘人。）凡月干犯井鉞，秉質，斧鉞用之象。月犯井鉞，大臣誅，斧鉞用。月變於井，以色占。黑，大水，他仿此。

輿鬼：月入鬼，人主憂。（晉咸康七年八月辛丑月犯鬼。來年

癸巳，成帝崩，財寶出。）月犯鬼質，秦邦君憂，大臣誅。
（魏嘉平二年十月犯鬼，三年五月王陵反，楚王虎等誅
之。）月蝕鬼，貴臣女主憂，天下不安，有大喪，謀臣糾
彈之官凶。（《宋志》云：魏齊王正始二年九月癸酉，月
犯鬼西北星，主金玉。三年二月丁未，又犯西南星，主布
帛。占曰：有錢令，大臣憂。三年二月，太尉滿寵薨。青
龍二年三月辛卯，月犯鬼。占曰：民多疾疫。是年夏大疫。）

柳：月犯柳，木工興，名木被伐，又有土功事。月蝕柳，王者
　　疾，不安宮室，百姓、貴人以言語坐罪，大臣憂，其地有
　　禍。

七星：月犯蝕七星，兵在外戰，皇后、大臣有暴憂，有誅，國
　　　大惡。（下蝕列宿同。）月犯七星，輕車戰，國相更政之。

張：月蝕張，貴臣失勢，後有憂，君有賜。（下蝕列宿同。）

翼：月蝕翼，忠臣見譖言，政事亡，飛蟲多死，將軍亡，北夷
　　有兵，女主凶。月變於翼，其國有飛鳥喜，若有獸鳥者。

軫：月宿軫，則多風。月蝕軫，則貴臣亡，後不安。月犯軫，
　　月凶喪，車騎出，兵車用，期一年。

月干犯中外官占第十

《海中占》曰：月入攝提，聖人受制，謀臣在側。（此亦非月行所及，但古人有此占，又為災，或行越變常，以至於此也。）

月犯蝕大角，強國亡，戰不勝，大人憂患，有大喪。大角貫月，天子惡之。

月犯織女，女主有憂。月犯鉤鈐，馴馬駕，將有行。

月犯東西咸，主因淫致禍，有陰謀。犯於東咸，必有賊。（晉孝武大元二十一年四月，月犯東咸，吳郡內使王欽發人誡嚴，吳興諸郡響應為賊。）

月犯天江，大水，關梁塞。

月犯乘天市，粟貴，有更弊之令，大將死，或易政。月入天市及有變於市中者，女主憂，將相有戮於市者，近臣有罪。

月犯侯星，侯有憂。

月犯帝座宗星，人主有憂。

月犯宦者，侍臣誅。

月犯建星，大臣相譖死。（按魏陳留王景元元年二月，月犯建星。是後鍾、鄧相譖，以至夷滅。）

月變於建星，有亂臣更天子之法令者。一曰近臣大將死，易將相。

月犯天弁，天下粟貴，一犯一貴。

月犯河鼓，犯左，左將死；犯右，右將死。所中者誅，有軍敗亡。

月犯乘大陵，天下盡喪服。星眾，兵革起，死人如丘山；星稀則無。

月乘犯捲舌，天下多喪。

月乘天屍者，亂臣在內。

月犯五車，兵起趣駕。月入五車，天庫兵起，道路阻。（一云天下兵起。劉向五星同占。）

月犯天關，有亂臣更天子之法，主關津者有罪，王者憂。

月犯南河戒，為中邦凶。北河戒，四方兵起，有喪，大旱，百姓病疫，刑罰峻暴，誅伐不當。

月犯北河之中，冠帶國兵起，道阻塞，人君失道，淫女子，

金錢貪色奢侈。

月行南戒之南，兵旱並起，男子多喪；月行北戒之北，兵水並起，女子多喪。

月犯五諸侯，諸侯誅。（宋孝武大明三年四月，月犯五諸侯，時竟陵王誕反，沈慶之攻敗也。）

月入軒轅中犯乘之，有逆賊，女主憂，若火災。月犯軒轅左右角，臣有誅。乘大民星，大饑，太后宗有誅者。若有罪，犯其端，臣子反，有亂臣，臣子失勢，其所中者，以官名之。犯乘少民星，小饑小流，皇后宗有誅。若有罪，犯御女，御女有憂，御僕死。月犯大星，女主當之。（晉安帝元興三年四月甲午，月掩軒轅第二星。明年七月戊申，永安皇后何氏崩。孝武太元五年七月庚子，月犯軒轅大星。九月癸未，皇后王氏崩。）

月犯少微，處士有憂。（續晉陽秋云：會稽謝敷，字慶緒，隱若邦山，初月犯少微。時戴逵名著於敷，時人憂之。俄而敷死，會稽嘲吳人曰：吳中高士，便是求死不得也。）

月犯少微，女主憂，宰相易，而憂史官黜。月犯少微南一星，處士憂，第一星，義士憂；第三星，博士憂；第四星，大

夫憂。

月行太微中，皆為大臣有憂，大臣死。月所犯者，天子誅之。亦曰後族擅威，凶。月入太微中，若流星縱橫徑行太微中者，主弱臣強，諸侯、四夷兵不制。行不端，心不正。心不正，有邪欲不受命，有奸人在王庭，四夷難信，月干犯太微庭，出其門為使。月貫太微中而東出，大臣出、王侯入為主。出其中門，臣不臣。月入太微，有喪。（《宋書志》云：晉穆帝昇平五年五月壬寅，月犯太微，是月丁巳穆帝崩。安帝義熙十四年五月庚子又犯太微，九月丁巳，又入太微，是年十二月戊寅，安帝崩。）

月行左右執法，大臣憂，相系而死，免者少。月出東掖門，為相受命東南出，德事也；出西掖門，為將受令西南出，刑事也。（上同。）

月出太微中華東西門，若左右掖門而出端門者，皆為必有度。（五星同。）月入太微西門，出東門，人君不安，大臣假主之威，不從王命。月犯干太微庭，臣殺主，宜求賢人。入中華西門，出中華東門，皆為臣出令。入太陰西門，出太陽東門，皆為大亂有喪，苦大水。月入西門，犯天庭，出端門，皆為大臣伐主。（《宋志》雲；晉恭帝元熙元年正月丙午，三月壬寅，

五月丙申，七月乙卯，月皆犯太微。二年六月三日，帝遜位宋
高祖。）

月行犯黃帝座，大人憂，天下存亡半，有亂臣，主惡之，
臣子反，政大易。

月犯四帝座天下亡。月出黃帝座，北禍大，出南禍小，皆
為下謀上。

月犯太微，乘四輔，大臣誅。月行犯乘守內屏星，皆為群
臣失禮，而輔臣有誅者，若免罷。

月入咸池，天下大亂，人君死，易政。

月入三台，君有大憂患，敗在臣下。月入三台，大臣為天
子，公侯共殺君。

月入庫樓，天下兵並起。

月宿羽林，軍兵大起。

月犯乘北落，皆為天下兵大起。

月入天倉，主財寶出，憂臣在內，天下有兵起。月犯天倉，
有移穀。

月入天市，軍起。月行弧矢，臣逾主。

月變於狼星，陳兵不戰。一曰兵起小戰，有水事。

甘氏云：月在天理，臣當坐欲反者而入獄。一曰君大憂。

月乘天高，將死，臣有誅。

月入咸池，暴兵起。

月入天潢中者，皆為兵起。道路阻，天下亂，易政。一曰貴人多死。月犯乘天潢，二十日兵起。

月不從天街者，皆為政令不行，不出其年有兵。月行天街中，天下寧，百姓順。月行天街外，百姓凶。月行折威中，天子亡威。

月行入哭星，有大喪，主崩。

月乘鍵閉星，大人憂，大臣誅，天子不敬，天火害於宗廟，王者不宜出宮，天子崩。

月入天積，即芻稿也。財寶出，主憂臣在內。

月行天廄星間，為兵歸。月行天廄，主上不安。

月行天淵中，臣逾主。

月入中犯乘鈇鑕，皆為鈇鑕用。

月暈占第十一

月暈者，謂之逡巡也。人君乘土而亡，其政失平，則月多暈而圓。月暈，受沖之國不安。

月暈，臣下專權之象。四孟月七日，四仲月八日，四季月九日，皆夜當月暈。暈若不以其日，不出三日，有暴風甚雨。

月暈，聞皆為其君背約。

月暈，東向者敗五木，西向者且雨而風，害五穀。北向者為水，南向者旱風。

月暈明者，王自將兵。

月暈七日，無雨大風，兵大作，若土功起。

月暈多直，為兵，曲吏逆，則為雨。

月暈黃色，將軍益秩。候月暈，常以十二月八日。

暈再重，有大風，兵起，災在內，女親用事。

暈再重，赤雲繞之如杵，有軍在外，萬人死其下。

月南北有半暈兩重，月北有青雲五沖，關不通。

月暈三重，天下大亂，必有拒城。

月暈四重，天下易王。（漢高帝七年，月暈參畢七重。占曰：昴畢間，天街也。街北，胡也。街南，中國也。昴為匈奴，參為趙，畢為邊兵。是歲高帝自將兵擊匈奴。至平城，為冒頓單于所圍，七日乃解。）

暈八重，天下有亡國。

暈九重，暈十重，天下更王。

月色黃白交暈，一黃二赤，所宿其國受咎。

月交暈，赤有光，其國不出三年遇兵。

月色黃白交暈，所宿之國受其殃。

月暈環如兩，軍兵起，軍事爭。

月暈如連環，有白虹干暈，不及月，女貴人有陰謀亂，有白衣令，宮中多怪。

月暈而冠，天子大喜，或大風。

月暈而珥，歲平國安。又曰國有女喪。

月暈而珥，攻擊者勝利。

月暈一珥，所在國失地。

月暈，先起者有喜。

月抱珥在暈外赤，外人勝。

月有兩暈不合，其月水；四背，有謀不成。

五月中有九暈以上，道路大有熱死者。

月暈一重，下缺不合，上有冠帶，有兩珥，白暈連環貫珥，接北斗，國有‧大兵，大戰流血，其分亡地。

月以正月三日暈，所宿國小熟，一日二日，必有土功。五日暈，大熟。上旬一暈，樹木蟲；二暈，禾穀蟲；三暈震雷；十日暈，天下更王；六日、八日、九日暈，天下有國亡。

正月中有九暈以上，道多饑死人。

月暈五星及列宿中外官占第十二

凡月暈五星，星色不明主人勝，星色明客勝。暈木，人主病，不然大水，五暈，人主疾喪；暈木，天下有女子之憂，羅貴，三重，相死；暈木，其國主不安。暈火，女主凶，若有死亡，所守國主當之；熒惑在暈中，色惡不明，客兵敗；暈火，兵在野大戰，無兵大旱，兵起。暈土，所宿國有福德；填星色不明，主人勝；暈三重，相死，天下土動功，兵起，女主憂；暈土，其國女主失勢，有土功事。暈金，其國受兵，戰不勝，主人敗；

暈金而星月合，其主死境外。暈水再合再解，其國敗主死。月暈辰星，色不明，主人勝；明，客勝；暈水，角亢間二星如連環，有大臣謀；春夏暈水，民病寒熱；在秋冬，憂兵起，不即大水，主死，若大憂；冬暈水，主命惡之。凡月，春暈木，夏暈火，秋暈金，冬暈水。四季暈土，而其星惡之，皆為其國之分主死國亂，大凶。

角：月暈左角，軍道阻塞，大臣誅，獄官刑，左將有殃。月暈右角，右將有殃，鱗角多死害，太尉士卒刑死。月暈兩角，大水。色黃白，王者大喜，當有德令；無德令，則天子以軍兵自守，其國不安，有兵兵罷，無兵兵起，將憂。月行角間，暈再重，連環圍北斗，有大臣誅。甲乙為春，丙丁為夏，庚辛為秋，以四時期之。凡占災祥皆此例。月暈角亢，先起兵者有喜，勝。

亢：月暈亢，君有兵革之事，有兵兵罷，無兵後八十日兵起。月在秋三暈，大臣死，兵大戰水中。再暈，大雪雨水，民移千里，有德令解之。不爾，王自將兵。

氐：月暈氐，大將凶，水蟲死。與歲星同合在氐而暈，不出四十日，有德令。

房：月暈房心，國有兵在廟堂。勾五宿，大赦。勾三宿，小赦。

月暈房及箕，大風動地。

心：月暈心，大旱。與五星合暈，王者大憂及大災，兵起，國易相。月暈心尾，無骨四足蟲為害，易政，山崩，麥貴。

尾：月暈尾箕，分有疾凶，或益地百里，民多病寒熱，風大至，大水。

箕：月暈箕斗，兵從東北方來勝，從西南方來不勝。箕斗者，天子冠服，在斗罷，在箕外戰。月暈箕斗，五穀不成，易大將。

南斗：月暈斗，大臣兔，大將刑。

牽牛：月暈牛，小兒多死，軍暴將死。月暈牛，女子女貴，牛多暴死。

須女：月暈女，兵進而不斗，寡婦多死。

虛：月暈虛危，兵革離宗廟。

危：月暈危，兵，軍敗，有喪，天下哭。

室：月暈室，蠻夷來貢。

壁：月暈室壁，風起，大水至，寡婦小兒多死。

奎：月暈奎，兵大敗，有兵令，米貴，不出年，有祅星流。

婁：月暈婁，五日之內不雨，宰相相疑，然後事解。

胃：月暈胃三重，歲星在其中，天下有德令，有兵不戰，妊女
　　多死。

昴：月以正月上旬，暈昴畢參伐，有赦，月一歲三暈昴，來年
　　大赦，弓弩貴。

畢：月暈畢中，人主坐之占。月三暈畢，天下中外有兵，有大赦。

觜：月以正月暈觜參，赦。月暈觜，道路多死人而無首，大將死，
　　女子疾，弓弩貴。

參：月暈伐，將軍死，貴人有誅。四月暈參井，凌霜至。月以
　　十二月、正月暈伐，十四日而暈參，為大人憂。月暈參，
　　有軍不勝。月以正月暈伐二夜，不出三旬，兵起。

東井：月暈井鬼，其年不收，旱。三月，月暈井，大水。

鬼：月暈鬼，黍貴三倍。月夏三暈鬼，大雨，五穀不成，皆在
　　月初，月以正月上旬暈鬼，赦。

柳：月暈柳，林木苑穀，各有兵戰。月暈柳三月，大臣死，有
　　水，民愁。

七星：月暈七星，民多大傷，物再繁榮。

張：月暈張，飛鳥死，海鳥出，其地旱，大人憂，人相食。

翼：月暈翼，士卒多遁走。一日士卒大聚大戰，民去室宅。

軫：月暈軫角，大赦，饑。以二月暈軫角，至五月大赦。

月暈中外官占

月暈攝提，火在暈中，天下大兵，橫行不禁，諸侯分政，天下亂，內有興兵與上爭立者，以其時赦。

暈織女，兵滿天下。

暈天市，有兵。

暈建星之口，有德令。

暈大陵前足，赦死罪；後足，赦小罪。

暈五車一星，赦小罪。暈五星並昴畢大陵，必大赦。

暈庫一柱，兵少出。二柱，兵半出。三柱，兵盡出，兵在外。暈一柱，兵少罷；暈二柱，兵半罷。暈三柱，兵盡罷。

月一歲三暈天關，其年赦。

暈南北河戒，有土功。

暈軒轅，有女喪，有小赦。

暈太微庭，天子發軍自衛。三暈之，天子自臨兵以行，有急謀在軍中，天子忌之。

暈五帝座，有赦令。

暈文昌，有赦。

暈天牢，天下大敗，多盜賊。連環及北斗，天下大亂，國有喪，民徙千里，有拔城者。

暈魚星，凶。

暈弧狼，兵起。

天狗，多暴風。

暈天關，門樑閉。

暈天高，不出六月，必有大喪，以日占邦。

暈貫索，不出四月有殃，內禍匿謀之事。

暈天街，關梁阻塞。

暈客星，在月北，北國勝；在南，南國勝。

暈天，下無雲，有流星過月下，若過月上，其國有喜。一

日兵出。

流星橫度暈中者，諸侯皇后有亡失國者。

月無精光，青赤暈，及虹蜺背璚蝕心度中，是為大蕩，兵喪大起，王者以德除咎。

暈有雲貫，暈輝約月，不出其年，所直國有喪。

月蝕占第十三

月生三日無魄，其月必蝕。《易緯萌氣樞》曰：候月盡蝕，視水中不見影者盡蝕。

凡月蝕，其鄉有拔邑大戰之事。

凡師出門而蝕，當其國之野，大敗軍死。

月蝕三日內，有雨，事解，吉。月蝕以旦相及，太子當之；以夕，君當之。

月蝕起南方，男子惡之。起北方，女子惡之。起東方，少者惡之。起西方，老者惡之。

月蝕盡，光耀亡，君之殃。蝕不盡，光輝散，臣之憂。

月蝕中分，不出五年，國有憂兵，其分軍亡。

月蝕而斗且暈，國君惡之。有軍必戰，無軍兵起。

兩月並蝕，天下大亂。

月蝕，有氣從外來入月中，主人凶。從中出外，客凶。氣從南行，南軍凶；北行，北軍凶。東西亦然。

軍在外而月蝕，將環其國，戰不勝。

月生三日而蝕，是謂大殃，國有喪。十日至十四日而蝕，天下兵起。十五日而蝕，國破滅亡。

春蝕，歲惡，將死，有憂；夏蝕，大旱；秋蝕，兵起；冬蝕，其國有兵喪。

冬以其日辰占邦野：月以甲乙蝕，年多魚禾麥傷；丙丁蝕，年豐收；戊己蝕，無耕，下田凶；庚辛蝕，高田不收；壬癸蝕，歲和；月蝕辰巳，地采年麥傷。蝕午未，秋稼凶。

月蝕五星及列宿中外官占第十四

月行與木同宿而蝕，民相食，粟貴，農官憂。

月行與火同宿而蝕，天下破亡，有憂。

月行與土同宿而蝕，國以饑亡。

月行與金同宿而蝕，強國戰勝亡城，大將有兩心。

月行與水同宿而蝕，其國有女亂而國亡。

月蝕列宿：

月在角亢蝕，刑法官當黜，將吏有憂，國門四閉，其邦凶。

月在亢中蝕，君有憂。

月蝕氐中，天子疾崩，大臣死，後惡之，公卿大夫有憂。（日同。）

月在房蝕，王者有憂，昏亂，大臣專政，有憂病。（日同。）

月在心蝕，王者惡之，太子、庶子及三公憂。

月在尾箕蝕，君族有刑。若御妾有坐，後主憂，御車乘人當黜。

月在箕蝕，為車騎發。

月在斗蝕，將相有憂饑亡。（日占兵起，餘同。）

月在牛蝕，其國叛兵起。（日同。）

月在女蝕，邦有女主憂，天下女工廢。

月在虛蝕，邦有崩喪，天下改服。

月在危蝕，不有崩喪，必有大臣薨，天下改服，刀劍之官憂，衣履金玉之人有黜。

月在室蝕，為士眾乏糧食。

月在東壁蝕，陰道毀傷，不能化生，有黜削之罪，大臣有戮，文章者執。

月在奎蝕，聚斂之臣有黜者。

月在婁蝕，皇后犯逆。

月在胃蝕，王者食大絕。或曰大將亡軍，委輸之臣有罪，皇后憂。

月在昴蝕，大臣誅，貴女失勢。（與前蝕二十八宿同。）

月在畢蝕，有邊使者凶，若邊臣誅。

月在觜參蝕，旱，貴臣誅；月在觜參蝕，主兵之臣當黜。

月在井蝕，主水官、五祀之官有憂，大臣誅，皇后不安，穀不登。

月在鬼蝕，貴人失勢，臣有憂，天下不安。

月在柳蝕，大臣憂黜。

月在七星蝕，正陽虧太陰，皇后貴臣暴誅，國大饑。

月在張蝕，貴人失勢，皇后憂，與蝕鬼同占。月在翼蝕，忠臣見譖言，清正者亡。（與上二十八宿同。）

月在軫蝕，貴臣亡，皇后不安。（日同，又與上二十八宿同占。）

月犯蝕占：

月在建星中蝕，后妃姪娣有當黜者。

月入太微中，若流星縱橫經行太微中者，主弱臣強，諸侯四夷，兵不制，行不端，心不正。心不正，有邪欲，不受命，有奸在主庭，四夷難信。

月數入太微，有喪。（按《宋志》：晉穆帝升千五年五月壬寅，月犯太微，是月穆帝崩。安帝義熙十四年五月庚子，又犯太微。九月丁巳，又入太微。是年十二月，安帝崩。）

月出東掖門，為相受命，東南出，為德事；月出西掖門，為將受令，西南出，刑事。

月犯鬼質，邦君憂，大臣誅。（魏嘉平二年十月，月犯鬼。三年五月，王陵楚王彪等誅。）

凡月干鉞乘鑕，斧鉞用。

月乘天屍，亂臣在內。（晉義興五年二月甲子，月犯昴，九月壬寅，鮮卑滅。）

月行犯昴，北有赤白雲緣月，兵入匈奴，有得地。

月乘昴，天下法峻，水滿野，穀不收。月行觸昴，匈奴受兵。

月犯昴，諸侯黜，門房中有事，月入昴，赦。

乙巳占　卷第三

分野第十五

謹按：在天二十八宿，分為十二次，在地十二辰，配屬十二國。至於九州分野，各有攸系，上下相應，故可得占而識焉。州郡國邑之號，並劉向所分，載於《漢書地理志》，其疆境交錯，地勢寬窄，或有未同，多因春秋已後，戰國所據，取其地名國號而分配焉。星次度數，亦有進退。眾氏經文，莫審厥由。按列國地名，三代同目，地勢不改，人遽遷移，古往今來，封爵遞襲，上系星野，沿而未殊。自秦燔簡策，書史殘缺，時有片言，理無全據，雖欲考定，敢不闕疑。唯有《二十八宿

山經》載其宿、山所在,各於其國分。星宿有變,則應乎其山,所處國分有異,其山亦上感星象。又其宿星辰,常居其山,而上伺察焉。上下遞相感應,以成譴告之理。或人疑之,以為不爾,乃因以張華劍事而論之。張華昔見斗牛之間有異氣,知是神劍之精,遂按地分求之,果得寶劍。夫劍,一利器耳,尚能應見於天,況乎人物精靈,山川迂郁,性情至理,大於劍乎?今輒列古十二次國號星度,以為紀綱焉。其諸家星次度數不同者,乃別考論著於《歷象志》云。

　　角、亢,鄭之分野。自軫十二度至氐四度,於辰在辰,為壽星。三月之時,萬物始建於地,春氣布養,各盡其性,不罹天夭,故曰壽星。(《爾雅》曰:壽星,角亢也。《史記天官書》曰:角亢氐、兗州也。)今之南陽郡,(秦置)穎川、定陵、襄城、穎陽、穎陰、長社、陰翟、郟鄪。(八縣也。穎川,秦置之也。)東接汝南,西接弘農,得新安,宜陰,(二縣也,屬弘農郡,漢武帝置之。)皆韓之分也。《韓世家》曰:韓氏,姬之苗裔也。韓武子事晉,得封於韓。武子曾孫獻子以韓為氏,居於平陽。子宣子徙居州地。玄孫康子與趙、魏共滅智伯,分其地。康子五世孫哀侯滅鄭,因都於鄭,凡二十一世也。《詩風》陳鄭之國,與韓同星分。《陳世家》曰:陳本太昊之墟也。周武王克殷,乃復求舜後,得媯滿,封之於陳,以奉舜祀,為

胡公。胡公至渭侯二十三世，為楚所滅。《詩》云：坎其擊鼓。淮陽之間，陳縣郡也。鄭國，今河南新鄭是也。（新鄭，縣也，河南郡。秦三川郡，漢高帝改名。）本高辛氏之火正祝融之墟也。重黎亦為帝二縣也。及城皋、榮陽，潁川之嵩陽、陽城，皆鄭之分。《鄭世家》曰：周宣王立二十二年，初封庶弟友於鄭，是為桓王，居虢城皋。後犬戎弒宣公，其事武公居溱渭，二十二世韓滅也，屬兗州。（《尚書禹貢》曰：濟河唯兗州。《周官》云：河東曰兗州。《爾雅》云：濟河間曰兗州，自河東至濟也。《未央分野》：由鄭潁川。從榮陽南至梁山、東至龍山，為潁川也。）

氐、房、心，宋之分野。自氐五度至尾九度，於辰在卯，為大火。東方之木，心星在卯，火在木心，故曰大火。（《爾雅》曰：大火謂之辰。大辰，房心尾也。《史記天官書》曰；房心，豫州，《世語》曰：參辰，亦曰參商，謂參與心星也。已釋於魏次注中。）今之沛梁，（秦碭郡，漢高帝為梁國也。）楚，（漢高帝置楚國，宣帝以為彭城郡也。）山陽郡，（漢景帝分梁國治之。）東平，（漢景帝分梁國，置齊東國，宣帝改為平國者也。）濟陽，（漢景帝分梁國為濟陽國。）及東郡之須昌、壽張，（二縣也。壽張本名壽梁，漢光武避叔諱。改為壽張。）皆宋之分野。周封微子於宋，今之睢陽是也。（睢陽縣，屬梁

國。周武王封紂庶兄微子於宋，以奉殷祀。）本陶唐氏之火正，閼伯之墟也。（閼地，高辛氏之長子也。房，商丘也。）濟陰、定陶，（定陶，縣也，屬濟陰國。詩風：曹國是也，周武王封弟叔振鐸於曹，定陶縣是。）屬豫州。（《尚書禹貢》曰：荊河唯豫州。《周官》曰：河南曰豫州。《爾雅》云：河南曰豫州。注云：自河南至漢也。《未央分野》曰：宋治下蔡、淮陰，從南恆至齊濮水、沛郡、濟陽、太行、東海。今為梁國是也。）

尾、箕，燕之分野。自尾十度至斗十一度，於辰在寅，為析木。尾，東方木宿之末；斗，北方水宿之初，次在其間，隔別水木，故曰析木。（《爾雅》曰；析木謂之津，箕斗之間，漢津也。《史記天官書》曰：箕，幽州也。）周武王定殷，封邵公於燕，其後三十六世，與六國並稱王。（王易水也。）東有漁陽，右北平，遼東、遼西、上穀、代郡、雁門。（七郡，並秦置也。）南得涿郡之易、容城、范陽、北新城、固安、涿縣、良鄉、新昌。（八縣也。涿郡，秦置也。）及渤海之安次、（安次，縣也。渤海，漢高帝置之。）樂浪、玄菟、朝鮮，（三郡並漢武帝置之。）皆燕之分也，屬幽州。（《燕世家》曰：周分冀州至幽州。《周官》曰：東北曰幽州。《爾雅》曰：幽州。注云：自易水至北狄。《未央分野》曰：燕治冀，南至積石，東至海，西恆山。今為上穀、漁陽，右北平，遼東，西至涿郡

也。）

　　斗、牛，吳越之分野。自斗十二度至女七度，於辰在丑，為星紀。星紀者，言其統紀萬物。十二月之位，萬物之所終始，故曰星紀。（《爾雅》曰：星紀，斗牛也。《史記天官書》曰：斗老江湖。牽牛，婺女，揚州。高誘註：《呂氏春秋》云：斗，吳也；牛，趙也。）今之會稽、九江、（二郡秦置。）丹陽、（秦為鄣郡，漢武改為丹陽。）豫章、（漢高帝置。）盧江、（漢武帝置。）廣陵、六安、（漢武帝改江都國為廣陵國。分衡山、立六安、置國。）臨淮，（漢武帝置。）皆吳之分也。《吳世家》曰：吳太伯，周太王之長子也，與弟仲雍，讓國於季歷，奔荊蠻之地，斷髮文身，荊蠻義之，從而歸之，自號句吳。周武王克殷，求太伯、仲雍之後，得雍曾孫周章，封之於吳也。今之蒼梧、鬱林、合浦、交趾、九真、日南、南海，皆越之分也。《越世家》曰：越之先，夏後帝少康之庶子，封於會稽，號曰無餘，以奉禹之祀。十有餘世，微弱為民，禹祀中絕。千餘載後，有子生而能言，曰：我無餘之苗末也。越人尊以為君，號曰無餘王也。後至允常，越復興焉，並屬揚州。（《尚書禹貢》曰：淮海唯揚州。《周官》曰：東南曰揚州。《爾雅》曰：江南曰揚州。注云：自江至南海。《未央分野》曰：吳越，北至大江，南至衡山，東至海，西至洞庭。）

女、虛，齊之分野。自女八度至危十五度，於辰在子，為玄枵也。玄者黑也，北方之色；枵者耗也。十一月之時，陽氣在下，陰氣在上，萬物幽死，未有生者，天地空虛，故曰玄枵。（玄枵，黃帝之嫡子也。顓頊墟。顓頊，黃帝之孫，昌僕之子也。《爾雅》曰：玄枵，虛也。顓頊之墟也。《史記天官書》曰：虛危，青州也。）東萊、（郡、漢高帝置之。）琅琊、（郡，秦置之。）高密、（漢宣帝改膠西國為高密國。）膠東，南有淄川、（郡，漢高帝置也。）城陽，（漢文帝分齊國，立城陽國。）北有千乘。（漢高帝立為國。）得清河已南渤海、樂城、重合、陽信，西有濟南、（漢文帝分為齊國，立濟南國。）平原，（漢高帝置。）皆齊之分也。《齊世家》曰：齊太公望，佐周武王而伐紂，紂亡，乃封太公於齊。武王崩，成王立，周命齊東至於海，西至於河南，南至於穆陵，北至於無棣，而都營丘也，屬青州。（《尚書禹貢》曰：海岱唯青州。《周官》曰：正東曰青州。《爾雅》曰：濟曰營州。注云：自岱東至海，即青州也。《未央分野》曰：齊治營丘，北至燕，西至九河，南至淄水，東至海矣。）

　　危、室、壁，衛之分野。自危十六度至奎四度，於辰在亥，為娵訾。娵訾者，言歎貌也。十月之時，陰氣始盛，陽氣伏藏，

萬物失養育之氣，故曰哀愁而歎，悲嫌於無陽。（《爾雅》曰：
娵訾之口，營室東壁也。娵訾，古諸侯也。帝嚳取娵訾氏女，
生摯。摯，堯兄也。一曰豕韋。豕韋，夏後御龍氏之國也，春
秋蔡侯之所封。《左傳》曰：萇弘對周景王曰：蔡侯殺其君之歲，
歲在豕韋。《史記天官書》曰：營室東壁，并州也。）今之東
郡、（秦置。）黎陽、河內、（郡，漢高帝置也。本殷之舊國，
周既克殷，分其畿內為三國，《詩風》邶、鄘、衛國是也。）
野王、朝歌，皆衛之分也，（衛本國既為狄人所滅，文公徙封
於楚丘。後三十餘年，子成公遷於帝丘。今濮陽是也。）屬并
州。（周分冀州、置并州。《周官》曰：正北曰并州。所部郡縣，
并州凡九郡，悉在燕、趙、秦次中，未詳之。《未央分野》曰：
衛治濮陽，其地從三州。記東至沛，今為東郡也。）

　　奎、婁，魯之分野。自奎五度至胃六度，於辰在戌，為降
婁。降，下也；婁，曲也。陰生於午，與陽俱行。至八月，陽
遂下。九月陽，剝卦用事。陽將剝盡，陰在上，萬物枯落，捲
縮而死，故曰降婁。（《爾雅》曰：降婁，婁奎也。《史記天
官書》曰：奎婁胃、徐州。《未央分野》曰：魯星得奎婁也。）
東至東海，（郡，漢高帝置。）西有泗水，（泗水之國也。漢
武帝分東海郡立。）至淮，得臨淮之下睢，陵僮，取慮，皆魯
分也。周成王以少昊之墟曲阜，封周公子伯禽為魯侯，以為周

211

公主也。《魯世家》曰：周武王克殷，封弟周公旦於少昊之墟。周公留佐武王，不就封。武王崩，成王命周公子伯禽代居魯，是為魯公也。屬徐州。（《尚書禹貢》曰：海岱及淮唯徐州。《爾雅》曰，濟東曰徐州。注云：自濟東至海也。周繼殷，罷徐以合青。漢武帝分置徐州。《未央分野》曰：魯東至海，西至營丘，北至代，南至淮也。）

胃、昂，趙之分野。自胃七度至畢十一度，於辰在酉，為大梁。梁，強也。八月之時，白露始降，萬物於是堅成而強大，故曰大梁。（《爾雅》曰；大梁，昂也。《史記天官書》曰：昂、畢、冀州。《淮南子天文訓》曰：胃昂畢，魏也。《未央分野》曰：趙星得觜參也。）趙本晉地，分晉得趙國。（漢高帝以邯鄲郡為趙國。）北有信都、（國，漢高帝立也。）真定、（國，漢武帝置之。）常山、（郡，漢高帝置。本國山為名，曰恆山郡。漢文帝諱恆，改曰常山郡也。）中山。（漢景帝以郡為國也。）又得涿郡之高陽、靳鄉，（三縣。涿郡，漢高帝置之也。）東有廣平、（國，漢武帝置之。）巨鹿、（郡，秦置之。）清河、（郡，漢高帝置之。）河間。（國，漢文帝分趙國也。）又得渤海之東平舒、中武邑、文安、萊州、成、章武。（六縣也，漢高帝置之。）河已北也，南至浮水、（水名，作漳水也。）繁陽、內黃、斥丘，（三縣屬魏郡，漢高帝置之。）西有太原、

212

（郡，秦置之。）定襄、（郡、漢高帝置。）雲中、（秦置。）五原、（秦九原郡，漢武帝改名也。）朔方、（漢武帝置。）上黨。（秦置。）上黨，本韓之別郡也。遠韓近趙，後卒降趙，趙皆得之。自趙後九世稱侯。四世敬侯徙都邯鄲。後三世有武靈王，五世為秦所滅。《趙世家》云：趙氏之先，帝顓頊之苗裔，伯益之後也。又虞舜妻之姚姓二女，賜姓嬴氏。歷夏殷周，世為諸侯。後造父為周穆王御，西巡狩，見西王母，樂之忘歸。而徐偃王反，穆王日馳千里，還攻徐偃王，大破之，乃賜造父以趙。趙城由此，為趙氏。屬冀州。（《尚書禹貢》曰，冀州既載壺口，治梁及岐。《周官》曰，河內曰冀州。《爾雅》曰：兩河間曰冀州。注云：自東河至西河。《未央分野》曰：趙治邯鄲，北至常山、代郡、河間。）

畢、觜、參，晉魏之分野。自畢十二度至井十五度，於辰在申，為實沈。言七月之時，萬物極盛，陰氣沉重，降實萬物，故曰實沈。（高辛氏有二子，伯曰閼伯，季曰實沈者，不相能，後帝不臧，遷閼伯於商丘，主辰，商人是因，故辰為商星。遷實沈於大夏，主參，唐人是因，故參為唐星。至周武王感靈夢而生叔虞。成王時，唐有亂，周公滅唐，成王因戲而封叔虞於唐，河汾以東方百里，太原郡之晉陽縣是也。叔虞卒，子燮立，是為晉侯。故參為晉也。實沈，參之神也，因名實沈焉。後武

侯興，趙、韓滅晉，分其地，故參為魏之分野。《史記天官書》
曰：觜觿。參，益州也。《淮南子天文訓》曰：觜觿、參，趙也。
鄭玄注《周禮保章氏》職曰：實沈，晉也。《未央分野》曰：
晉魏星得胃昴畢。）自高陵（縣也，屬左馮翊。）以東，盡河
東、（郡，秦置也。）河內，（漢高帝置。）南有陳留、（郡，
漢武帝置也。）汝南之郡陵、新汲（秦置）及西華、長平、穎
川之舞陽、鄖、許、鄢陵，河南開封、中牟、陽武、酸棗、卷、
（酸棗縣屬陳國，則為之重見也。）皆魏之分也。《魏世家》曰：
魏之先，畢公高之後也，與周同姓。武王之伐紂，而高封於畢，
是氏焉，長安縣西北是也。其後絕封為庶人，或在中國，或在
夷狄。復封其苗裔曰畢萬，事晉獻公。獻公之十六年，趙夙為
御，畢萬為右，以伐霍耿魏，滅之。獻公以魏封畢萬。魏，今
河東郡，即河北縣是也。萬孫悼子徙治霍。霍，平陽郡之永安
縣是也。悼子子昭子徙治安邑，河東安邑縣是也。昭子孫獻子，
與趙、韓共誅祁羊舌氏，盡取其地。獻子曾孫桓子，與趙襄子、
韓康子共滅智伯，分其地。桓子之孫曰文侯，時魏為強大。周
威烈王二十二年，賜命為諸侯。子武侯，十一年與趙、韓滅晉，
三分其地。故參為魏之次野者，屬益州。（漢武帝改梁州為益
州，非魏地也。益州地盡在秦楚次中，以魏為益州，未詳其旨。
《未央分野》曰：晉治太原，後魏巴西至定襄清河之水，今為

河內、上黨、雲中也。）

　　井、鬼，秦之分野。自井十六度至柳八度，子辰在未，為鶉首。南方七宿，其形象鳥，以井為冠，以柳為口，鶉鳥首頭也，故曰鶉首。（鶉首，星名也，井、鬼、柳，朱烏首宿也。故曰鶉首。《史記天官書》曰：東井與鬼，雍州也。自弘農故關以西，故關，函穀關也。弘農郡，漢武帝置。）京兆、扶風、馮翊、（並秦內史，漢武帝分為三輔。）北地、上郡、（二郡，秦置。）西河、安定、天水，（三郡，漢武帝置。）南有巴郡、蜀郡、（二郡，秦置。）廣漢、（漢高帝置。）犍為、（漢武帝置。）武都，西有金城、武威、（本休屠王置也。）酒泉、敦煌，（敦煌本屬酒泉，武帝置之也。）又西南有洋河、（漢武帝置。）越巂、益州，皆其屬焉，（三郡，並漢武帝開置。）皆秦之分也。《秦世家》曰：秦之先曰非子者，與趙同姓，伯益之十六世孫也。周孝王養馬蕃息，孝王封為附庸，邑之於秦，號曰秦嬴。今天水之隴西縣秦亭。即其地也乙秦嬴曾孫曰秦仲，周宣王使伐西戎，西戎殺之。宣王后命仲之子莊公者，與四弟伐西戎，破之，賜仲大駱之地，於是居於犬丘扶風之槐裡縣是也，屬雍州。（《尚書禹貢》曰：黑水西河唯雍州。《周官》曰：正西曰雍州，漢武帝改為涼州。《爾雅》云：河西曰雍州。注云，自河西至黑水也。《未央分野》曰：故治雍州，後治宜陽，

又治咸陽，今為長安。此地從華山西至流沙，今為三輔。巴蜀漢中，隴西，北地上郡，是也。）

柳、七星、張，周之分野。自柳九度至張十六度，於辰在午，為鶉火。南方為火，言五月之時，陽氣始盛，火星昏中，在七星朱鳥之處，故曰鶉火。（《爾雅》曰：柳，鶉火也。柳、七星、張，南方之中宿也。故曰火。《周禮》曰：鳥旟七斿，以象鶉火。《史記天官書》云：柳、七星、張，三河也。）今之河南洛陽、穀城、平陰、偃師、鞏縣、緱氏，（七縣，屬河南郡。）並周之分野。《周本紀》曰：周之先曰棄，棄生有神怪，長好稼穡，為舜播植百穀，舜封之於邰，扶風之斄縣是也。號曰後稷，姓為姬氏。曾孫公劉、子慶節，立國於邠，扶風之漆縣，後十世孫曰太王，為狄所侵，遷於邠，度漆沮，逾梁山，邑於岐下，扶風之美陽是也。太王孫文王，有聖德，周室方隆，徙都於酆，酆在京兆之杜縣是也。文王子武王，滅商，徙都於鎬，鎬在京兆之長安縣是也。武王子成王，營洛邑、都河南是也。或雲成王居洛邑，六世孫懿王，遷犬丘也，屬三河。（河南、河內、河東三郡是也。按周之將士，唯河南一郡，故以為國。周分野，其河內、河東，乃在魏次中，未詳。周之分野稱三河之謂矣。《未央分野》曰：洛陽西至華山、東至滎澤少室，北至河南，南至漢水，今為河南陳留是也。）

　　翼、軫，楚之分野，自張十七度至軫十一度，於辰在巳，為鶉尾。南方朱鳥七宿，以軫為尾，故曰鶉尾。（《周禮月令》曰：鶉尾，一名鳥帑。《史記天官書》曰：翼軫，荊州也。）今之南郡、（秦置。）江陵、江夏、（漢高帝置。）零陵、（郡，漢武帝置之。）桂陽、武陵、（二郡、漢高帝置。）長沙、（郡，秦為郡，漢高帝改為國。）汲、漢中、（秦置。）汝南，（漢高帝置。）皆楚之分也。周成王時，封文王之先師鬻熊之曾孫繹於荊蠻，為楚子，居丹陽。後十餘世至熊通，號武王，浸以強大。後五世至莊王，總帥諸侯，觀兵周室，併吞江漢之間，內滅陳魯之國。後十餘世，有項王，東徙於陳焉。《楚世家》曰：鬻熊，祝融之苗裔也，姓芊氏，居丹陽，今南郡枝江縣是也。武王子文王始都郢，江陵是也。莊王曾孫昭王，為吳所破，吳兵入郢。昭王出奔隨，使楚大夫申包胥請救於秦，秦乃救楚，大敗吳師。闔廬弟夫概，返吳自立為王，闔廬聞之班師。昭王乃得返國，更都於鄀。鄀，南郡鄀縣是也。屬荊州。（《尚書禹貢》曰：荊及衡陽唯荊州。《周官》曰；正南曰荊州，《爾雅》曰：漢南曰荊州，自漢南至衡山之陽。《未央分野》曰：楚治郢，南至九江，北至積水，東至海，西至魚腹山。今為汝南、汝陽、廬江、豫章、長沙，南海，故楚治南郢者也。）

《周禮大司徒》職云：以土圭之法，辯十有二土之名，以相民宅而知厲害。（鄭玄云：十二土分野十二邦，上系十二次焉。）《保章氏》云：星辯九州之地，所封之地，皆有分星，以視袄祥。（馬融云：星，土也，星所主也。《土地傳》曰：參主晉，商主大火也。辯，別也。封，界也。封域一國也。分星自斗十二度，謂之星紀之次、吳越之分野之類也。）馮相氏掌十有二歲、十有二月、十有二辰、二十八宿之位，辨序其事，以會天位。（位，大歲。歲星與日月同次之月，斗在建之辰。）

《詩緯推度災》：

　　邠國，結蜟之宿。（宋均曰：謂營室星。）

　　鄘國，天漢之宿。（天津也。）

　　衛國，天宿斗衡。（國分所宜。）

　　王國，天宿箕斗。

　　鄭國，天宿斗衡。

　　魏國，天宿牽牛。

　　唐國，天宿奎婁。

　　秦國，天宿白虎，氣生玄武。

　　陳國，天宿大角。

　　鄶國，天宿招搖。

曹國，天宿張弧。

右以上《詩緯》所載國次星野，與《淮南子》等不同。

《史記天官書》：

角、氐、亢，兗州。

房、心，豫州。

尾、箕，幽州。

斗，江湖。

牛、女，揚州。

虛、危，青州。

室、壁，并州。

奎、婁、胃，徐州。

昴、畢，冀州。

觜、參，益州。

井、鬼，雍州。

柳、七星、張，三河。

翼、軫，荊州。

七星為官員，辰星廟，蠻夷星也。

又曰：二十八捨，主十二州。斗乘兼之，所從來久矣。秦之疆，候在太白，占於辰弧。吳楚之疆，候在熒惑，占於衡星。燕齊之疆，候在辰星，占於虛尾。宋鄭之疆，候在歲星，占於

房心。晉之疆，亦候在填星，占於參。秦並三晉已後，占更不同，山河以南為中國，占於天街南，畢主之；其西北則胡貉月氏，占於街北，昴主之。

《淮南子》及《山海經》並云：地之所載，六合之間，四海之內。照之以日月，紀之以星辰，要之以太歲。（淮南所分十二國分，同石氏。），《春秋內事》曰：天有十二次，日月之所躔；地有十二分，王侯之所國也。圖緯降象，《河圖》云：天中極星，下屬地中崑崙之墟。陽盛於巳，立東太微天庭五帝圖，中和美玉在巳。崑崙南東方五千里，名神州。中有五山地祇圖，隔以阻塞，帝王居之。

東嶽太山，角、亢、房之根，上為天門明堂。邠之隘，上為扶桑，日所陳；宣陸之阻，上為吳泉，（或曰虞泉。）月所登。阿阮之隘，上為陽穀，五星以陳；方域之險，上為咸池。四殺險之阻，上為女紀。今訾之塞，上為緱星；井陘之險，上為魁首。勾拒之阻，上五合五紐為都星；居庸之隘，上為極紫宮之戶。右以上九塞之星精，上著於天。　倉絡山，天運攝提精。代關，天提高星精。王屋，天資華蓋精。握彌首山，天維輔星精。山戎足，天街北界之精。岐山，天維房星之精。太行，附路之精。岳陽，天提紀漢之精。孟堪，地閏河鼓之精，燕齊之維。

右以上九山，稟大宿之精。河導崑崙山，名地首，上為權勢星。東流千里，至規其山，名地契，上為距樓星。北流千里，至積石山，名地肩，上為別符星。南千里，入隴首山間，抵龍門首，名地根，上為宮室星。龍門，上為王良星，為天橋。神馬山河躍。南流千里，抵龍首，至卷重山，名地咽，上為捲舌星。東流貫砥柱，觸閾流山，名地喉，上為樞星，以運七政。西距卷重山千里，東至洛會，名地神遣，上為紀星；東流至大伾山，名地肱，上為輔星。東流過絳水千里，至大陸，名地腹干，上為虛星。

右以上黃河九曲上為星。

洛涇之起，西維南嶓塚山，上為狼星。漾水出端，東流過武關山南，上為天高星。漢水東流至岳首，北至荊山為地雌，上為軒轅星。大別山為地裡，上為庭蕃星。三危山，上為天苑星。岐山為地乳，上為天廩星。岷山之地為井絡，上為天井星。岷江九折，上為太微庭。九江北，東出南流，上為東蕃。兗州濟汶，上為天津。桐柏山為地穴，維尾為地腹，上為太微帝座、三能、斗、軒轅，淮源出之。岱岳表出鉤鈐。鳥鼠同穴山，地之干，上為奄畢星。熊耳山，地之門也，上為畢。附耳星，洛水擊其間，東北過五湖山，至於陪尾。東北入中提山，五靈山

上為五諸侯，陪尾山為軒轅，中提山上為三台。

《洛書》分二十八宿於左：

岍，角。岐，亢。荊山，氐。壺口，房。雷首，心。太岳，尾。砥柱，箕。析成，斗。王屋，牛。太行，須女。恆山，虛。碣石，危。西傾，室。朱圉，畢。鳥鼠，奎。太華，婁。熊耳，胃。外方，昴。桐柏，畢。陪尾，觜。塚，參。荊山，東井。內方，輿鬼。大別，柳。岷山，七星。衡山，張。九江，翼。敷淺原，軫。

右以上《洛書》，以禹貢山川配二十八宿。

陳卓分野：

角、亢、氐，鄭，兗州。東郡，入角一度。東平、任城、山陰、入角六度。泰山，入角十二度。濟北、陳留，入亢五度。濟陰，入氐二度。東平，入氐七度。

房、心，宋，豫州。潁川。入房一度。汝南，入房二度。沛郡，入房四度。梁國，入房五度。淮陽，入心一度。魯國，入心三度。

尾、箕，燕，幽州。上穀，入尾一度。漁陽，入尾三度。右北平，入尾七度。西河、上郡、北地、遼西、遼東，入尾十度。

涿郡，入尾十六度。渤海，入箕一度。東浪，入箕三度。玄菟，入箕六度。廣陽，入箕九度。

斗、牛、女，吳越，揚州。九江，入斗一度。廬江，入斗六度。豫章，入斗十度。丹陽，入斗十六度。會稽，入牛一度。臨淮，入牛四度。廣陵，入牛八度。泗水，入牛一度。六安，入牛六度。

虛、危，齊，青州。齊國，入虛六度。北海，入虛九度。濟南，入危一度。東安，入危四度。東萊，入危一度。平原，入危十一度。淄川，入危十四度。

室、壁，衛，并州。安定，入室一度。天水，入室八度。隴西，入室四度。酒泉，入室十一度。張掖，入室十二度。武都，入壁一度。金城，入壁四度。武威，入壁六度。敦煌，入壁八度。

奎、婁、胃，徐州。東海，入奎一度。瑯琊，入奎六度。高密，入婁一度。陽城，入婁九度。膠東，入胃一度。

昴，畢，趙，冀州。魏郡，入昴一度。巨鹿，入昴三度。常山，入昴五度。廣平，入昴七度。中山，入昴人度。清河，入昴九度。信都，入昴三度。趙郡，入畢八度。安平，入畢四度。河間，入畢十度。真定，入畢十三度。

觜、參，魏益州。廣漢，入觜一度。越巂，入觜二度。蜀郡，入參一度。犍為，入參之度。洋河，入參五度。巴郡，入參六度。益州，入參七度。漢中，入參九度。

井、鬼，秦雍州。雲中，入井一度。定襄，入井八度。雁門，入井十六度。代郡，入井十八度。太原，入井二十九度。上黨，入鬼二度。

柳、七星、張，三河。弘農，入柳一度。河南，入七星三度。河東，入張一度。河內，入張九度。

翼、軫，楚荊州。南陽，入翼六度。南郡，入翼十度。江夏，入翼十二度。零陵，入軫一度。桂陽，入軫六度。武陵，入軫十一度。長沙，入軫十六度。

《漢志》十二次。費直《周易》分野。蔡邕《月令章句》分野。未央《太一飛符九宮》分野。

星紀，起斗十二度。自斗十度。自斗六度，吳越。
玄枵，起女八度。自女六度。自女二度，齊。
娵訾，起危十六度。自危十四度。自尾十度，衛。
降婁，起奎五度。自奎二度。自壁八度，魯。
大梁，起胃七度。自胃四度。自胃一度，趙。

實沈，起畢十二度。自畢九度。自畢六度，晉。

鶉首，起井十六度。自井十二度。自井十度，秦。

鶉尾，起張十八度。自張十三度。自張十二度，楚。後次

鶉火，起柳九度。自柳五度。自柳三度，周。前

壽星，起軫十二度。自軫七度。自軫六度，鄭。

大火，起氐五度。自氐十一度。自亢八度，宋。

析木，起尾十度，自尾九度。自尾四度，燕。

《漢書律歷志》云：六物者，歲時日月星辰也。辰者，日月之會，而斗建所指也。玉衡勺，建天之綱也，日月初躔之星紀也。是以斗牛系丑次，名紀下系地，分野當吳越。

費直，字長翁，東萊人。仕前漢為單父令，能治《易》，撰《章句》，著筮占，所論天地義理，多有疏闊。言分野郡縣，與子政略同。說星分，皆壽星之次四十二度，大火之次三十二度，餘次並三十度。不均之義，未能詳也。

蔡邕《月令章句》云：周天三百六十五度四分度之一，為十二次，日月之所躔。地有十二分，王侯之所國也。每次三十度三十二分度之十四，至其初為節，至其中為氣。

未央，不知何許人也。漢孝安時為千乘都尉，長於陰陽氣數之術。元初二年，上書言太乙九宮事。御有詔詰問，未央各

以理對。制示太史，下章蘭台石室，賜未央金百斤，增位二等，拜為弘農太守。其言分野，簡略未可詳也。所屬星國名，與石氏頗同。

《宋書歷志》云：大子旅賁中郎將戴法興議云：祖沖之造歷，歲別有差，則今之壽星，乃周之鶉尾。誣天背地，乃至於斯。沖之對曰：次隨方名，義合宿體，分至雖改，而厥位不遷。豈謂龍火，質處金水，亂列名號，乖舛之義，抑未詳究。

《天文錄》云：天次十二分者，辯吉凶之所在，明兆應之攸歸。《周禮》以土圭之法定十有二壤。故馮相氏掌四七之位，以會天位。保章氏辯九州之分，以別祆祥，是以明王觀象而設教，睹變而修德。故能先天而天不違，後天而奉天時者也。自重黎之後，宜有其書，文紀絕滅，世莫得聞。今所行十二次者，漢光祿大夫劉向之所撰也，班固列為《漢志》，群氏莫不宗焉。而言詞簡略，學者多疑，輒載其本文，而為之注。因漢地理，覆其同異，蓋言次名之攸出，列國之興喪，都鄙之遷革，郡邑人所繼耳。乃若天以陽動，地以陰凝，變主於上，祥應於下。北方之宿，返主吳越，火午之辰，更在周邦。且天度均列，而分野殊形。一次所主，或綿互萬里，跨涉數州；或止在寰內，不布一郡。而靈感遙通，有若影響。故非末學，未能詳之。

　　按，星官有《二十八宿山經》，其山各在十二次之分。分野有災，則宿與山相感，而見祥異。至如《石氏星經》配宿屬國，皆以星斷，不計度距。《漢地理志》及蔡邕《月令章句》，皆以二十四氣日度所宿以分野。一設此法，莫能改張。而費直及未央，世不施用。且海內之廣，仰系天宿，州國郡縣，皇王代殊，星辰兆未萌之前，人事興佈置之後。秦漢郡縣遠應天文，晉趙都邑交錯非一。周祖後稷，創國策鄰，為狄所侵，仍居岐下。而《國語》云：武王伐殷，歲在鶉火。歲之所在，則我有周分野。今周之分隸在豫州，豐鎬舊都，翻當秦宿，應以理實，事恐難詳。如熒惑守心，宋景攘其災咎；實沈為崇，晉侯受其斃殃，此則天道影響，似逐人情，據其事驗，時以相應。今輒集星次如前，以存異說，州國分屬，義非所詳也。

　　或人問曰：天高不極，地厚無窮。凡在生靈，咸蒙覆載，而上分辰宿，下列侯王，分野獨善於中華，星次不沾於荒服。至於蠻夷君長，敵戎虜酋豪，更稟英奇，並資山嶽。豈容變化，應驗全無，豈日月私照，意所未詳。冀爾達人，以祛所惑。

　　淳風答之曰：昔者周公，列聖之宗也。挾輔成王，定鼎河洛，辯方正位，處厥土中。都之以陰陽，隔之以寒暑，以為四交之中，當二儀之正，是以建國焉。故知華夏者，道德、禮樂、

忠信之秀氣也。故聖人處焉，君子生焉。彼四夷者，北狄沍寒，穹廬牧野；南蠻水族，暑濕郁蒸；東夷穴處，寄托海隅；西戎氈裘，愛居瀚海。莫不殘暴狠戾，鳥語獸音，炎涼氣偏，風土憤薄，人面獸心，宴安鴆毒，以此而況，豈得與中夏皆同日而言哉？故孔子曰：夷狄之有君，不如諸夏之亡，此之謂也。是故越裳重譯，匈奴稽顙，肅慎獻矢，西戎聽律。莫不航海梯山，遠方致貢，人畜納首，殊類宅心。以此而言，四夷宗中國之驗也。故孔子曰；為政以德，譬如北辰，居其所，而眾星拱之。又且聖人觀象，分配國野，或取水土所生，或視風氣所宜，因系之以成形象之應。故昴為旄頭被髮之象，青丘蠻夷文身之國，梗河胡騎負戈之俗。胡人事天，以昴星為主；越人伺察，以斗牛辨祥。秦人占狼弧，齊觀虛危，各是其國，自所宗奉。是以聖人因其情性所感而屬，豈越理苟且而傅會者哉？

占例第十六

按：景緯垂變，妖孛示應，深淺之跡既殊，利害之差不一。先哲考驗多有異同，得失混淆，是非重疊，不為體例，學者致疑。今則錄薄蝕守犯，逆順斗凌，以次相從列之云爾。

日月則有蝕，有薄，有斗，有昏，有冥。星月同光，星月

相蝕。列宿五緯，則有變動。芒角喜怒，大小存亡，列坐官位，則有疏拆捨集；五緯祅客，則有逆順遲疾。平行出入，合會聚從，離徙盈縮，（金宿。）居留經天，守中乘犯，侵凌牴觸，經歷貫刺，磨靡掩斗，周環繞戴，句巳牝牡焉。

　　日月兩體相掩映，從一邊起漸侵，或多或少，此為蝕也，猶似蟲蝕葉之狀。日被月蝕，陰侵陽，下凌上，咎在君王。蝕少半災輕，蝕大半災重。蝕既，亡國殺君之象。月蝕者，被日映而損元明，咎在女主。破大軍，殺大將，蝕少半災輕，大半災重。蝕既，諸侯大臣亡國破家，女主黜退。有交為蝕，朔望依度是也。無交為薄，或近望朔。陰氣侵迫，黃赤無光，匿氣薄日也。日薄為下凌上，強臣以迫其主，而奪其威權之象也。災輕於日蝕。月蝕薄，為女主憂，大臣失其所理，蔽退之象。

　　《志》云：凡軍行而遇日月薄，當收軍。不爾，有謀反。日月斗者，別有假象，共日體相凌，離而復合，合而復離。日月失光，乍明乍暗。或烏體具見，在乎食時以前。晚晡已復者為斗，斗者，兩競之象，天子失據，四夷迭侵，兵賊俱起，擊賊將興之象。或有五色，色無主數十日，似日象為陣而來。災日者，大凶災重，亡國殺君之象。此災尤於日蝕。

　　晝昏者，日無雲而光暗；夜冥者，月無雲而影滅。昏冥者，

人君不明，昏耗之象。法令不行，又是將有殺戮、死亡之兆。若雜以殺氣寒濁者，大咎。昏三日內雨，不占。星月同光者，星月近，俱明盛也，臣下明盛之象。亦為大臣爭競，與主爭明之象。

星月相蝕者，月與五星列宿諸星相遇，月掩雲，星不見，為月蝕星。星見，為星蝕月。星蝕月者，國君女主，將有被其臣下殺之象也。亦為自亡有喪。月蝕星者，為殺戮將相諸侯之象。右屬日月變者，形色異常改異之象。

動者，光體搖動，興作不安之象；芒者，光曜生鋒芒刺，殺害之象；角者，頭角長大於芒，興立誅伐之象；喜者，光色潤澤和順，德賞慶悅之象；怒者，光芒盛，色重大不潤，疊逆則伐斗異之象。大者，大於其本體，吉星大者吉，凶星大者凶，以分位斷之，大者興建開拓之象。小者，小於本體，吉星則凶，凶星則吉，以分位斷之，小者亡敗蹙迫之象。存者，守常得正像；亡者，失其所在，滅亡之象。疏拆者，相離失其常體，敗壞之象；合聚者，將近而聚，蹙迫之象。逆者，當東反西，當西反東，違逆常度，暴逆之象；順者，循其常度，與歷數相應，守常和順之象。

凡七曜皆逆天東行，以日為主。故五星皆以東行為順，西

行為逆。又有留有伏，各如其歷術之數，失常則逆，循度為順，吉。多以東行為順，西行為逆，今古則亦參用之矣。

遲者，不及其常度，和緩之象；疾者，行過其度，迫速之象。凡五緯之行，各有疾有遲，如其歷數。故木一歲行一次，土三年行一次，金、水並一年而一周。或過或不及，此則是其大分之遲疾。歲星，近日則遲，遠日則疾；熒惑，近日則疾，遠日則遲。填星之行，自見至留逆復順，恆各平行，無有益遲宜疾。太白、辰星，晨見，初則遲而後疾，疾則伏；夕見，初則疾而漸遲，遲則伏。此則五星當分遲疾大量也。平行者，石氏以一日行一尺五寸為平行，一尺二寸為遲。今則不然，皆以度其數格之為遲疾，故不須占其平行，平行猶常也。韓公賓以五星遠日則疾，近日則遲。此亦未為通論，故不取焉。

出者，未當去也，屬乎福德之兆，福德出，則失善之象；入者，不應來而來也，屬乎祅禍之兆，祅福入，則亡亂之象。若其常行，初至其分，禍祅在其間，同體失色為入；過其坐位，離其宿分為出。福入刑出則吉。德出福入，此其常也。故論出入者，有此六途。

合者，二星相逮，同處一宿之中。和順而合則吉，乖逆而合則凶。會者，一逆一順，一遲一疾，相逢而在宿中為會，德

會則福興，刑會則禍起。聚者，自三星以上為聚。聚者集會之象。福集則吉，刑集則凶。

從者，遲疾次第相及於一處也，次序從就之象。德先至則吉，刑先至則凶。離者，雖同宿而兵度，而南北乖隔不和之象。從者雖同在宿分，不相停待，離越移避，相背之象。右占以為相近為就聚，相遠為離，則屬乎列宿星官。

盈者，超捨大進，過其所常。德盈則加福，刑盈則加禍。縮者，退捨不及其常。德縮則迫蹙，刑縮則善育。

捨者，經其宿度而行為捨，捨其宿而遲也。宿者，經其捨而過，經去不遲之謂也。

居者，福德之星在其宿位，光色潤澤而遲為居，喜福降臨之象。留者，刑禍祅異在其宿位，久住非益之稱，興作勃亂之象。又五星依歷，木、火、土曆見中而留：留極而逆，逆極昏中而留，留而又順，此五星之留也。留者，住而不移之稱也。福德則為居之而留，刑禍則作動，伺察政治之象。

經天者，謂太白昏旦當午而見也。諸星昏當午，皆留而逆。太白與辰星，昏欲至未則遲，旦欲至午則疾。昏旦不合，在午而見，南見則為經天。兵盛威重，改易自任，不由常數之象。

守者，留住也，附近列星為害之象。中者，謂星行東西相當，中傷之象。謂相剋也，和則不然。

乘者，自上為下，臨迫之象。乘者，駕御壓伏之象也。《春秋傳》云：蛇乘龍是也。犯者，月及五星同在列宿之位，光曜自下迫上，侵犯之象。七寸以下為犯，月與太白一尺為犯。

侵者越理而進，以大迫小，自上逼下，漸損害之象。凌者，以小而逼大，自下而犯上，直往而凌，凌小辱大之象。

抵者，一動一靜，直相至。觸者，兩俱動，而直相觸。

經者，在其中過無所犯。歷者，以次相及，而過經歷。

貫者，直徑中過。刺者，旁過光芒刺之。

磨者，旁過而相切逼之。靡者，旁逼過而有間之。

掩者，覆蔽而滅之。斗者，二體往返，離而復合。

同者，二體各一，不辨其形，環者，星行繞一周。

繞者，環而不周。戴者，月在星下，若似頂戴之象。

勾者，一往一返，如勾之狀。已者，往而返，返而又往，再勾如已狀。

牝牡者，五行相剋如夫妻。夫在陽，婦在陰，為牝牡也。

右為五星月祅變行占。

日辰占第十七

日為君，月為後，五星主官，二十八宿各屬分野。主職有常，列坐三百，各司其位，具知當條。然災祥發見，國俗不同，事借日辰，以辨其所居，以知其分次。是以有歲，有月，有日，有時，有所，各占其分。

歲在甲，為齊；乙，為海外東夷；丙，為楚；丁，為江淮、南蠻、海岱；戊，為韓、魏、中州、河濟；己為韓、魏；庚，為秦；辛，為華山以西，為西夷之國；壬，為燕、趙、魏。癸，為常山已北，北夷燕趙之國。子，為周。丑，為翟魏，亦主遼東；寅，為楚趙；卯，為鄭；辰，為晉邯鄲、趙國；巳，為衛；午，為秦；未，為中山、梁、宋；申，為齊、晉、魏；酉，為魯；戌，為趙，為吳，為越。亥，為燕、代。歲月日時，及見災所在之地，皆同用之。

假令丙辰年七月丁卯日午時，災見於未地，太歲在丙辰。丙為楚，辰為晉。七月申，申為晉魏，丁卯月，丁為江淮南蠻。午時，午為秦。災見未地，未為中山梁宋。即是其地各有災也。《尚書洪範》云：王者唯歲。王者即占於楚晉有為災也。卿士唯月，七月即占於晉魏為有災。師尹唯日，丁即為江淮南蠻、卯為鄭國等有災。他皆仿此。此即梓慎、裨灶占異而俱驗也。

　　按《春秋》，魯昭公十年春正月戊子，祅星出於婺女，見於申維。女屬齊，申為晉分。梓慎見祅星出，知晉侯以戊子日死。所以知者何？齊逢公死時亦有此星見。推以方之，知晉平公將死。梓慎，魯大夫也。襄公二十八年，歲星失次，淫於玄枵中五度，在虛，以為蛇乘龍。是歲星虛下，故曰蛇乘龍。龍為壽星，宋鄭之分。梓慎見蛇乘龍，以為宋鄭將饑，裨灶以為周王及楚子皆死，以虛宿沖午，午為張翼，周楚之分，故二人占不同而皆驗。

占期第十八

　　凡福德之祥，應以王時，在乎合月。歲星為福德，有吉祥，其常期於春。以二月見祥，應在九月，期以甲乙。他皆仿此。若為不吉之祥，應在秋，及五月見災祥，應在十一月，五月災見，此刑破之下也。期日以庚辛。他皆仿此。木、火、土三星，期五行休王，四月不一，各有其時而為主焉。及其司過見罰，降福呈樣，別大小，異其類，休王殊其色，或光潤明靜，或微暗芒角，犯有少異，即可消息占之，不必待斗蝕掩犯耳。如木、火、土者，有吉祥則常期本月，本期春色。若王時見祥，期會合月。如三月祥，應在九月是也。其日若是甲乙，應期寅卯。

余准此。火正王夏，土王季夏。若以五月見祥，即期六月，午與未合。若戊己日見，即辰戌丑末日應期也。木若見凶祥，即見秋應。如二月，應在八月，卯沖酉也。及十一月，卯刑子也。木星變，以庚辛日事發，火即以王癸日。仿此。金、水二星，即以殺月殺日，時期遠近。若申子辰，殺在未，刑亦如常也。猶如大業三年，長星竟天，至十三年，然後易政之弊應之也。凡論兵者以殺，論誅戮以刑，論死生亦耳。其古占所載，今列如左。

巫咸曰：五星之合，金星以金日，木星以木日，水星以水日，火星以火日，土星以土日。星月期十二辰，候其災變，以期殺時。甲乙日應在金，丙丁日應在水，戊己日應在木，庚辛日應在火，王癸日應在土。五星皆同此法。

巫咸曰：歲星主木，日以甲乙；熒惑主火，日以丙丁；填星主土，日以戊己；太白主金，日以庚辛；辰星主水，日以王癸。二十八宿以十二辰。木應在金，火應在水，土應在木。故木期十二日十二月，火期四十日四十月，土期二十八日二十八月，金期八日八月，水期十日十月。

巫咸曰：五星守二十八舍，左為春應，右為秋應，前為夏應，後為冬應。其法隨氣所在，制前後也。

石氏曰：凡五星行犯列捨，前為春應，後為秋應，左為冬應，右為夏應。假令春以東為前，西為後，北為左，南為右；夏以南為前，北為後，東為左，西為右；秋以西為前，東為後，南為左，北為右；冬以北為前，南為後，西為左，東為右。

宋均曰：災祥見皆在沖月。假令見在正月，則應在七月；見在七月，則應在來年正月。他皆仿此。

《荊州占》曰：甲乙日有變，期一百二十日；丙丁日有變，期八十日；戊己日有變，期六十日；庚辛日有變，期四十日；壬癸日有變期二十日。甲乙為春，丙丁為夏，庚辛為秋，壬癸為冬。以四時期之。凡占災祥，皆以此例也。

修德第十九

夫修德者，變惡從善，改亂為治之謂也。上天垂象，見其吉凶、譴告之義。人君見機變，齋戒洗心，修政以道，順天之教也。夫人君順天者，子從父之教也。見災而不修德者，逆父之命也。順天為明君，順父為孝子。故孔子曰：昔者明王事父孝，故事天明；主事母孝，故事地察。天地明察，神明彰矣。

《易》曰：大人者，與天地合其德，與日月合其明，與四

時合其序，與鬼神合其吉凶。此順天地而化也。先天而天不違，後天而奉天時。天且不違，而況於人乎？況於鬼神乎？此大人至德，同乎天也。是故人君力行守道，見德遷善，大人順天之化而照臨萬方，故物莫之違。及其行不符道，理不合義，則示之以災，教之從善不息，補過自新，故盛德必昌也。

《書》曰：唯聖人罔念作狂，唯狂剋念作聖。此之謂也。蓋善不積不足以成名，惡不積不足以滅身。惡雖小，不可不去；善雖小，不可不為。子曰；積善之家，必有餘慶；積不善之家，必有餘殃。非一朝一夕之故，其所由來者漸矣。此言善惡之積起於毫末，而成丘山。

故曰：日變修德，禮重則躬；月變眚刑，恩從肆赦；星變結和，義敦鄰睦。是以明君宰相，隨變而改，積善以應天也。

《易》曰：君子見機而作，不俟終日。此言修德之急也。是故有變，修其政而理其事焉，何暇待於終日哉？上自天子，下及黎庶，蟲魚草木，咸系天象，垂見變異，罔不悉焉。譴告之理多方，從善之途非一，以善為德，以虐為凶。故《書》曰：德無常師，善無常主，協於剋一，此之謂矣。唯爾在位，咸司厥職，罔或淫僻，以召天災。治亂之緒，得失之經，事匪一途，萬機並作。故曰：月災眚，五星時合，變異之象，感召之應。

咸具本篇，以為常則。故每占下云：修德以禳之也。修德同於
君臣，非獨在乎上位矣。

　　按劉向、京房對災異，多云：人君賦斂重數，徭役繁多，
黜退忠良，進用讒佞，荒於禽色，酖酒嗜音，雕牆峻宇，誅戮
直諫，殘害無辜，聽邪言，不遵正道，疏絕宗戚，異姓擅權，
無知小人，作威作福，則天降災祥，以示其變，望其修德以禳
之也。不修德以救，則天裂地動，日月薄蝕，五星錯度，四序
愆期，雲霧昏冥，風寒慘裂，兵饑疾疫，水旱過差，遂至亡國
喪身，無所不有。其救之也，君治以道，臣諫以忠，進用賢良，
退黜讒佞，恤刑緩獄，存孤育寡，薄賦寬徭，矜贍無告，散後
宮積曠之女，配天下鰥獨之男，齊七政於天象，順四時以布令，
輿人之誦必聽，芻蕘之言勿棄，行束帛，以賁丘園，進安車以
搜巖穴，然後廣建賢戚，蕃屏皇家，磐石維城，本枝百世，然
則此災可消也，國可保也，身可安也。頌太平者，將比肩於市
裡矣。擊壤行歌者，豈一老夫哉！余今略具大綱而已，豈能詳
之者矣。

辨惑第二十（闕）

史司第二十一

昔重黎受職，羲和御官，任重上司，位居鼎岳，所以調均和氣，燮理陰陽，義等鹽梅，事同舟楫，故能觀天示變，察人成化，百工信理，庶績咸熙，此古之世。

暨三王已降，五霸相沿，英賢嗣興，哲人係踵，君則畏命奉天，臣則竭誠盡慮，故能權宜時政，斟酌治綱，驗人事之是非，託神道以設教，忠節上達，黎庶下安，此中古之賢史也。

至若漢魏之後，晉宋相承，夷狄亂華，官失其守，君惡直諫，臣矜諂諛，捷徑是游，罕遵正道。疇人術士，俯同卜祝之流，唯辨纖芥之吉凶，驗事理之微末。推考術數，務在多言屢中；庶征休咎，未詳關於政治。玉衡傾斜，七政所以不齊；彝倫攸敘，九疇於焉遂隱。此末代之流弊也。

近在隋代，則尤甚焉。吳人袁充，典監斯任。口柔曲佞，阿媚時君。誑惑文皇，諂諛二世。每回災變，妄陳禍福。以凶為吉，回是作非。先意承顏，附會神理。勸桀行虐，助紂作淫。凡是南人，明相煽惑。於時大業昏暴，崇向吳人。中州高才，言不入耳。每有四方秀異，獻書上策，一皆不覽，並付袁充。充乃繕寫所獻，回換前後。竊人之才，以為己力。奏於昏主，自叨名位。因行譖害，追逐前人。以忠言獲罪者，其將量方，復奏絕圖書，彌增忌諱。一藝以上，追就京師。因聚富人，幾

將數萬。置之別府，名為道術。賣威鬻勢，交納貨財。免徭停租，賄於私室。兼之以抑黜勝己，排擯同儕，浸潤屢行，誅斥非一。術士達人，高賢碩學，朱紫雌黃，由其品藻，權衡失正，何其毒歟！於是清烈之後，超然遠遊，結舌鉗口，坐觀得失，而充苟安祿位，以危天下，在上不悟，卒至覆亡。將是上天降禍，生此讒賊，不然，何由翦隋宗之甚也。此乃前朝殘橫者矣。

若乃天道幽遠，變化非一，至理難測，應感詎同。故梓慎、裨灶，占或未周，況術斯已下，焉足可說。至若多言屢中，非余所尊，唯爾學徒，幸勿膠柱。夫言非次也，豈徒然哉？立行建功，必以其道。故宋韋晉野，理存設教；京房穀永，義在救君。照灼圖謀，余芳不朽，遺風獨邁，可不尚歟？

若乃高才稀世，學藝過人，後生所畏也；時不再來，恥自媒銜，沉翳可惜也。至蔽賢妒能，素餐尸位，抑屈奇俊，先民所恥也；名遂身退，功成不居，舉賢進能，古人所尚也。貴耳賤目，棄能取假，任非其人，鑑賞之過也；信古疑今，深廢淺習，抑揚失疑，知音之責也。變通守道，被褐幽居，知命是鑑，哲人之規也；道聽塗說，眩惑群小，詭隨掇禍，庸人之悔也。

唯爾史官後學，余之所志，可不鑑哉！

乙巳占　卷第四

五星占第二十二

　　夫形器著於下，精象繫於上，所以通山澤之氣，引性命之情，近取諸身，耳目為肝腎之用，鼻口實心腹之資，故情慾暢於性靈，神道宣於視聽，彼此響應，豈不然與？是以聖人體而名之，垂教後世，授之以職位，分之以國野，像之事物，效之以吉凶，雖變化萬殊，誰能越此，將來事業，可得而理焉。

　　《易》曰：在天成象，在地成形，變化見矣，此之謂也。但去聖久遠，通人間作名數多少，或有不同，今總列之。取其理當者，以著於篇；浮華之流，刪而不錄矣。

　　凡五星之行也，像人君次敘，不敢干犯亂常，越次當位矣。猶如月有弦望晦朔、星有合見留逆。是故歲星、填星、熒惑晨見於日，後行逆於日。當其平旦之時，欲至於午上便留，留而平旦過午返則逆，逆行行至於夕時，又欲當午上則後更留，留而午則又順行，行極而伏與日合，則同宿共度而受命於日，更晨見於東方，此皆不敢以昏旦之時，當於午後任行歷，故遲凝留焉。至於金、水二星，則又甚耳。晨見東方平旦，當丙己之

地，便速行以追日，及之，伏，伏與日合，合後出於西方，速行，昏時至丁未之地，即遲行，待日而又伏焉，此則日與五星，皆不敢以昏旦當午而盛。故《易》曰：日中則昃，月盈則蝕，天地盈虛，與時消息。是則正南方者，君人之所面向也，故莫敢輕焉。而五星伏見，日數各殊，遲疾逆順，其數不等，求之見合，大較同一術焉。今列之如左：

歲星，率五十三萬四千五百三。（一本云：五百三百分一之五。）

晨伏十六日。一終三百九十八日。

熒惑，率一百四萬五千九十四六分半。

晨伏七十二日。一終七百七十九日。

填星，率五十萬六千六百三十八七分半。

晨伏十八日。一終三百七十八日。

太白，率七十八萬二千四百五十分。

晨伏六日。一終五百八十三日。

晨見伏三百二十七分。同夕見伏二百五十六日。

辰星，率十五萬五千二百七十八五分半。

晨伏十一日。一終一百一十五日。

晨見伏五十二日分，同夕見伏五十三日、五十六日。

推合見日月術。

星官占第二十三

夫五星者，昊天上帝之五使，稟神受命，各司下土，雖幽潛深遠，罔不知悉。故或有福德佑助，或有禍罰威刑，或順軌而守常，或錯亂以顯異，芒角變動，光色盛衰，居留干犯，句巳掩滅。所以告示者，蓋非一途矣。

凡五星，各有常色，各有本體。至如歲星色青，熒惑色赤，如大角，如參左肩，是其常色。填星色黃，太白色白，如五車大星有光。辰星色黑，如奎大星。

凡五星，色青員為饑而憂，赤員多旱而爭，黃員女主喜，白員為喪與兵，黑員水而病。

凡五星，黃角土地之爭，赤角犯誤城，白角為兵，青角為憂，黑角死喪。

凡五星，五色變常者，青為憂，赤為爭旱，黃為喜，白為兵，黑為喪病。

夫五星系八卦：

填星系於坤艮。故其行最遲，像地之與山不可移易。不易者，女人之德也。

　　歲星系於震巽。巽象草木之生動而遲也，又似風雷有時而作耳。雷震百里，風為號令。而震動者，人君之象也，故象主德焉。

　　熒惑繫於離。離，火也。凡物之恆動不靜者，火也。火能照明糾察，燔燒穢積，故蕩除暴。故熒惑，行疾於水，而像禮官，察獄以罰萬物。《易》曰：相見乎離，大人以繼明照於四方。故主體察焉。

　　太白繫於乾，為天體行健不息，故金行最急。《易》曰：悅乎兌，戰乎乾。故主兵，兵又須有威，故主威。兌為悅，言以悅使人，以威臨物，乾兌之道也。故太白主兵焉。

　　辰星系於坎，坎為水者，晝夜常流，無有休息。故水行亦速，與金相似。坎為水，為陰，為盜，為刑，刑盜於險，司獄之官也。故其坎所主於刑焉。

　　凡五星之入列宿與中外官，其占大同。但當以理消息其吉凶，不可一一具陳也。

　　凡月之行也，每去五星十度內，必疾行向之。若道內外則屈，屈回就之。過之則遲行，留止不速去。

　　又辰星欲見，有時依度合見而入氣差。伏者，去之十八度

內，有星者見，先星則不見。此皆相從就之大例也。並著在曆術之中，其日蝕交分亦然。

其五行代王，四序不一，各於其時而為主焉。及其司過見罰，降福呈祥，則大小異其貌，休王殊其色。或光潤明淨。或微細芒角，犯有少異，即可消息占之，不必要待其間有斗蝕掩犯也。

四時之色，春青，夏赤，秋白，冬黑，四季黃。占於列國也，則明勝暗，喜勝怒。其憂喜之色，則以同前。

凡五星之內，有三星已上同宿，為合。凡聚合之宿，相生則吉事興，相剋則凶事起。宿之行性，並於當方為定，兼之宿占，而察其事焉。二星明，相和大吉，相剋大凶。福德先至為吉，刑禍先至為凶。刑禍先去為吉，福德先去為凶。一吉一凶，兩事俱發，但當修德以備之。二星已上聚合，皆為改革政令。三星若合，是謂驚，改立侯王。四星若合，是為大蕩，其國兵喪並起，君子憂，小人流。五星若合，是謂易行，改立王者，掩有四方，子孫蕃昌，亡德受殃，滅其宗廟，百姓離去，被滿四方。五星大，事大；小，事小。

五星干犯中外官占第二十四

五星犯攝提，臣謀其君。若主出之，有兵起，期一年。

五星犯守大角，臣謀主，有兵起，人主憂，王者戒慎左右，不出八十日，遠期一年。

五星入市中，將凶。一曰五官有憂，一曰赦。

五星犯帝座，為臣謀主，有逆亂事。

五星犯守東西咸，為臣有不從令，有陰謀。

五星犯天江，天下水，若入之，大水滿城郭，人民饑，去其鄉。

五星干犯五車，大旱，若喪。犯庫星，兵起北方、西方。犯倉，穀貴，有水。

五星犯建星，大臣相諧。

五星犯離珠，宮中有爭，若有亂宮者，若宮人有罪黜者。

五星入天市，將軍興軍者吉。

五星守犯天關，道路絕，天下相疑，為有關梁之令。

五星出北河戒北，若乘北河戒，為女喪。

五星中犯乘守五諸侯，諸侯死，期三年。五星入五諸侯，伺其日出而數之，皆二十日兵發，伺始入處，率百日，期十日軍罷。

《巫咸占》曰：五星入二十八宿宮，中外宮同。

五星犯守積水，其國有水災，物不成，魚鹽貴。一曰：水潦為敗，糴大貴，民饑期三年。

五星犯守積薪，天下大旱，五穀不登，人民饑。

五星犯守水位，天下以水為害，津梁阻塞。一曰：大水入城郭，傷人，民皆走，期二年。

五星守酒旗，則天下大酺，賜爵宗室。

五星入天庭，色白潤澤，期百八十日，有大赦。五星東行入太微庭，歲不登，人民饑，遲出東門，天下有急兵。若守之，將相大臣御史有死者。若入端門守庭，大禍至。入南門，出東門，國大旱；入南門，逆行出西門，國有大水；逆行入東門，出西門，大國破亡；若順入西門蕃而留不出，楚國凶殃。五星若從右入太微，主有大憂，有赦。犯將相，執法大臣有憂，執法者誅。（金火尤甚。）五星入太微中華東西門，若左右掖門，而出端門者，必有反臣。

五星犯黃帝座，改易主，天下亂，存亡半。

五星犯守四帝座，臣謀主，去之，去一尺，事不成。五星中犯乘守四帝座，辟君也。星中犯乘四帝座，天下半亡。

五星守內屏星，君臣失禮，下而謀上。一曰：大臣有戮死者。

五星入羽林，有兵起。若逆行變色，成句巳，天下大兵，關梁阻塞，不出其年。

五星犯天廩，天下亂，大饑，粟散出其年。

五星守參旗，兵大起，弓弩用，大將出行。一曰弓矢貴。

歲星占第二十五

歲星，一名攝提。東方木德，靈威仰之使，蒼龍之精也。其性仁，其事貌，其時春，其日甲乙，其辰寅卯，其音角，其數八，其帝太昊，其神句芒，其蟲鱗，其味酸，其臭羶，卦在震巽，人主之象。主道德之事，故人君仁也。其常體大而清明潤澤，所在之宿國分大吉。

《易傳》曰：帝王人君行道德，德至仁利，則歲星明大潤澤；明大潤澤，則人君昌壽，民富樂，中國安，四夷服。人君

行酷虐殘暴，則歲星時時暗小微昧，微昧則國亡君死。是故星明則主明，星暗則主暗。人君從諫，則歲星如度，人君聽諛佞，拒忠諫，則歲星亂行。故歲星變色亂行，人君無福；進退如度，則奸邪止息。猶如木之曲直，從繩則正；人君性習，從諫則聖矣。人君令合於時，則歲星光喜，年谷登；人君暴怒失其理，則歲星有芒角而怒矣。歲星怒則兵起，有所攻伐矣。歲星所在之分，不可攻之，攻之則反受其殃矣。

秦之將亡也，歲星聚於東井。東井，秦之分野，秦政殘暴失政，歲星仁和之理違。歲星貌恭，恭作肅，不肅之道，拒諫信讒，是故二世君終於屠滅。漢高之入秦也，修德布政仁和，約法三章，與民更始，除秦暴酷，故秦人欣戴焉，卒入三秦之漢中而基王業也。項羽後入，焚燒宮室，殘暴楚毒，失仁之福，卒於敗亡。是故人君順其時，處其分，宜布其德，而修其政也。歲星所在處有仁德者，天之所佑也。不可攻，攻之必受其殃。利以稱兵，所向必剋也。

歲星木精，其時春也。人君春時，當順少陽德令。天子率百官，製法度，當布德和令，施惠下及兆民，無有不當。順天象，授民時，祈嘉穀，教新卒，布農合，修封疆，相地宜，以導民，躬必親之。命賜司典，止殘伐，毋覆巢，毋殺胎夭飛鳥，

毋麛卵，毋聚大眾，毋置城郭，掩骼埋胔，不稱兵，兵戎不起，不可以從我始，毋逆天之道，毋絕地之理，毋亂人之紀。仲春養幼少，存孤獨，省囹圄，去桎梏，毋肆掠，止獄訟，同律度，正權量，無作大事以妨農事，無竭川澤，無漉陂池，無焚山林，命出而不納。天子布德行惠，發倉廩，賜貧窮，賑乏絕，開府庫，出穀帛，賜天下，勉諸侯，聘名士，禮賢者，止弋獵，無悖於時，無淫巧以蕩上心，則歲星無變而降福矣。失令非時，行夏令，則熒惑之氣干，則星變赤芒角，國大旱暖氣，是哀蟲螟為害食，人民疾疫，時雨降，山陵不收，風雨不時，旱木早落，邦時有恐，中國寇戎來征。行秋令，則太白之氣干之，星白無光，寒氣大至，民大疫，飄風暴雨總至，藜莠蓬蒿並與，天多陰沉淫雨早降。行冬令，則辰星氣干之，星變黑小，水潦為敗，雪霜大至，首種不入，陽不收，麥不熟，民多相撓，寒氣時發，草木皆肅，國有大水。

歲星為仁，貌曰曲直象木。（可操曲直）木曰貌，貌，容儀也；貌曰恭，恭，儼恪也；恭作肅，肅，敬也。肅時雨若，狂恆雨若，是故人君貌恭心肅，則歲星光明盛大，無盈縮，儼而行中道，降福德而示吉祥。時雨降，人君壽，百穀成，天下安而民樂矣。若人君酷亂恣情，則讒臣湊，變怒芒角，錯逆降示，應恆雨淫注，人君不昌，百穀不成，庶事不寧，天下有兵。

夫歲星色澤微暗，進退失度，為奸邪並與，人君無福，有芒角者戰勝。武密曰：順角指所戰勝，逆者凶，順行不可逆戰，逆行不可背之以戰，凶。

歲星與月相掩食，國有大喪，女主大臣亡。

歲星與熒惑合斗，殺大將；與太白合斗，有大兵；與太白相犯，有兵大戰。

金在木南，南國敗；在木，北國敗。木乘金，偏將死；木與金合斗，大將死。

歲星先至，諸星從之者，其國分人君吉，以仁德威天下矣。應留不留，其國亡；應去不去，其國昌。

歲星主齊魯，青、徐州。色白有喪，黑有病，赤有兵起，黃有喜。

歲星平見，入冬至初者，減八日，後六日損七日，以次六日損一日，畢於大寒四十五日。凡損十六日盡即平行。自入立春十一日加一日，畢於雨水，因入春分，均加四日，清明穀雨，均加五日。自入立夏，畢於大暑，均加六日。自入立秋，初日加六日，加後十日減五日，畢於秋分。自入寒露已後，六日減一日，畢於立冬。自入小雪，畢於大雪，均減‧八日。余為定

見日，初見去日十四度。

五星行術

置星定見之前夜半日所在之宿度算及分，各以定見去朔日算及分加之，行分滿法，六百七十乃從度一。（其日度星度分名，半日法也。）以星初見去日度數，晨減夕加之，命度以次，則星初見所在度分求者，次日各以一日所行度及分。其金火之行而有小分者，各以日率為母，小分滿母法，從去行分滿六百七十，去從行度日一度。其有益遲益疾者，則別置一日行分，各以疾益遲損乃加之，留者因前退即減之。伏不注度，順行出虛，去其分已也，行入斗，先加分。

歲星初見順，見順日行一百七十一分，日益遲一分，一百一十四分。日行十九度三百二十三分而留，二十六日乃退。日行九十七分，八十四日退十二度一百八十分。又留二十六日乃順行。初日行五十八分，日益度一分疾。一百一十四日，行十九度三百二十三分而伏。

歲星入列宿占第二十六

角：歲星犯左角，天下之道皆阻塞。犯右角，天下更王，使絕

253

滅。守留角中，五穀成熟，留之一百日，兵起。木犯守角，王者大赦，忠臣用。木乘左角，法官誅。木乘右角，大將軍死。木逆行於角，人主出入不時。若有急事，千里之行。凡木犯守乘左角七日已上，天下大赦；守右角，賢士用，期七十日。

亢：歲星犯亢，天子坐之，則敗於君。木數入亢，其國疾疫。木經亢，韓鄭有兵。木守亢，小兵。木逆行守亢，為中國兵。木犯守亢逆行，失國，其明色，大政不用。

氐：木犯氐，國無儲。木捨守氐，其國歲熟，賤人有疾。木乘氐之右星，天下有大水大兵。木乘氐左星，天子有自將兵於野。木出入捨氐者，（天庫之星也。）其國有急令，其歲太平，環而守之，其國以兵致天下。氐為嬖妾有喜者，若與月合在氐而暈，不出四十日有德令。木守氐，王者立後，期十八日。木犯逆行守氐，國大饑，人民流亡，亦為人多病。

房：木入房十日成句巳者，為天子惡之，以赦解之。（金水同占。）又曰：為皇后夫人喪，謂房東行復還返也。木舍房氐，氐色不明；有喪。又曰大水。木守房，為大人憂，以赦解之。木犯房，將相有憂。木舍房，人主喜，其將相大吉。

心：木近心，七日以內有暴貴者，遠不出百八十日。木經心，清明列照，天下內奉王化，帝必延年。木乘心，其國相死。木居守心，王者行天心，陰陽和，天下大豐，五穀成熟，有慶賜，賢士用，皆有德令。木犯乘守心，大人凶。木中犯乘凌太子位，太子憂；犯少子位，少子憂。

尾：木入尾者，易後太子者；後族有升顯者，不出百八十日。木守尾，民人為憂，大臣作亂者，若反逆，從大將家起，若中有讒諛者，期二十日，若卿出當之。木乘犯尾，早穀大貴，人人相食。木守尾三十日，王者立貴後夫人。若生太子，欲封寵後族，人主以嬪為後。

箕：木入箕，天下兵亂，箕中有一星，民莫處其室。箕，木在箕南旱，在箕北有水。其年木入箕踵者，歲熟之象也。木入箕中，行疾，中有口舌相讒事，期五十日，若百三十日。木守犯出箕，多惡風，穀大貴，天下大旱，饑死過半，民相食。

斗：木犯南斗，為有赦。木乘凌南斗，有大臣反伏誅者。木入南斗中，死者甚眾。木經南斗魁，失道者死。木經南斗，與國福，歲大熟。木入南斗，若留守十日，所居之國當誅。

牛：木犯牽牛，越獻金銀。木居牽牛，三十日至九十日，天下
　　和平，道德明，四夷朝中國。木入牽牛，農人死於野，陰
　　陽不和，五穀多傷。木犯牛，留守之，為有破軍殺將，牛
　　多死。

女：木入須女，有進美女者，大人慶，若宜女喜，立後，拜太子，
　　期四十日，若九十日，宮人有受賜者。木守須女逆行，其
　　君廢農桑。木守須女，米一斗三百，民有自責者，多火災。
　　木逆行留守，凌犯須女，天子及大臣有疾，必有苛政，布
　　帛貴賤不時。

虛：木入虛，天下大虛。木經虛，齊國多憂。木守虛，七日已上，
　　盡三十日，王者起宗廟，修陵塚，有白衣之會，不出九十
　　日。木入守虛，留守之。二十日不下，有立諸侯；六十日
　　不下，國有死將；百日不下，改年號，大臣戮死，期二年。
　　木犯虛而守之，王者以凶改服，有白衣之會，不出六十日，
　　天下大饑，人民流千里，君臣離散。

危：木舍危南，雨血膏王室。木守危，三十日若二十日，諸侯
　　天子更宮室，民多土功，有哭泣之事。又為多盜賊，民相
　　惡之。

室：木犯營室。犯陽，為陽有急；犯陰，為陰有急。木入營室

而人主有賞賜之事，天下當有受賜爵祿者。木處營室東壁，赦，其去陽之陰，天下喜，牢獄虛。木守營室，民疾病，有德者得地，歸與民爵。

壁：木居東壁，五穀以水傷。木守壁，天下大赦。王者有堯舜之治，四海同心。木犯壁，天下兵起，一曰狄兵起。

奎：木入奎，其年五穀以蟲為害。居其南，糴賤，牛馬繒帛皆賤。居其西，糴物貴，人不安。木處奎中，小赦。木守奎，北狄來降。木逆行入奎而守之，其君好攻戰，兵甲不息，人民流亡，不安其居。

婁：木入婁，國有聚，人主喪，期一年。木守婁，王者承天位，天下安寧，有慶賀，有兵罷。木逆行守婁，其君牢吏斷獄不用，不以時，民多怨訟，若有赦令。

胃：木犯胃，為天下五穀無實以為災。木經胃、昴、畢，趙水潦，魚行人道。木守胃，國以無義失幣，有水旱事。木守胃，王者順天德，中畿國昌。

昴：木乘昴，若出北者，為陰國有憂，若胡主死。木守昴東，糴大貴，三月後守北，其歲有德令。木守昴，王者有德令。昴者，天之內室，歲星近之，下獄之臣有解者，不出四十

日。木守昴畢，東行至天高，復反至五車，為邊兵。一日為赦令。木守昴，入守天獄，天下獄虛。木乘守昴，若出北者，為陰國有憂，胡王死。（土水同占。）

畢：木犯畢，出其北，陰國有憂；出其南，為陽國有憂。木入畢口中，邊有兵。木出畢陽則旱，出畢陰則水為災，政令不行。木處畢北，其年有赦令，有別離之國，奪地之君。一曰歲水。處畢南，有土功，男子多疾疫，歲旱，晚水；處東，多暴雨，金器刀劍貴。木守畢口，國大赦，王賜夷狄，若有功德令。一曰幣大貴。木犯附耳，兵起。若將相喪憂，不即死退。

觜。木犯觜觿，其國兵起，君誅罰不當。木守觜觿，君臣和同。木犯守觜觿，不出一旬，必有覘候之事，農夫不耕，天子皇后俱憂，期甲辰日。

參：木犯參，水旱，穀不收。木處參東，若處伐東，東多流人，多暴雨；處參北，若伐北，多沖水。木處參，天下農夫不耕。有赤星出參中，邊有兵起。木入若守伐，天下有兵。

井：木入東井，主秦國，留守之，以仁致天下。木犯東井，人主有行仇水之事，大將惡之，其國內亂，有兵起。木犯井鉞，刑罰用，兵起。木乘守東井，人主有法令水術之事，

逆臣為亂，將軍死，人君有憂。

鬼：木犯鬼鑕，人君有憂，斧鑕用，大臣誅。木入鬼，留十日已上，令散於諸侯，期六十日，若十月。木逆行抵輿鬼中央者，其君主之。木守鬼，為大人有祭禮之事。木守鬼，出於左右，貴親坐之。木守輿鬼西南，為秦漢有反臣，以赦令解之。木干犯守天屍，國有喪。天屍，鬼中粉白者是。

柳：木犯柳者，有木功事，若名木見伐者。木經柳，國多義兵。木守柳，貴臣得地，有德令，不出九十日。木逆守柳，為反臣，中外兵起，以德令解之。

星：木入七星，有君置太子者。木留七星，為天下大憂。木守七星，多火災，旱，萬物五穀不成，有兵饑。木入若守七星，盜賊有兵。

張：木入張，旱，多火災，萬物百穀不成。木逆行張，其君用樂淫泆。木處張西，歲大水；東，為大旱。木守張，天子有慶賀事。木守張十日，其歲大豐，五穀成；三十日不下，天下安寧；守之留百日，其主昇平，君臣同心。木逆行守張，人民疾疫，多心腹病。木犯張，若守之，王者政事，若有千里之行。

翼：木入翼，人多死流亡，五穀傷於風，期一歲中。木出入留捨翼，荊楚有急，歲多大蟲，六十日不下，小人失功。木守翼，王者應天，又方術之士大用，翼輔正政，天下符瑞，不出九十日。木守翼，主聖，天下和，五穀登，人民樂，禮義興。

軫：木入軫中，伺其出日而數之。期二十日，皆為兵發，伺始入處數之，率一日，期十日，軍罷。（二十八宿中外官，同有此占。）木逆行至軫，及守之，其國有喪，人君改服，天下更主之令，期二年，王者以赦除害。一日所捨七日不移，有殺君者。木逆行至軫，及守之，其國有喪人君者。木在軫，王者憂疾病，若有喪，不出九十日，改服，王者修宗廟，赦三萬里內，災消。木處軫東，糴貴。木處軫西，有女喪，若有水。木守軫南，六畜及車貴。木守軫北，為多疾病。

歲星干犯中外官占第二十七

木入五車，兵大起，五穀大成。

木入建星，諸侯有謀入關者，期六十日，若百五十日。

木守天關，有兵起，期三年。

木行南河戒中，為四方兵起，百姓疾病。木乘南河戒中，出南河，為中關兵起。歲星乘北河戒中，若出北河，戒北為胡王死。

木在軒轅中，有女子反謀君者。木行犯守軒轅，女主失勢。一曰大臣當之。若有黜者，期二年。木中犯乘守軒轅太民星，大饑，大流皇太后宗。木乘犯守軒轅少民星，小饑，小流皇后宗，有誅者，若有罪戮。

木入少微，君當有求賢佐；不求賢佐，則失威奪勢。木犯守少微，名士有憂卒，王者任用小人，忠臣被害有死者。

木逆來犯帝座，其色白者，有赦。歲星守黃帝座，大人憂。

歲星犯平星，凶。木守平星，執政臣憂，若有罪誅者，期一年。

木守入羽林，諸侯悉發兵，強臣謀主，王者有憂，期三年。

乙巳占　卷第五

熒惑占第二十八

熒惑，一名罰星。南方火德，朱雀之精，赤熛怒之使也。其性禮，其事視察，其時夏，其日丙丁，其辰巳午，其音徵，其數七，其帝炎帝，其神祝融，其蟲羽，其味苦，其臭焦，其卦離。主視明罰禍福之所在，熒惑伺察而行殃罰。《易》曰：相見乎離。又曰：重明以麗，大人以繼明照乎四方。主逆，共主災旱，主察獄，主死喪，為禮，以為理官，敕舉糾察，以明奸凶所在，而垂示應變。為人君，常以夏時修熒惑之政，則君正臣忠，父慈子孝，咸得其理，不失禮節矣。

熒惑之政者，人君命大臣，三公贊傑俊，遂賢良，舉長大，行爵出祿，必當其位；斷薄刑，決小罪，出輕系，寬重囚，益其食，祈祀山川，雩請穀實，則熒惑順軌而無變異。其國有禮，咸得其宜，炎氣長物，以成百實。

若人君興土功，合諸侯，起兵動眾，舉大事以搖養氣，壞隳我眾，伐大樹，失農時，燒燔布暴，芟刈草木，用火於南方，則熒惑怒而芒角變常，行度錯逆。大臣反，國相誅，人君憂。天殃罰之，民不昌，穀不成，萬物不長，兵旱災火並起。

　　人君以夏行秋令，則太白之氣干之，色白而昧，若雨數至，水潦，五穀不滋，四鄙入堡，草林零落，果實早成，民多疾疫，孕女多災，有大喪。以夏行春令，則歲星之氣干之，色青而變，人君有憂，蝗蟲為災，暴氣未格，秀草不實，五穀晚熟，百螣時起，其國乃饑，穀實鮮落，民乃遷移。以夏行冬令，則辰星之氣干之，色黑而怒，年兵起，有患死喪，草木枯落，後乃大水敗其城郭，雹凍傷穀，道路阻塞，暴兵來至。

　　人君失時令，則熒惑錯亂逆行。乘凌守犯，芒角動搖，句巳環繞，無所不為。或下化為人，童子妖言並作，惑亂人民，人君憂之，宜修德以謝其災。

　　熒惑，火星也。火性炎上，而為禮察觀政焉。人君視正，明察教令，決斷清審，則分別賢愚，政理明哲，以應天心，則熒惑明而小，光而不怒，炎暑之氣，長養萬物，百殃息矣。人君若佚豫驕怠，獄訟不止，賢人在野，小人在位，視聽不明，賢愚莫辨，則熒惑大而明，怒而芒角，以告罰焉，則災旱疾疫，非時失宜，反罰俱作矣。是故熒惑所在，伺察人君，國分主者得失，以罰之也。其示罰，災旱凶禍並至，怒動芒角，為大兵起，盜賊不止，國將死亡。

　　熒惑小而赤，主兵罷，行成句巳，戰，凶，國有軍。

火始出色赤而芒角，軍在必戰，無兵兵起，隨芒所指，破軍殺將之象也。

火芒角，火盛大動搖者，利為客攻聲有威。

火不動，兵戰凶，有誅將。

火留三日已上，大將死；留五日，軍敗亡地，留十日，君死國亡之象也。

火去復逆行其宿，有破軍死將，亡國死王者。

火所留逆之國，起兵戰鬥，殺將亂軍，亡國破家，父子相去，至於流血，謂順度所留也，其越度留者益甚。

火所乘凌守犯宿，其國必當死亡。

凡用兵戰者，宜背熒惑。如熒惑行在鶉火之次，宜背午以戰，及以月將加時。背勝光而戰，大勝。

火犯木土，為大戰；太白傅之，亡偏將；熒惑環太白，偏將死；與太白相逆而斗，破軍殺將；熒惑入太白中上出，破軍殺將，客勝。金火相犯大戰，金在南，南邦敗，在北，北國敗。所斗之野，破軍殺將。火所在，不利先起。

火所行之處留守之，皆為大禍，君死國亡。若其君修德，

則不為咎而加福矣。（猶宋景公熒惑守心，景公出三善言，熒惑退三捨，而延二十一年矣。是故人君視熒惑之所在，而修德以禳之矣。）

月與火相犯，貴人死。

凡火行復跡，名曰燒跡。大凶旱饑，兵敗國亡。

熒惑平見，入冬至初日，減二十五日，後六日減五日去二十五日。餘者以冬至後平見日畢，於小寒入大寒，三日加兩日，於平見日畢驚蟄初日。畢於穀雨，均加二十九日。自入立夏初日，加二十九日，後三日減一日，計日減去二十九日。餘者以加平見日，畢於大暑日，入立秋依平。自入處暑，四減一日，畢於立冬日，入小雪日，畢於大雪日，均減二十五日，初見去五日十七度，行星法在歲星占內。熒惑見在冬至初日，率百四十一日行一度，一百六十七度在也。

熒惑入列宿占第二十九

角：熒惑犯左右角，大人憂。一曰有兵，大臣為亂。火入左角，有大赦；入右角，兵起。火守左角，左將憂；入右角，右將憂。火守天門，主絕嗣。火成句巳環繞角，有芒如鋒刃，天子失位。

亢：熒惑入亢，有芒角犯凌之，當有白衣之會。火入亢天子庭，有兵水災。火守亢，成句巳，而環繞之三十日，天子自將兵，國易政。火逆行守亢，為中兵。火犯亢者，臣亂，多疾疫。

氐：熒惑入氐，（一名天子宮也。）天子失其宮。火入氐，留守二十日不下，當有賊臣在內下反者；三十日不下，其國兵起，人主當之。凡氐為天子宮，罰星入之，宮中不祥之應，所守之國其君死。火逆行氐，失地。一曰多火災。火守氐成句巳者，大人憂，天子惡之。一云：赦，期六月。火逆行入氐，大臣謀反，以其事成。

房：熒惑星干犯凌房，國君有憂，色青憂喪，赤憂兵，積屍成山，黑有將相誅，白芒角火災。（金同占。）房四星，股肱將相位也，五星犯之，將相有憂。火入房三道，天子有子。火入房，馬貴；出房，馬賤。火行房南，旱，若守之，為喪；行房北為水，若守之，為兵。火出中道留也，天子有喪，期三月、四月，天下大赦。火犯房鉤鈐，王者憂。（金同。）火逆行至鉤鈐，王者憂。火逆行至鉤鈐，天子侍臣俱亡。

心：熒惑犯心，戰不勝，外國大將鬥死。一曰主亡。火犯心，天子王者絕嗣。火犯太子，太子不利；犯庶子，庶子不利。

（土同占。）火捨心，大人振旅，天下兵；若色不明，有喪。
（金同占。）火守心，大人易政，主去其宮。火逆行而西
守心二十日，大臣為亂。火逆行守心，泣哭吟吟，王命惡
之，國有大喪，易政。火守心；哭聲吟吟。（金水同。《漢
書天文志》：高祖十二年春，熒惑守心，宮車晏駕。）

尾：熒惑在尾，與辰星相近，天下牢開，大赦。火留尾箕，臣
　　下淫亂。火守尾，歲多妖祥，皇后恐。又曰：人民為變，
　　國易政，兵始動，人君有憂，大臣作亂者，若從大將家起。
　　（五星同占。）火犯守尾，妾為夫人，女主后妃惡之。（土
　　同。）火守天江，赤地千里，人民流亡。

箕：熒惑入箕，穀大貴，天下大旱、饑、死。火出天梁，守箕，
　　大赦。火守箕，燕主有疾。一曰憂內變。火守箕，人主惡
　　之。火入箕中，若守之，天下兵起，吏人相攻，士卒半死，
　　人民流亡，不居其鄉，其國失地。

斗：熒惑犯入斗，為有赦。（五星同占。）火犯斗，破軍殺將。
　　火犯斗，且有反臣，道路阻塞，丞相有事。火入向斗，三
　　月吳王死，二月皇后死，一月相死，不死走出。火入斗，
　　大臣之國內外謀，大亂。火入斗中，國有大亂，兵大起。
　　火入斗口中，大臣反被誅，若相出走。火守斗，赦。一曰

二十人大赦。火守斗，留二十日巳上，宰相出走，既已去之，復還居之，宰相死。火入斗，若守之，所守之國當誅。（木同。）其地有亂君。火入斗，晨出東方，因留守，其國絕嗣。火守斗，為亂為賊，為喪為兵，守之久，其國絕嗣。（《漢書天文志》云：孝武元鼎中，熒惑守斗，其後越相呂嘉殺其王及太后，漢兵誅之，滅其國也。）

牛：熒惑入牛中，四月，越王死，糴大貴。火守牛，民餓，有自賣者，多火災。火守牛，有犧牲之事，有反逆者從中起，有走軍死將，期一年。火犯牛，留守之，有破軍殺將。（金犯牛同。）

女：熒惑入女中一旬，王后死，布帛貴，天子內美女。不然，兵甲起。火守女，皇后病疾，宮中有火災。火留逆行犯守乘凌須女，天子及大臣有憂，必有號令。

虛：熒惑入虛中三月，齊王死；八旬，相死，不死走出。火入虛，天下有變，諸侯有死者，有罷軍破將，天下更政令，期一年。火捨虛，天子喜，賜諸侯。又曰：捨天府門中央，天下赦。火守虛，赤地千里，人相食，將軍兵發，天下更令。火入虛之而犯之，天子自將兵，流血滿野，必有亡國死王，期一年。

危：熒惑入危，大赦天下，賊臣起。火捨天府下，天子賜諸侯王；捨門中央，天下赦。火出入留舍危，其國繕城郭而起兵。火守危，大臣為亂，大國有憂，人民為憂，國易政，不出其年，天下疾死者不葬。火入危守之，諸侯王謀大兵起，天下有憂。若土功。守上星，為人民死；守中星，諸侯死；守下星，大臣死。期一百八十日。

室：熒惑犯室，以賤人為役。火入室，大臣匿謀，齊國有兵，諸侯人民多死，歲不收，期十日。火逆行室，環繞之，三十日，有破國；六十日不下，有崩主，若太子死，期一年，中二年，遠三年。火逆行經犯室，臣謀兵起。火入室中，天子宮也。留二十日已上，天子惡之，期不出十月中。經云：大臣伐主。火守室，天子為軍自守者，有水災糴貴。又曰：守三日，王者崩，及立王。火入室，守天宮四十日，天子轉粟千里，各虛其捨。火守室離宮正東為父，守正西為母，守正北為妻，守正南為子，守正捨星為身。其言赫赫，某國離易，近期三年，遠期五。

壁。熒惑入壁中三月，衛國君死，入五月，相死，不死走出。（二十八宿同有此占。）火守壁，為天下兵起。一曰狄起。（木同。）火入壁留守之，有土功。

奎：熒惑入奎中，人多疾。火入奎中三月，魯主死；入旬，相死，不死相走。（二十八宿同占。）火入奎環繞之三十日，相死；三月不行，其國王死，不死走出，期三年。火守奎，移動進退，為赦。又曰：天下大水，民多死。火守奎二十日已上，大臣有謀國，有兵。若有死王，加兵於魯國之地，期一年。

婁：熒惑入婁而守之，天下有聚眾，兵大起，車騎用，必有死君走相，天下不熟，民饑，非一國。若山林有大盜，道路阻塞，期一年，遠二年。火入婁，成句已，國有焚燒倉庫府庫之事。若逆行至奎，大兵起，臣謀將軍為亂，期不出年。火守婁，卒人病，大小金銀貴。火入守婁，其國坐之。一曰：守三十日，其國君有憂。

胃。熒惑入胃二十日，天下有兵敵，倉廩粟出。火守胃，其年旱饑，民多疫，王者行仁則吉，此火剋金，以禮教義天下，無咎。火入胃而守之，三十日不下，趙地大急，人民半死，大兵起，客軍敗，主人勝，期不出一年。火入若守胃東出，民擾。

昴：熒惑犯昴，若入之，胡人聚中國，匈奴大出，四夷兵起，國有憂。火入昴，天下不安，兵起，有兵，兵亦罷。四月、五月大赦。近期十五日，遠期三十日赦。又曰：不可為客。

一曰：貴人多戮死者。火守昴，無罪者誅。火守昴，胡人
不寧。火入昴，已去復還守之，有臣為天子破軍匈奴者，
期三年。火犯昴，胡民疾病。一曰有赦，獄訟疑，出囚。

畢：熒惑犯畢右角，大戰；犯右畢角，小戰。凡五星犯畢，有
邊兵，刑罰用。火入畢中，國君自衛守。火入畢，將相憂。
一曰國相死。火入畢口，有大赦令，期十五日。若三十日，
將相憂。若其國有白衣徒聚，期不出一年。火逆行畢至昴，
期為死喪寇亂。火逆守畢，兵大起，馬頓其蹄；牛運其角，
婦兒磢磢，無所止屬，萬民為其處，饑於菽粟，人人相食。
若其國政不安，其留二十日已上，當有掠者，期七十日，
趙地凶也。火犯附耳，為兵起，若將相有喪憂，不即免退。

觜：熒惑犯觜，其國兵起，天下動移。火與觜合，趙相死。火
守觜，將軍及天下之軍破，牛馬有急行。火守觜，國易政，
天下多不孝，父子相鬥，鐵器貴。火犯守觜，野多反者，
鈇鉞用。

參：熒惑犯參，有將反者，兵火連，四方相射，王者不安，轉
徙宮室。火捨伐，不出三旬，大赦。火守參，以四月守火
入參，金錢發。火與鍾龍並見參中，天子秉政，有戮死臣。

井。熒惑犯井，小有兵，群臣有以家事坐罪者。火以春入井，

赦。火入井，兵起，若旱，其國亂。有兵兵止，無兵兵起，大臣當之。火出北河戒至井，干一星，將軍有野死不葬者；干二星中，幸臣有市死者。火守井，大人憂。火入井，留守井中，天子有火災。火干犯乘守，鈇用，為其國內亂兵起。（金同。）一曰：執法者誅之。

鬼：熒惑犯輿鬼，皇后憂失勢，其執法者戮。火入鬼，有兵喪，金玉用，有大赦，及留守之，物貴，天下大疫，其留二十日已上，兵大起，多戰死者，為宗廟神明事。若民多痢疾，若有女喪，期十日。火入鬼，火賊在大人之側。火守鬼東北，男子兵相殺毒守東南，萬民多死；守西北，為戎兵反逆兵事；守西南，人君惡之。秦漢有反臣兵事，以赦令解之。（土同。）火出入鬼，守成句巳，尊者失宗廟，期六十日，若百八十日。火經鬼中，犯乘積屍，兵在西北，有沒軍死將，又留守之，天子有喪，期以十二月。從西來人守之，下賤多死，有土功事，有德令。

柳：熒惑犯柳，有木功事，若名木見伐者。（五星占同。）火入柳，諸侯有慶賀之事，天下大樂。火守柳，有兵，逆臣在側，天下旱，多火災，萬物五穀不成，糴大貴也。火犯守柳，有遵主為非，亂其國事，若天子以飲食為害，不安

社稷。

七星：熒惑入七星，君有置太子者。火入留捨七星，國失地，天下大亂，若臣下衣服失度。火守七星，有兵，若聚車騎。又曰：社稷傾亡，宮中生荊棘。又曰：治宮室之事。火守七星三十日，其君憂。火守七星，為臣，中外兵，以德令解之。

張：熒惑入張，大亂兵起，六月干之，國空。火逆犯乘張，大亂兵起。火與張合，所在之國不可舉事用兵，必受其殃。（《漢志》云：水合於危同，又水合於斗同。）火守張，法大將有千里驚，大水，五穀貴。一曰：有土功，作役不時，百姓怨謗。火守張，兵起，女主用事，宮中生荊棘。火非其次守張，當去不去，其絕大赤，其國舉兵，從留得其次，不為災殃。火犯張，若守之，天下有兵，宮門當閉，天子有急，女子不安，五穀不成，人民大饑。一曰：火居張，人絕糧。

翼：熒惑犯入翼，車騎無極，四海大兵，民當何息？萬民若饑，當何所食？火逆行翼，不出其年，有軍起，天下大憂。火守翼，若大旱，魚鹽五穀貴，萬物不成。火逆行翼，歲饑，民流千里，有亡國，蛇龍見。

軫：熒惑入軫中四月，楚王死。入旬，相死，不死走出（二十八宿同占。）熒惑入軫，兵盜。一云水旱為害，人民擾動，妖言無實，國政數改，士卒勞苦。火出軫南，民多病；出其北，民多死。火守兩角間，若至軫道，絕出其南，多病；出其北，多死；出其陰，陰伐利，戰勝；出其陽，陽伐利，戰勝。火以十月守軫，三十日車騎發，若居軫中心，天下人盡給軍事，無得居家者。火守軫，旱，水枯阻塞，國多火災，萬物五穀不成。火干犯軫，大臣戮死。

熒惑干犯中外官占第三十

熒惑入五車中，大旱。一曰：留不去，旱。火入五車中，必赦。一云行令法。

火犯守五諸侯，大臣有謀反者不成。（武德二年冬，火入五諸侯，懷恩王謀反伏誅也。）

火守天江，赤地千里，民人流亡。

火行南河界中若守，一曰：守南界，為主旱。火行南河界中，若留止者，為西方兵起，百姓疾病。（木同占。）

火入若捨北河界，天下有覆囚移系。一曰大臣誅。

火守積水，兵起，國有水憂。

火守積薪，旱，多災。

火犯軒轅，御女、天子僕死。火干犯，女主當之。守軒轅五日，兵起。火守軒轅，宮中有誅者，期百二十日內。

火犯少微，賢士有讓善者。火犯少微，人君當求賢德，不則失威奪權勢。

火入太微，天下不安。火犯太微門右，大將軍死；門左，小將軍死。（木同。）大臣有憂，執法者誅。火犯太微東南垣星，天下大饑，近期一年，遠五年。火常以十月、十一月入太微天庭，受制而出行列宿，伺無道之國，罰無道之君，失禮之臣。若干犯左相，左相誅；犯右相，右相誅。守宮三旬，必有赦，期六十日。火入太微天庭，色白潤澤，期一百八十日有赦。

火入帝座，其色白者為有赦。（五星同占。）火觸犯黃帝座，主亡。

填星占第三十一

填星，一名地侯，中央土德，句陳之精，捨樞紐之使也。其性信而聖，其事思而睿，其時四季，其日戊己，其辰辰戌丑

未，其音宮，其數五，其帝黃帝，其神后土，其蟲裸，其味甘，其臭香，其卦坤艮。填星為女主之象，坤之氣也。言福佑信順，所在之國大吉之，為聚眾土功，所在之分，成國君而兵強。土主四季，人君之象，無所不去，故於四時行令，必信而順，以為四行之綱維，猶如地之紀持，以配天成功也。

人君象地之載不可動，苗稼可收斂蓄積，子以成，百穀以養，則填星黃明光潤而大。履道不越，以降人君，百祿萬福，慶順之征焉。填星所處，君聖臣忠，民信物順，則填星光明盛大。祥風至，以出動萬物，人君昌，其國興。人君若不思慮政道，教令不信，以權詐威物，則填星降之不祥，變色微小，其國不昌，大風暴起，傷損百物。猶周公居東，成王不信，而大風拔木，邦人斯恐，若此之變也。

填星主福德，為女主，所在之國有福，不可攻伐之，稱兵動眾。填星黃潤，女主吉。芒角者，有土功聚眾事。色白，女主退亡喪。黑色，人君暗，國敗。赤色，有兵。土與木合，為覆軍殺將，合戰鬥，兵內亂。土木合，其邦饑，戰不勝，亡地，所去之分失地，所入之分得地，益主食。隋二世大業十三年丁丑，林鍾御律，攝提地候，依於參晉。我大唐時，爰發義旗，肇基王業，遂剗平宇內，方舉乾維，再育蒼生，更懸日月。歷

數鍾於中運，符瑞感於黃神，聖德溢於百王，奇功邁於上古，此則參為唐晉之分。填主福聖之征，感天順民，在於斯矣。

　　星平見，入冬至初日，減七日，後九日加一日，以滅平見日及分。畢於氣盡日入小寒，均減九日；入立春減八日，以次氣則降減二日；入穀雨，畢芒種，均減三日，入立夏內減三日，入夏至日內減二日，二十月外畢；小暑五日內減一日，五日外畢。小暑五日減一日，五日外畢，氣盡依平見。自入大暑已後，四日加一日，畢於立秋；自入處暑均加九日；自入白露初日加九日，後五日減去一日，以減九日而加平視日，畢於寒露。自入霜降後，九日減一日；畢於大雪，初見去日十七度。行星法在歲星占內。填星初見，順日行六十分，八十三日行七度二百九十分而留四十八日，乃退四十一分。一百日退六度八十分又留四十七日，而順行六十分廣八十三日行七度二百九十分而伏矣。填星行無遲疾，以象女主持綱紀，不輕變異，遲行以像人君，不可輕違也。

填星入列宿占第三十二

角：填星犯左角，大戰。一日將軍死。土守左角天門，多貴人死。
　　土守右角，天子好遊獵，國亡。土守角，為水，有兵災。

土留兩角間，軍興國庭，關梁阻塞。

亢：填星犯亢，廷臣為亂，諸侯當有失國者。土逆行亢，女主
治政。一曰：從倚亢前，女主非其人，若賤女暴貴。土守亢，
五穀傷，人流亡。土守亢，四海且安，君貴禮義。土守犯
亢，逆行不順，失其色，大臣不用。

氐：填星逆行氐，女主不當居宮。土犯氐左星，左中郎誅死；
犯右星，右中郎誅死，期三年。守氐星，有拜賀太子。一曰：
賤人女有暴貴者，若有土功之事。土守氐，有赦令。土守
氐，即歲安。色赤，有分裂地之君，四夷不服，天下大疫。
土守氐，天下必有亡國死亡。

房：填星犯守房，成句巳，天下相誅，夫人喪。土入房三道，
為天子有子。（火同。）土守房左右，去復還，庶子秉國。
土守房，國有女主喜，大赦，其國有兵發，有反逆臣，大
人喪，天下易政令。土守鉤鈐，王者失天下。土犯鍵閉，
王者不宜守宮下殿。魏齊王正始九年七月癸丑，土犯鍵閉，
明年，車駕謁陵，司馬懿奏誅曹爽等，天子野宿，於是失
勢矣。

心：填星犯心，王者絕嗣，犯太子，太子不利：犯庶子，庶子
不利。（火同。）土在心，人主貴清虛。土守心，其國相死。

土守心，人主任賢。土犯乘凌心，天下大赦。土中犯乘凌心太子位，太子憂；犯少子位，少子憂。（五星同占。）土守心，義士多烈節，庸夫立義也。土守心，太子反。土守心，太子庶子出。色光明赤黃，吉，有賜賀之事。土逆守心成句巳，若環繞之，其國內亂，天子惡之，以赦解之，期六月。

尾：填星逆行入尾箕，妾為女主。若星黃，後有喜，若立後。土守尾，芒角動，更姓易政，天下不安，其國兵起。土犯守尾，為夫人女主妃後惡之。

箕：填星犯箕，女主有憂，為天下大赦。一曰大亂。土守箕，后妃貴人大喜，若立王。一曰凌發，後宮有亂。土出入箕留守之，九十日，人民流亡，兵大起，期一年。土守箕，多雨蟲，必有空國死王，客水至，小兵。

斗：填星亂行入斗，且失地，使之不然，無淫於樂，無見諸侯客，無所出遊，如此即止。又曰：入天庫，以喪起兵國中。土逆行斗，地動。土犯斗，先水後旱，若守之一旬，名水有溢者。不然，則有暴水出。土守斗，國多義士。土守斗，大臣逆，奸民賊子，欲殺其主。又曰：在陽，田宅賤；在陰，田宅貴。

牛：填星逆行牛，女主為奸為賊。土乘牛，為人相棄於道。土
守牛，諸侯多忠烈，大赦，天下有急。土守牛南，為天子憂；
守牛北，為美人憂。土守天關，氣洩，貴人多死。土守犯
牛，土功事。

女：填星入女，有女喜。土犯乘女，人民相惡，有女喪。土宿
女逆行，變色不安明，女主不親幸。土守女，多妖女。朝
臣幸上。土逆行留守凌女，天子大臣必有變令苛政。

虛：填星入捨虛中，有赦德令，大人憂，天下大虛。土守虛，
天下亂，政治急，王出。入留捨虛之中，且有急令，行未
當至而至，有客兵，不過五日而去；當至不至，其國且用
兵。一云兵起。土守虛之中，水且為急，進而守之，有客
兵，斧鉞將用。土入虛，犯守之，當有急令。星行疾而入，
必有客兵，斧鉞用，不出其年。

危：填星入危，天下大亂，若賊臣起。土出入留捨危，其國破
亡失地，必有流血，其國空虛，有死王，期二年。土守危，
天子弋獵，天下儉。土入危留守之，其國破亡，有流血，
將軍戰死，亡地五百里，必有徙王，期三年。土守墳墓，
為人主有哭泣之聲。

室：填星居室，關梁阻塞，出入操持節，貴人多死。土犯室，
　　犯陽，為陽有急；犯陰，為陰有急。土宿室而逆行，女子
　　自恣。土守室，色黃白，女有分離賜邑而去者。土守室南，
　　主賜金寶。土守室，為大人惡之，以赦解之。一曰太后夫
　　人憂。

壁：填星逆行壁，女主干治。土守壁，遠國獻珍寶。土逆行壁，
　　成句巳，其國必有大兵、土功之事，期六月。不下，天子
　　有立王。

奎：填星入奎，以喪起兵。一曰國有水事。土潤出奎，有善令；
　　變色入其奎，有偽令來者；若出奎，有迫令出使者。土逆
　　行奎，女主為賤。土守奎，天子誡在邊境，不可遠行、將
　　兵出。

婁：填星入婁，五穀豐熟，人民息，天下安。土入留捨婁，天
　　下且起兵。一曰外國兵來入。土逆行守婁，三十日不下，
　　女主出入不時，女主謁行。若守之九十日不下，有奸臣謀
　　主。土出入婁，六十日不下，用兵三年。至十日，小旱，
　　秋有兵，禾稼不成，歲有霜。

胃：填星犯胃，臣為亂。土在胃陽，女主不用事；居其陰，女
　　主死。土出入留捨胃，九十日不下，客軍大敗，天下小憂，

兵不用。土守胃，歲穀大貴，動搖天下有兵。土逆守胃，若成句巳，天下有兵。六十日不下，士卒大饑，軍大敗；九十日不下，鄰國有暴兵來伐中國，期不出一年。土犯守胃，天下倉有繕者，當有憂殃罰。

昴：填星入昴，胡人為亂，若胡王死，將軍出兵，當有流血，兵起東北，不出其年。土逆行入昴，女主飲食過度。土守昴，天下民貧，人不得飽。土守昴，皇后憂失勢，王者以赦除咎。土守犯昴，天下有福。土中犯乘昴，若北者為陰國有憂，若胡王死。（木水同。）又曰：兵北征胡。又曰：為白衣之會。出其北，為儉有憂。

畢：填星出其北，為陰國有憂。土入畢口，大人當之。土守畢，人君為下所制，政令不行。土守畢，邊有軍降，王侯受賀，若有大赦。土犯附耳，兵起，有將相喪憂，不即免退。（火同占。）

觜：填星犯觜，其國兵起，天下動移。土入觜，其國兵起，天下國中有兵。土守觜，國有謀反者，四方容動侵地，君王崇禮以制義，則國安，天下寧。（金同占。）土守觜，所出之宿，其國亡地；所入之宿，其國得地。

參：填星犯參，國有反者。土逆行，若留止衡中者，為兵革起。

土守參，天下有大喪。土守參，大人出使，天下治城，奸臣謀主，有外兵。土守參，為後夫人當之。行陰，為水災，五穀不成。

井：填星入井，大人憂之。行陰，為大水，五穀不成。土當在觜而去居井，亡地。土入留捨井，三十日不行，水且大出，流殺人民。土守井，為旱，赤地千里，不出九十日，有赦。土犯守井鉞，大臣誅，斧鉞用，有兵起。（五星同。）土入井鉞，王者惡之。

鬼：填星犯鬼，其人君有戮死者。（五星同。）土犯天屍，皇后憂失勢。土入斧鉞，王者惡之。土捨鬼中央，赦。土守鬼西南，為秦漢有反臣，以赦令解之。土入若守鬼，為王者憂，財寶出，亂臣在內。若大臣誅，有干鉞乘鑕者，人君憂，金玉用，人民多疾。南入為男，北入為女人，西入為老，東入為丁壯。木倍貴。土干犯守天屍，隨所守，王者惡之，不出七十日，其天下國大喪，陽為人君，陰為皇后，左為太子，右為貴臣。

柳：填星入柳，若不以正道而入之，其國有旱，不則有火災。若逆行入之，地大動，山崩。土出入留捨柳，有急令，三十日。土守柳，天子誡飲食，食官欲殺主。土星守柳，

為反臣中兵也，當以德令解之。（水同。）土守柳，女主敬祭祀。一曰多水災。

七星：填星出入留守七星，其國五穀大貴，守五十日不下，有兵起，負海國大敗。土守七星，有遷王。一曰有立後。

張：填星入張，天下大道去，阻關梁，宗室惶惶。土留捨張，為陰陽盡，民流千里，魚鱉死於陰道，民憂疾賊。土守出入留捨張，車盡出，其秋冬仲月土功事大起。土守張三日，其事微；守之三十日，其事大。其國諸侯謀慮，大臣伏法死。土守張，多盜賊，人民相惡，兵起。土守張，兵大起。一曰有土功事。

翼：填星逆行翼，女主亂朝。土守翼，有反臣中兵也，（柳同。）若有土功事。土守翼，王者承德，君臣賢明，六合門同氣，天下和平，禮樂大興。若守一年，十年豐。一曰女有喜者。土守翼，後夫人有喜。（火占同。）

軫：填星入軫中，候出日而數之，期二十日，為兵發，伺始入處而數之，率一日期十日，軍罷。土出入留捨軫，六十日不下，必有大旱六月。一曰不出三年，河海盡空。土守軫，土功大起，國有白衣之會，必有亡地千里，不出其年。土出入軫，若守之，兵大起，有憂，江河當竭，天下大旱，

禾稼死傷，人民大饑，期二年。填星干犯軫，國有死喪，人主惡之。

填星干犯中外官占第三十三

填星入天庫，以喪起兵國中。

土乘南河界，若出南，為中國。土守南河，蠻夷兵起，邊界有憂，若有旱災，人民憂饑。

土入軒轅干犯，女主失勢，有憂喪，地裂，大臣有放逐者，五官有不治者，色悴，為憂為病，其所在干犯乘守者，有誅若有罪。土守軒轅，天下大赦。土守軒轅，天下大亂，後宮破散，改政易王，人主以赦除咎，期三年。

土入干犯守少微，為宰相易。又曰為女主有憂。（水同。）土入干犯乘守少微，為五官亂，宰相有憂。（水同。）

土犯太微，女主持政，大夫執綱。

土出東掖門，為相受命，東南出，德令事也；出西掖門，為將受令，西南出，刑罰事。（月同。）期以春夏，入西掖門，出東門，皆為人君不安，慾求賢佐。入中華西門，出中華東門，為臣出令。入太陰西門，出太陰東門，皆為天下大亂，有喪，

若大水。（月同。）

土守太微宮五帝座，必有破國易世立王，土入太微，干犯黃帝座，女主執政，用威勢。

土犯天街，中外不通，四夷為寇。

乙巳占　卷第六

太白占第三十四

太白，一名天相，一名太正，一名太皥，一名明星，一曰長庚。西方金德，白虎之精，白招矩之使也。其性義，其事言，其時秋，其日庚辛，其辰辛酉，其帝少昊，其神蓐收，其蟲毛，其音商，其味辛，其臭腥，其卦乾兌。易曰：說言乎兌，戰乎乾。是故太白主兵，為大將，為威勢，為斷割，為殺害，故用兵必占。太白體大而色白，光明而潤澤，所在之分，兵強國昌；體小而昧，軍敗亡國。

太白主秋，人君當秋之時，順太白以施政則吉，逆之則凶。是故可以秋日賞軍帥武人於朝，命將選士厲兵，簡俊練傑，專任有功，以征不義，誅伐暴慢，而明好惡，以伏遠方，完城郭，

修器械卒乘，校田獵，習五戎，三令五申，以圖軍事，則太白光而潤大，順行軌道，其國兵強主昌，太白之見也。以其時修法制，繕囹圄，具桎梏，禁奸邪，務執縛，察獄刑，戮罪過，斬殺必當，無留有罪，不留無式。枉撓不當，人君大臣受其咎：施制合時，則太白伏見以時，進退如度，稱兵及伐必剋，四夷賓服。又於秋時，人君當審法度，養衰老，受幾杖，築城修垣，完困倉；務收斂，納蓄積，無出宿藏，無列土授封以傷秋收之氣，太白喜而光澤，國民強矣。凡舉大事，無逆天數，必順時因類，則太白降之威，而奸盜自息，而戎狄賓服矣。天數建時，政不以類，則太白經天晝見，國易政，四夷內侵，中國亂，失道者亂亡矣。

　　若以秋時行冬令，則辰星之氣干之，太白色黑而芒角，陰氣大勝，戎兵來，風災起，多盜賊，邊境不寧，地震坼，而國有大喪重獄。以秋時行春令，則歲星之氣干於太白，青而昧，小國旱，君有大憂，陽氣遲，五穀無實，雨不降，歲旱，不榮不時矣。若秋行夏令，則熒惑之氣干於太白，色赤怒而兵起，國多火災，寒熱不節，民多瘧疾。蟄蟲不藏矣。若行令得以其時，白色而光潤，無錯逆矣，而兵強可以攻守矣。太白從軌修度先時者，國有應變多擁之將，從革而應機改易也。太白主義人斷獄，治軍旅境以使民，倉稟盈實，則太白明靜而國治也。

若獄訟不理，弋獵非時，政教逆天，太白芒角動搖，而盜賊群行，兵騎滿野，攻守不息矣，兵旱並起。夫秋主義，義者理財正辭，禁民為非者也。

凡用兵之要，必占太白，以金精大將之位，兵之象。太白出入，兵順之吉，逆之凶。

太白出高，用兵，深入吉，淺入凶，先起勝；太白出下，淺入吉，深入凶，後起吉。

太白晝見，有兵兵罷，無兵兵起，不出六十日。出東方，始見為德，月未盡三日，在月南得行，在月北失行，是謂反生，不有破軍，必有屠城，北國當之。

太白出東方，月盡三日，太白在月北，負海國不勝；在月南，中國勝；在月北，中邦敗。

太白失行南，謂金入火，有兵罷。

太白出西方，為刑。

月生三日，太白在月北，負海戰勝：在月南，負海戰敗。

太白與月相夾，有兵。容三指，有兵憂；容二指，有憂城，有偏將之戰。

太白與月出，城守者援城。

太白與列宿相犯，為小戰；與五星相犯，為大戰。

太白出南，南邦敗；出北，北邦敗。

金出東方，為德事。用兵，左迎之吉，右背之凶。太白出西方，為刑舉事用兵，右迎之吉，左背之凶。

太白守斗七日，夷狄侵。

太白入羽林，軍兵起。

太白蝕昴畢，胡可滅。

太白光影，戰不勝，將軍死。

太白變色，隨方向所在戰勝，色青，東方勝也。

太白入月，四日候之，其傍有小星附出。若去尺餘至二尺，客軍大敗。有死將，軍在外；傍有小星，去之一尺，軍罷。

太白色白而角，文也，不可以戰；金色赤而角，武，可以戰也。

太白與木合光，戰。

太白應出不出，應入不入，此謂失色，不有破軍，必有死將，所受之邦，不可以戰。不當出而出，未當入而入，天下兵

起，有敗國受者，不可戰。

太白始入，入十四日而復出，軍戰死，入七日而復出，相死也。

太白始出小後大，兵強。太白，有兵戰吉，不戰凶，順而擊之吉，逆之凶。

太白行遲，用兵遲吉疾凶；行疾，用兵疾吉遲凶。太白出則兵出，入則內兵，戰有勝。用兵象太白吉，逆之凶。赤而戰，白而角為喪。

太白在東方，與月並出，准之指間。容一指，期入十日，有軍，軍破將死，主人不勝；容二指，期十二日，軍大敗，主人亡地；容三指，期十六日；破軍死將，王者亡地；容四指，期二十五日，客軍大敗；容五指，期三十日，軍陣不戰。

太白夕出西方，月始出三日，與月並出。其間容一指，軍在外，期十日，有破軍，將死客勝；容二指，期十五日，有破軍死將，主人勝；容三指，期二十日，有破軍死將，客軍大勝，主人亡地；容四指，期二十五日，客入境，主人不勝；容五指，期三十日，軍陣不戰，並出者占，不並出者不占。

太白一東一西，害侯王；一南一北，兵乃伏。

太白犯房，戴麻森森；犯畢角二宿，戰流血；犯左角，左將死；犯右角，右將死。

太白在填星北，天子失土。

五星及太白守畢中，國亂，大人當之，國易政。

太白、熒惑、辰星，守心，哭聲吟吟。

太白入月中不出，客將死。太白入月中，而星見者，臣殺主。

月蝕太白，國君戮臣殺主。

太白經天，不出三年，必有大喪，大臣有殃，軍事。

太白出，辰星不出太白，為客善，主人雖兵強不戰。辰星出，即以太白為主人，有主無憂兵戰。

金水俱出東方，東方同勝，西方國大敗。

辰守太白不去，大將死，辰星居太白前，二日軍罷。辰星出太白，小戰；南三尺，軍約大戰。太白進，則兵進。

辰星太白俱出西方，西方國勝，東方國敗。各出一方為格，有兵不戰。

辰星太白俱出而合宿，乃戰。異宿者，兩軍雖近不戰。

太白出未高，敵深入者可敵，去勿追。太白出高，敵深入境，勿與戰，去亦勿追。

太白入西方，未出東方。東方、南方起兵者勝，得地。其後主敗將死。太白入東方，未出西方，北方兵起者，身死亡地。

太白主秦國，主雍涼二州。太白大，秦晉國與王者兵強得地，王天下。

太白赤角則兵戰，白角兵起，黑角兵罷，青角憂。太白圓有喪，芒角，隨芒所指，兵之所起。

太白晝見，為兵喪，為不臣更王。強國弱，弱國強。

太白晝見，亦為大秦國強，各以其宿占，其國有兵。

太白犯五星，有大兵；犯列宿，為小兵。

太白犯熒惑，為大戰。太白在南，南國敗；在北，北國敗。魏青龍二年五月丁亥，太白晝見，積三十餘日，以晷度推之，非秦、魏，則楚也。是時諸侯使諸葛亮據渭南，與司馬懿相持，孫權寇合肥，又遣陸機孫皓等入淮。帝親東征，蜀本秦地，則為秦魏及楚兵俱起。

月與太白相犯，人君死，又為兵。

太白當見不見，是謂失捨。不有破軍，必有死王簒其國。《宋志》云：晉咸寧四年，太白應見不見，至青龍五年十一月，羊祜伐吳，太白始夕見西方，而卒滅吳。當見不見之應。

太白入列宿占第三十五

角：太白犯左角，大戰，不勝，將軍死。金守角一尺，十六日，太子驕溢，國都圍，大人自將兵於野，民多疾疫，金守角為兵。其守色黃，大臣益地；色赤，臣欲反其主。金逆行左角間，有刺客，天子慎之。金守左角，群臣有謀不成，有其家坐罪。

亢：金入亢，中國有兵。若行疾犯凌而有芒角，朝廷貴臣有戮者，一百日，遠八月。金星數入亢，其國疾疫。金守角亢，為兵，大人自將兵於野。金守亢，收斂用兵，以備北方。金逆行犯亢，為兵逆臣亂，人君有憂。

氐：太白犯氐左星，左中郎將誅死；犯右星，右中郎將誅死，期三年。又云：五星犯左右星數。（金同用。）金入氐，天下大疫。一曰有兵。金守五星同守之，加兵其國。

房：金入房成勾，為天子忌之，赦解之。金刺房心，皆正，不

失儀，失則為變。金犯凌房，國君有憂。色青，憂喪；色赤，憂兵，積屍成山；色赤黑，有將相誅；色赤芒角，大喪。（一云：五星同占。）金守房，國大喪，大臣有戮死者，為良馬出廄，臣益君命，臣脅君，天下易主。大人喪，有反臣，大臣當之。金逆行守房，群臣戴麻鏘鏘。金犯守房。為天下相誅。犯守鉤鈐者憂。

心：金守心三寸以內，帝統於兵，將軍亡。（五星同占。）金中犯乘凌心太子位，太子憂；犯少子位，少子憂。金守心，天下大怪，金逆行守心，環繞成句巳，為大人忌，以赦解之。金中犯乘守心，為大戰不勝，將軍鬥死。金犯守心，兵起，國相為亂。一曰：大臣當之。

尾：金犯尾，人民憂，國易政。金守尾，宮人有罪者為亂，多水災，五穀不成。金出入留守尾，兵起於野，士將滿道，不行，國乏糧。金留守尾，犯乘凌尾，皇后有珠玉簪珥惑天子者，讒諛大起，後相貴臣誅，宮人出走，兵起宮門。

箕：金犯箕，女主有喜。金守箕，大人位久守，多土功事，多疾疫，天下有兵。若動，天下有兵動，天下無所定計。

斗：金犯捨南斗七寸，陰乘陽，小人在位。入斗，將軍戮死，國易政，期三年，將相有黜者。一曰：有被殺者。亦為天

下受爵祿，期六十日，若九十日。金犯守斗，國有兵事，大臣有反者誅。金犯斗留守之，破軍殺將。

牛：金入牛，為天下牛車有急行。金入牛，留守之，大人憂死，將軍失其眾，關梁阻塞，民饑，有自賣者。金守牛，兵革並起，期六十日。又曰：妖言無已。金犯守牛，國有大兵，將軍為亂，大人憂，國易政。金犯牽牛，留守之，為有破軍殺將。

女：金犯須女，布帛貴，軍起。金去須女一尺而守之，天下多寡女。金出入留捨須女，棺槨貴，其國有兵。金守須女，王者發帛絲綿，庫藏珍寶出。金守若入須女中，幸臣與女亂。太白守須女，妃謀主，兵發內起。金入須女留守，有女喪，大臣謀生。金逆行留守犯凌須女，天子及大臣有疾，女有政令。

虛：金入虛，不出九十日，有大赦天下。金入虛，國多孤寡。

危：金守危，去之一尺，諸侯無忠者，以讒言相謗，若有黜者。金入危，犯守之，為天下有急事，兵大起，國有憂，兵有加，齊國亡城。

營室：金去營室一尺守之，威令不行。金入室犯之，天下兵滿

野，人主威令不行，六十日不下，將軍死亡。金守營室，天子及妃後與臣謀，兵起於內。金守室，為大忌，以赦解之。

壁：金去東壁一尺，諸侯用命。金守壁，右武並行，衛士用兵，大人當之。金守東壁，天下有軍不戰，大臣向正。金犯守壁，且有兵喪。

奎：金入奎中，大水橫流，不出百日。金守奎，兵起出。一曰：聖人出；一曰：徭役大起，國有匿謀，不過歲中；又曰：大軍戰死，若戮死，期九十日，國有流民；又曰：赦，為王者憂，大人當之。金犯守奎，外兵來入國。若出奎一尺，四夷共理中國，期四年。

婁：金順行入婁，子歸其母，政令和平，國有喜。金去婁一尺，爵祿貴。金出婁，天下起兵，秦國以發兵加於魯之城。金守犯婁，赤色，其鄉吉，將軍和平，天下有喜。

胃：金犯胃，色赤，五十日不下，其國大敗，有亡主，期不出年。金入胃二十日，兵起流血，五十日不下，兵見，百里流血，後月赦，色赤如火，兵起流血。一曰：青黃，有德令。金逆行守胃，成句巳，其君死，大臣有誅。若去一尺，燕趙大饑，人相食，百八十日。

昴：金犯昴，旱，天暑，兵起，近期一年，遠期五年。金入昴，
　　天下擾，兵大起，期五十日。金入昴中，大赦，近期十五
　　日，遠三十日。金行疾，期近；金行遲，期遠。入昴，大
　　憂，國易政，兵大起，有流血千里，主命惡之，不出其年。
　　金守昴，四夷有兵事。金逆行守昴，入下擾之，民多有下
　　獄者。一曰：大臣有獄死。金入昴，若出昴北，若犯乘守，
　　胡王死。

畢：金犯畢出北，陰國有憂。金犯畢口，大兵起，邊兵敗，一
　　歲罷。亦刑罰事。金犯畢右角，胡兵大戰。金入畢口中，
　　有女喪。一曰：將當之，君有大憂，大人惡之。金在東方，
　　入畢口，車馬貴，易政。金守畢，勞其兵，亂。金犯守畢
　　附耳，國讒亂，佞臣在主側，以敗獵惑主者，若相有善。

觜：金守觜，其國兵起，天子動移，大臣當之，國易政，兵起，
　　斧鉞用，期九十日。金守觜，當溫反寒，當寒反溫，當雨
　　反晴，當晴反雨。四方客兵動，侵地，為君崇禮制義，則
　　安國。金居觜，君臣和同。金守觜，萬物不成。一曰：民
　　多疾，大變。金守觜，天下兵起，人民相謀。

參：金犯參，兵將行。金犯參右肩，有大戰，右將憂；犯守左肩，
　　亦有戰，左將憂，若大臣當之，將軍死。金逆留止中衛，

兵革起。金守參，有兵，天子之軍破，牛馬有急行。金守
參，有赤星出中，邊有兵。金犯守參伐，大臣為亂，車騎
發令，皆兵起急。

井：金犯東井，人主浮船，五星同占。金犯東井，將軍惡之。
金入井中，大人衛守，國君失政，大臣為亂，兵大起。金
犯中乘守東井，為其國內亂兵起，井鉞干之，兵起，斧鉞
用。

鬼：金犯鬼質，將戮。金入鬼，為罪斬大臣，兵起，主旱。金
入鬼，亂臣在內，有屠城。出入留捨鬼，五十日不下，民
疫死而不赦。金行守鬼，成句巳，若環繞之，國有死王，
大臣有戮，王者不行，人民死者大半。金久守鬼，病在女
主，其留二十日以上，有喪，期八月。

柳：金入柳，兵大起，有益地者。金逆行入柳，成句巳，下刑
上，臣謀主，人有怨仇，多暴死。金抵柳一尺，國有忠臣，
專命無患。金犯守柳，主有急兵。若有變更之命，下凌上，
君弱臣強，奸臣賊子，謀殺其主。金守柳，大將軍出。

星：金犯七星，為臣亂。金入七星，有君置太子者。金經七星，
民非吾民。一日：當有詐為王者。金守七星，二十日已上，
急兵事。金守七星，二十日已上，至三十日，大將出。

張：金乘犯張，三日已上至七日，將軍內反，賊臣在側。金守
　　張，其國有兵，謀不成，天子以空發兵。金守張，為反臣，
　　中外兵，以德令解之。（五星同占。）金犯張，兵革滿野，
　　天下易政。金犯守張，下凌上，君弱臣強，奸臣賊子，謀
　　殺其主。

翼：太白入翼，天下兵塞。金守翼，為萬物不成，人民流亡。
　　守翼三日已上，為大亂，有大風。

軫：金犯軫，其國兵起，得地。金出入留捨軫二合，為楚府庭。
　　太白，秦國之星也，主之。金行軫，客來過楚矣。金守軫，
　　兵大起，有亡地千里，恐有喪兵，有人謀欲伐上者。入軫
　　中，兵起，國易政。及有自來諸侯王受命於王者，男子有
　　封爵之慶。士卒有征伐之役，諸侯應之，魏以位禪。（晉
　　時太白入軫，及留度進退於午之間二十餘日。晉伐吳之年，
　　太白入軫。）金入守軫，兵大起，國易政，亡地千里。若
　　有大喪，士卒有遠征之役，吳楚當憂兵，期三年。

太白入中外官占第三十六

　　金入五車，留不去，秦國金玉貴。一曰：兵大起。一曰：
萬人已上入國，以宿占其國。

金乘守天庫，中國兵所向，無不勝。有自來王，將其人民中國，國有大喜。

金守南河，天下難起，道塞。

金犯五諸侯，與兵者亡國。

金犯南河戒，邊兵，臣有謀，若兵起，夷狄君憂，若毀亡。

金犯軒轅御女，天子僕死。金入軒轅中，犯乘守之，有逆賊，若大災。犯軒轅大星，女主憂。

金出東井，犯必有白龍出左右。

金入少微，君當求賢佐，則失威奪勢。

太白犯少微，名士有憂，王者任用小人，忠臣被害者死。

金犯太微，立受事期，命奪號滅衛為期。金犯左右執法，執法者誅，若有罪。金以庚子順入太微天庭中，天子所使也；不以庚子日，非天子之使。金當太微門，為受制，左執法為受事，右執法當為受事，守太微門三日已下，為受制，三日已上，為亂、為賊、為饑。

金入太微宮，抵黃帝座，有兵在中，五星觸坐，君賊死。

辰星占第三十七

辰星，一名安調，二名細極，三名熊星，四名鉤星，五名司農，六名兔星。北方水德，玄武之精，葉光紀之使也，其性智，其事聽，其時冬，其日壬癸，其辰亥子，其帝顓頊，其神玄冥，其蟲甲，其音羽，其數六，其味咸，其卦坎，為月，為刑獄、險阻，故辰星主刑獄。所在之宿，欲其小而明則吉，而刑息獄靜，百姓安。若大而光明，則刑亂獄興，人民險害，有阻守之象。辰星所在，其國有權智，用兵為主。

人君當以冬時，修辰星之政，恤孤獨，察阿黨，謹蓋藏，修積聚，培城郭，戒門閭，慎管龠，固封疆，備邊境，防要害，慎關梁，不為淫佚，命將帥講武，射御角力，節事省己，則辰星順度。人君若淫佚非道，縱恣外戚，不禁近習，不恆獄刑，起眾發征，開洩藏氣，則辰星失行，伏見不常，伏見而有芒角矣，則民疾疫隨之，以喪亡，國不昌。

人君以冬時行春令，則歲星之氣干之，辰星色青，君憂刑獄動，生死不當，地凍不密，氣洩，人流亡。來春蝗蟲為災，水泉竭，民多疥癘胎夭，多痼疾，斷官凶；以為冬行夏令，則熒惑之氣干之，辰星色赤而小昧，刑禍並起，兵旱，國多暴風，冬不雪不寒，氣霧冥昧，雷發聲矣；以冬行秋令，則太白之氣干之，辰星色白，則威刑並作，獄訟軍旅，同時而興，霜雪不

時小兵起地，侵四鄙八堡矣。今逆時，則辰星不軌，錯逆動行，降之以刑誅，大臣刑戮作矣。命得時，則獲詔矣。自辰星降之以治矣，民靜而國安，軍威而邊固，無危難，人君聽察是非，智慮聽審，刑戮當其儀，允則辰星明光，小國順道降治矣。若君聽讒言，任佞，刑戮無辜，獄訟停滯，其儀不當，則辰星垂芒，氣暈不明，天降刑戮，人亂矣，國者不昌。

　　若用兵，辰星出東方，色白即勝，外邦敗；出西方色赤，西方勝，中國敗，無兵。辰星色黃，有福。辰星有角，小戰。辰星色黑三芒，有罷兵，天下無兵。辰星太白出西方，水居金星前滅，日在西北，陰邦有兵，謀以戰，主人勝；在西南，陽有兵，謀在外戰，客勝。辰星與太白在西南，南方事；在西北，北方事；正在酉，陰國事；正在卯，陽國事。辰星與宿星合，為亡地。五星與辰星合，為將死；水土合，為覆軍，軍合斗，為戰無兵，內亂。水出東方，大而白，天下有兵、有水。水金俱出東方，皆赤而角，中邦敗，負海國勝。水入月中，人主敗戰、亡地。金水旗出，破軍殺將，客勝。視旗所指，以命破軍，水環繞太白，若與斗戰，客勝，主人吏死。水遇金間可成劍，小戰客勝。太白去三尺，軍急約戰。水色黑三芒，天子有兵，一時再見，則有軍在外有罷。水在金北出，利主人；出金南，利客。辰星水性，平而且智，故主刑獄焉。辰星伏而不見經時，

斷獄者失理矣，人君察之。辰星伏見以時，斷獄平矣。辰星怒芒角，有暴獄，不則水損城郭，傷嘉苗。

辰星入列宿占第三十八

角：水乘左角為旱，乘右角為水。一曰：為水、兵戰。水守角，王者刑罰急。水守角，大水滂滂，人民往來，舟船相望。留兩角間，關梁阻塞，軍有興國庭者，邊戎阻塞。

亢：水入亢，其國病疫。水守亢者，國有憂，天下大亂。水守亢，逆行不順，其色明大，政未行。水逆行守，為中兵。一云：五星守亢為中兵。

氐：水入氐，貴臣暴憂，法官有獄事。水乘氐右星，天下有大水大兵；乘氐右星，天子有自將兵於地野外。

房：水入房十日，成句巳，為大人惡之，以赦解之。水守房，天下水火起，不則有兵。水守房，為胡兵發。水守房，有白衣之會。

心：水守心，以水滅火，三日不去，主服藥酒，忠臣相戮，山川大潰，水溢滂滂。水守心，大水滂滂，天下失綱。水守心，為火，時多盜賊，人民相惡。水守心，天下大敗，易

主姓氏。水守心，大臣戮主，水逆留犯守乘凌心，王者起，內賊亂，臣下有謀易位天子者，權宗室得勢大臣。

尾：水入尾，天下大水，江河決溢，魚鹽貴三倍。水入尾天江，天下水。水守尾箕，後宮有省罷者。一曰：後宮有罪者。水守尾，大饑，人相食，民異其國，君子賣子，妃后亂。

箕：水入箕，天下大赦。水入箕，大人當之。水守箕，若動角芒，貴者有棄，自相滅。水守箕，七日以內禍災起，若有疾風解之，消。

南斗：水入南斗中，大臣誅。一曰：不用兵眾而有天下。水守斗，有兵，赤而角，天下敗；白而大，裂地，相賄賂為利；異而小，其國亡。水守斗，有兵，易政改朔。水留南斗，所守之國當誅。

牽牛：水入牛，五穀不成。水守牛，水湧為敗久，牛多死。水守牛，臣謀其上。水常以冬朝於牛，當朝不朝，名曰失律；二時不朝，名曰失政；三時不朝，名曰五穀不登。

女：水入須女守之，其國當娶婦嫁女事，若他國來進女者。水守女，為萬物不行。水守女，為後夫人有變，妾立。水守女，女主御世，天下大赦，其國水，國大亂。

虛：水犯虛，其邦多水災。水守虛，政令急，天下大亂，天下虛，
　　大人憂。水守虛，若角動青色，臣有欺君者，有兵喪於國
　　內。水守虛，有女災，丁壯行徭，妻子獨居，萬民坐虛。

危：水守入危，奸臣謀。水守危，有大水，有大喪。水守危，
　　皇后憂疾，兵喪並起。

營室：水入營室，天下大兵乘水，欲攻王侯之國，不出百二十
　　日，水守室，天下諸侯發動於西北。

東壁：水犯東壁，王者刑急法深，朝廷憂愁，國有蓋藏保守之
　　事。水守壁，兵革起，入壁守之，奸臣有謀。

奎：水入奎，有決洩之事，名水有絕者。水守奎，外國之王入
　　御中道。水守奎，天下多災為旱，萬物五穀不成，有兵災。
　　水守奎，王者憂，大人當之。

婁：水守婁，若角動赤黑色，臣有爭色而起兵者。水守婁，多
　　水災；水守婁，外國之主入御中。水入婁犯守之，王者刑
　　法急，大臣當誅，必有下獄者。

胃：水犯胃，天下穀無實，以為饑憂。一曰為亂。水守胃，且
　　有急令。一曰國主當之。水逆行胃，天下有兵，倉庫空虛。
　　水星犯胃，國安寧。

昂：水乘昂，且有亡國，有謀主之變。若行其北，西夷有毒霜早降，歲有疾癘。水犯昂乘之，兵起，為民害。水乘昂，若出北者，為陰國有憂，若胡王死。水入昂中，有三丈水，留二十日，若六十日，守昂中，國開門，有大客，國政大危，易政令，若自來。水守昂畢，東南行至天街，及至五車，為邊兵發，有赦。

畢：水犯畢，出其北陰國有憂；出南，南國有憂，水入畢口，各伺其出日而數之。期二十日，為兵發始入處，率一日期十日，為軍罷。水入畢口，邊有兵。一曰：其國易政。水出畢陽則旱，出畢陰則水，為政令不行。水守畢，山水潰，河大溢，潦大至。水犯附耳，兵起，若將相有喪憂也，不即免退。

觜：水入觜中，伺其出日而數之。期二十日，兵發，伺始入之處，率一日期十日，罷軍。水入觜，子歸其母，君臣和同。水守觜，為萬物不成。一曰：旱，五穀不成，大人憂。又曰：不出百日，天下大饑。水守觜，多水災。水犯觜，不可動眾行兵。一曰：有反臣，不出百日，天下水，趙國尤甚。

參：水犯參，貴臣強。水守伐，星移南，胡入塞；星移北，胡出塞。水守參，天子不可以兵動眾，國必有反臣。水守參，

有赤星守參中，邊有兵。水宿參，若宿伐，為有反臣。

東井：水入東井，若星進，兵進。水守井，為火災。水守井，若角動，色赤黑，為水起兵；色黃潤澤，天子善令。若色變者，大人憂，天下有名水絕，所為絕者，逆行而入之。水守東井，胡兵起，五穀霜損，其國尤甚，歲大惡。守鉞，大臣誅，斧鉞用，省兵起。水受期不東井，朝輿鬼，五穀不登。

輿鬼：水犯輿鬼，有兵。一曰：犯天質，兵起。水犯天屍，貴臣有罪；犯四星，天子當之。水守鬼，大人不祭祀之事。

柳：水入天庫，以水起兵。水入柳，天下米貴，馬貴，先潦後旱。水守柳，即歲不收。水守柳，為反臣，中外兵，以德令解之。水守柳，貴臣得地，後有德令，不出九十日。

七星：水守犯七星，有君置太子者。水留七星，為天下大憂之，中兵。水犯七星，即兵內亂起。若守二十日已上，有水。水守七星，貴人有罪，若法官有憂也。水守犯七星，三月已上，賊臣在側，若叛臣，皆九十日應。

張：水守張，天下水兵起。水守張，若角動，有臣傷其君；色赤，有兵出。水守張，為反臣，中外以兵，德令解，謂赦令也。

水入張，若守，水入火，為逆理犯上，天下不安，下謀上，多鬥訟，若多疾。

翼：水入翼中，兵大起。水守翼，水入火，逆理，貴有憂，若大臣戮，又水旱之災。星入其度，當位者退之，以消天意，王者以赦除咎。水守翼，大水兵起，色白，京師兵起；色黃，事成；色青黑，死事。

軫：水入軫中，為火起。水守軫，天下大變，貴人多死。一日：國有喪。水守軫，萬物五穀不成。水守軫，為反，中外兵，以德令解之。水守軫，戚臣凶。

辰星入中外官占第三十九

水星入五車，則水開。水入五車乘犯守之，庫以潦，兵起。

水守南河戒，兵起，蠻夷兵，邊城或憂，若有旱災，人民饑。又曰：留南河南戒中，為兵起西方。水行南戒中，若留中守南戒，為旱。一日，為姬疾病。

水行犯守軒轅，女主失勢。一日：大臣當之，若有黜者，期三年。水中犯乘軒轅太民星，大饑，大流太后宗，有誅者，若有罪。中犯乘守少民星，小饑，小流後宗，有誅者，若有罪。

水入乘犯少微，宰相易。一曰：主有憂。

乙巳占　卷第七

流星占第四十

　　流星者，天皇之使，五行之散精也。飛行列宿，告示休咎。若星大，使大；星小，使小。星大則事大而害深，星小則事小而禍淺。有尾跡光為流星，無尾跡者為飛星，至地者為墜星。出則使出，入則使入。干犯滅則為誅罰之象。墜星之所，其下流血，破軍殺將，為咎最深。

　　蜀後主建興十年，諸葛亮帥大眾伐魏，屯兵於渭南。有長星赤而芒角，自東北西南流投營，三投再還，往大還小，占曰：兩軍相當，有大流星流來走軍上及墜軍者，皆破敗之兆也。九月，亮卒於軍營而退，群帥交爭，多相殘誅。

　　魏景初二年，司馬仲達懿圍公孫淵於襄平。八月丙寅夜，有大流星，長數十丈，色白有芒鬣，從首出東北，流墜襄平城東南。占曰：圍城而有流星來走城上及墜城中者，軍破。又曰：星墜當其下有戰傷。又曰：凡星所墜，國易姓。九月，淵突圍，

走至襄平星墜所，破斬屠城，坑其眾。

景元四年六月，大流星二，並如斗見西方，分流南北，光照地，隆隆有聲。占曰：流星為貴使，星大者使大。是年鍾會、鄧艾剋蜀。二星二帥之象，二帥相背分流之象應也。鍾會既叛，三軍怒。隆隆有聲，兵將怒之驗也。

凡流星有芒角者及有聲為怒，色潤而遲為喜。疾則事速，緩而事遲。眾星皆流，人遷之象。星數流者，天下大兵，急使馳驛之象也，皆以色占。色青為饑為憂，色赤為旱為兵，色黃為喜為土功，色白為兵為刑罰，色黑為病死疾疫。各以其休王占之，各以其日辰所在宿分國屬而占。

流星犯日月占第四十一

流星映日而赤色，向日流者，天下不安，帝王易位，人主崩亡，百姓逃竄，九州荒蕪。

流星映日，前銳後方者，王者被大臣殺，後宮大亂，天下振動，日月無光，人民大疫，天下半死。

流星前赤後白，夕見者，大臣欲謀國，陰發使。

流星晝見，竟天陰者，陰有謀臣，欲奪國政，誅殺賢良，

遠期一年，中期二百日，下期一百日，必然也。

流星夕墜，光耀天者，所墜分野有大兵起。一云：有霸王出，流血為災。一云：所墜分野，大疫為災。

流星六七，一時晝墜地，其分王者死。一云：被迫殺。一云：其分大亂，流血為災，一云：赤旱千里，百泉枯涸，王者受戮。

流星晝落作聲，野雉皆鳴，群鳥盡驚者，所墜之分，主大兵起，大戰流血，漬骨如山，血流溝壑，王者大憂，遠期三年，中期一年，近期百日。

流星赫奕翳日者，王者被殺，期一百日，無光者，期十日。

流星入漢，八角散者，帝王欲發大使，慰宣四方。一云：八道賊起，欲散他邑。一云：欲有卿相，走投外國。

流星沖月，大臣有事，陟貶之兆，遠則一百日，近十日。

流星沖月透者，大臣被殺，王者受戮，太子王也。

流星白色沖月者，皇后憂；赤色沖月者，皇后病。一云：後宮口舌大起，王者大怒。

流星蔽月光者，欲有大使至他國，宣揚帝德。

流星雙貫月者，宰相將被殺，大兵起，公卿受死。

流星五色映天，奪月光者，帝有大使發。

流星赤光，前方後銳，映天者，公卿宰相謀國，陰兵起，王者失邦，天下荒亂。

流星四面，一時刺月，臣殺其君，子殺其父，大兵起。一云：四方有使還，使叛心離上。

流星與五星相犯占第四十二

凡五星自流者，所主之分國荒，人民相殘，帝王奔走徙野，必有敗國。其五星若流於有福之鄉，聖人見矣。流於無福之鄉，將受其辱，主受其殃，破國滅亡，天地翻改，不可不察。

流星與歲星斗光卻偃者，其分君被使辱，使受其戮。一云：使半路被殺。一云：國君振雄，鄰國悉辱。

流星赤，直繞刺木，其分使被戮。一云病死。

流星黃潤行緩，頭尾直，端去木一二寸滅。此分君有福，鄰國來賓，主霸國，此名霸王之使也。

流星沖火者，其分君有福；光影熒惑者，國有大使至。此雄猛之使也，必有姦淫之意，宜審察之。

流星穿火過，火無光，其分君死國荒。

流星與土相犯者，外國有奸人入國。一云：夷狄來賓。

流星來抵土星，其土星光潤，其分君有福，國昌主霸，邦寧。

流星犯太白，太白無光，將帥有憂。一云：大將死，軍大敗。

流星光潤，前後光銳，穿太白，帝王德令行，邦寧兵強，大將遠。

流星犯辰星，帝王霸，德令施四方，水官憂。一云，大水至。

辰星被流星奪其光者，外有使欲行直言。一云：使回振德。

流星入列宿占第四十三

流星入左角，兵吏有來系者。色赤以兵，色黃土功，色黑死凶。青憂，白義系也。流星入兩角間，天子使出也。流星抵角，角不動，臣欲殺主，主戮死也。

流星入亢中，幸臣有自死，期一年。色黑出亢，愛臣有口舌事，自然期一百八十日，或一年。流星入氐，兵起，若國有大水。一云：國相疾。出亢入氐中，人民相食，有疾病帶而下。

流星抵氐，國多怨女。

流星入房，不出其年，國有大喪。蛇曲入房，臣殺主代王，輔臣亡，王者以赦除災。年中消，民怨，人人憂，臣欲伐主，兵大起宮中，不出一年，遠二年。犯乘明堂，皆為人人憂，為內亂，近期十月，遠三年。犯乘太子，太子憂；庶子，庶子憂；明堂，君子死。

流星入心，不出其年，國有大喪。一曰：臣殺主，期不出三年。入心，有使來者。色赤以兵，黃土功，白義，青憂，黑凶。流星出心，大臣出使，以五色占之。入心，遠國使來，星大為大國，小為小國使也。

流星入尾，色青黑，臣有歸者及逃走者。

流星出箕，宮人有出者；出入箕，大臣有棄捐。

流星入斗，有使來入國者。色赤兵，黃土功，白言義，青言憂，黑死。出斗，大臣有使者，以五色占之。

流星入牛，大將出期一百八十日。入牛，客有四足蟲為幣來者，色青道病，色黑道死，不至。流星色赤入天鼓，受命於主；出天鼓，將出受命。星之所之，以占四方。

流星入女，天下不納女者，出女；女御有使者，干女。貴

女有獄，期一百八十日。抵女，女主有事於君，有流死者，期不出一年。

流星入虛，色青，哭泣之事；色黃若白，有受賜者。奔星以乙丑日流入女虛危之間，有流入出虛，臣有出使者。入危，小人乘君子位。

流星入危，天下不寧，其國憂，下欲謀上，期百八十日，遠一年。入危，以人為幣之危右，以兵為幣之危左。色青以水為幣，白以四足蟲為幣，黃以貝為幣。流星交對抵危，中國與北狄交兵也。

流星入室，有使來者，亦主兵。黃土功，青客凶，黑客死，白義。出室，人主去其國，若有內亂，兵起宮中，王者有憂；出室，有使出以五色占之。大奔星色赤，流抵室，其國凶，貴人有死者。上旬見，老年，來月上旬死；中旬見，為中年，來月中旬死，下旬見，為盛壯，來月下旬死。

流星干犯壁，大國分兵；犯壁，文章士死；使星從西壁入東壁，人主用故臣；抵東壁，婦人憂。

流星入奎，有破軍殺將，有溝瀆之事於國內；出奎，溝瀆之事於國外。

流星入婁，有聚眾之事於，國內，一曰：有白衣會，為大亂，期三年；出婁，有聚眾之事於國外；抵婁，貴賤相謀，不暇食。

流星入胃，保倉之事於其國內；出胃，於其國外。

流星入昴，四夷交兵，白衣會，若貴人有急下獄；出昴，兵眾滿野，若他國有使至，期一百日，遠一年；入，胡兵起，一年，遠二年。

流星干犯畢，邊軍大戰；入畢口而復出，其星小，小赦；大，大赦。

流星干犯觜觿，其國後起破亡；入觜口中者，天子出使也，外宿中來，則外國使也。三十丈至百丈，將軍使；十丈至二十丈，小使，皆不出一年，出觜口，有葆旅之事於國外。一曰兵罷。

流星入參，衡右之事於國內。色青黑，不出其年兵起。出南門以刺參，不出十年，若六年，有一國王兼天下。（南門，南井也。）使星守參左，五穀貴；守右，五穀熟。

流星干犯東井，大臣誅，其國有兵，期一百八十日；入井，有水令而來，其國分亡。流星入井，其國若以水亡，其分人饑，

期三年：出井，有水事於國。一名曰水有絕者。

流星入鬼，中國與南蠻同，四夷來貢。一曰：有宗廟祠祀事。奔流星入鬼質，大臣有戮死者。

流星干犯柳，周國亡，期九十日；入柳，名木有來者；若出之，名木有出者。

流星干犯星，國有兵，不出一百八十日；入星，客有急事來使者；若出星，王者以急事出使，期一百八十日，若一年入星。一曰：天下更令，有徒入，期三年，以有急來使於諸侯也。

流星入張，諸侯有誅者，若人君使人於諸侯。一曰：天下更令，有移徙，期三年。出張，諸侯有受賜者。

流星干犯翼，國用大兵，大臣有憂，遠期一百八十日。入翼，其國用兵，大臣有憂；若抵翼，天子下尊諸侯，期半年；出翼，滿國受賜恩者。

流星入軫，兵喪並起，近期半年，遠一年。國車為幣，王者應之以善之令，即無咎；出軫，臣有出使者，以車為幣，入長沙，天子有逃，王無居憂也。

又，流星入犯角，口舌。帝王起止行事抑挫者，春犯疾疫，夏犯口舌，女子妖言，秋犯死喪，冬犯賢良用事。

流星犯亢，府車憂。春夏犯，大妖言，王者憂；秋犯，其分疫；冬犯，盜賊起，水災。

流星犯氐，祕閣官有事。春秋犯，其有貶職者；冬夏犯，雨旱。

流星犯沖房，大兵起。一云大水災。春夏犯，土官憂；秋冬犯，人大饑，太宰反。

流星犯心，其星動，主有憂，春夏火災，秋冬犯。沖中星者，天子有人行直言，天子憂國。

流星犯沖尾，后妃有貶黜。春夏犯，後宮口舌起；秋冬犯，賢良用事，妖言被誅，佞者受誅。

流星犯箕，春夏犯，金玉貴；秋冬犯，土功興，王者大作宮殿，峻城隍。

流星犯斗，宰相有憂。春犯，天子夭壽；夏犯，水災；秋犯，宰相黜陟者；冬犯斗魁，大臣逆。

流星犯牛，王欲改事出，春犯，五穀熟；秋冬犯，五穀貴。一云水災。

流星犯女，布帛貴。春夏犯，大雨澇；秋冬犯，繒絮貴，

天下蠶不收。

流星犯虛，天下哭泣。春夏犯，廟官憂；秋冬犯，天子將兵出野。

流星犯危，祭祀事動。春夏犯，水災，溝洫浚；秋冬犯，口舌大起，毀者辱。犯墳墓，塚官有事。

流星犯室，軍事乏糧。夏犯，將帥出；秋冬犯，水溢決，土功興。

流星犯壁，賢良受用。春夏犯，文章者用；秋冬犯，道術興行。

流星犯奎，武庫用事。春夏犯，金革興；秋冬犯，百川溢，水災。

流星犯婁，五祀官用事。春夏犯，園囿興作；秋冬犯，犧牲貴。流星使數犯，人多死也。

流星犯胃，主倉廩大出。春夏犯，穀大貴；秋冬犯，倉廩空，五穀菽麥大貴，人民相食。

流星光流入昴，胡王死。春夏犯，其分君昌邦；秋冬犯，有赦，期一月。

流星犯畢，邊兵大起。春夏犯，流血為災；秋冬犯，大災，魚行人道。

流星犯觜，君王欲行斬殺事。春夏犯，多雨；秋冬犯口者，大風大雨，人民多病。

流星犯參，邊兵大起。春夏犯，名將死；秋冬犯，猛將受用。流星犯玉井者，天下大兵，流血成川。

流星大光，犯沖東井，有大使至，主大憂。春夏犯，秦地亂。一云：主百川溢。秋冬犯，宮中憂，人多死，魚鹽賤。

流星犯鬼，帝王威政，斬奸謀。春夏犯，政事不明；秋冬犯積屍，天子多疾病。

流星長數丈入柳者，王者有火災。春夏犯，帝王必發急使；秋冬犯者，後室口舌起，內有奸私事。

流星雙入星。五穀不熟。春夏犯第三星，兵大起；秋冬犯沖，水災，王者之憂。

流星犯張，廚官有事。一云病。春夏四季災，五穀不登；冬犯，魚行人道中，鹽大貴。

流星犯翼，主昌邦。春犯官憂；秋犯，土功用事；冬從上。

流星犯軫，庫藏空。春夏犯，革皮用事，秋冬犯，水旱不調。

流星犯中外官占第四十四

流星入攝提，外國以兵為使來者，若有急走，王者以兵出使。

觸破大角，兵眾四合有急；又刺大角，主失位。

入干天市，色陷白，萬物貴；亦必有火災，人多病。

抵帝席，諸侯兵起，臣謀主，若貴人更改大令，期三年。

入抵東西咸，妃後出入不得時；徭役自恣；一曰：女主亂宮，王者憂，期一年，遠三年。

入建星，天下謀，色赤者昌。

入天江，有大水，河海溢，人民饑。

入離珠，兵起宮中，有憂有罪者。

入天大將軍，大將軍驚出。

出五車，色白，諸侯以車為憂；色黃，受賀；色赤，主兵，車騎滿野；青黑，主死；各以其日辰占之。

抵天關，天下有急兵，關道有阻，若多盜賊，人民憂，期半年，遠一年。

入南河，有喪兵起，防戍有憂。一曰：為旱兵。

入北河，胡兵起，來入中國，若關梁阻塞。

入五諸侯，諸侯有大喪。以星所入日，占其國，出諸侯，諸侯有反者。其星中散絕，諸侯坐其咎殃。

入積水，有大水，舟船用，人大饑。

入積薪，為憂，若廚官有罪者。

入水位，天下有水，河溢流，天下五穀不生，人流大饑，期三年。

流星散出軒轅間，女子多讒亂。

流星大如甕，出大陵西，下必有積屍。

入抵少微，賢良集道，衛士用。一曰：能人多來者，不出其年。

入太微，有兵起，外國以急有使采。不出其年。

流星入太微東西門，大兵起，大臣為亂，貴人多死，若有

謀，近期一年，中二年，遠三年。出太微端門，天子之使出，各以其野，命其國，期不出二年。

入太微，犯黃帝座，大人易，東西犯者皆死士。抵帝座，天下亂，臣戮主，國移政，期不出三年。

流星犯四帝座，輔臣有誅，執政者憂，貴人多死，期三年。

入屏星，尚書有憂。若有死者，期半年，遠一年。

流星犯入太微，使還。

流星犯內屏星，王者大憂。犯郎位，所主大臣憂。

犯內五諸侯，宰相被辱。

犯三公內坐，相憂。

犯郎位，主者被黜貶。

犯九卿內座，王者大憂。一云病疾。

流星犯沖左右攝提者，公卿不安改動者。

犯沖大角，大使出，王道正，帝道昌，人樂。

犯梗河，王者不安。

犯天市垣，王者憂。

犯沖貫索，人饑疾病，王者大憂。

犯沖騰蛇，水蟲受戮，口舌大起。一云魚鹽大貴，一云龍見。

犯沖東西咸，大水，百川決溢。

犯河鼓，天下雷，非時鳴，水蟲死。

犯沖天棓，兵革興，盜賊大起。

犯建星，王道平寧。

犯沖閣道，帝王欲使出。

犯沖大陵，塚官憂。

犯捲舌，多讒諛。

犯沖五車，水旱不調，人君憂。一云五諸侯憂。

犯沖天船，天下水災，魚行人道。

犯沖匏瓜，天下不安。

犯沖織女，主不寧，諸侯大憂。

犯天津，水災。

犯漸台，宮殿火災。一云帝出走。

犯左右更，太史失錯。

犯沖輦道，帝王出獵。

流星者，帝之使也。入太微宮及諸內座，為使遠；出諸內座，為使出外也。

流星沖紫微宮垣者，使遠采見，期三日內。

衝入勾陳者，遠見天子，不出七日三日。

犯華蓋者，還使有功慶。出華蓋內，內使發，不過三日。

犯五帝內座，邊兵出，帝有大使出。一云：大將軍出。

流星入五帝內座，使還見主。

犯六甲，賢良見用。

犯北斗，兵大起，還回，使者奏事，內亂為災。

犯大理，貴人入獄；獄官憂。

入北極者，內使出。

沖天皇大帝，人主有憂。

沖文昌，公卿有大憂。一云：文書事。

犯太陽守，外國有使至。

犯天槍，王者憂，兵革起。

犯天床，謀兵動，王者憂。

犯四輔，帝王被迫。

犯三公，宰相憂。一云被免。

犯天相，王者憂。

犯內階，使者至。一云陰謀事。

犯天理，帝王欲振威，諸侯者殂。

犯柱史，柱史大憂。

犯女史，史官憂。

犯衝入天柱，主憂，有大使還。沖出天柱者，帝發大使出，振威天下。

流星入平星，執令臣有憂。若有罪；出平星，臣有黜，期半年。

犯庫樓，主者大憂。一云兵起。

犯沖鼇星，水蟲死，魚大貴。

犯天淵，天下水，江海溢，百川決溢。

犯沖天雞，兵起方霸。

犯羽林軍，大軍散。一云：大兵起，主憂將帥。

犯天倉，倉廩出，五穀大貴，人民大饑，主憂。

犯天屎，人民多病。

犯沖軍市，人大饑。

犯土司空，天下兵大動，人民饑，男不得耕，女不得織；荒亂災起。

犯沖弧星，夷狄大起，兵大動，流血為災。

犯沖九坎，主者大憂。王憂後病。

沖壘壁陣，犯土公，所主憂受辱。

入羽林軍，兵大起，士捽髮，將軍有出者，期三年。

犯沖南極丈人，天下人民歌樂，風雨順時，帝王清泰，諸侯慶賀，國昌。

客星干犯列宿占第四十五

客星者，非其常有，偶見於天，皆天皇大帝之使者，以告

咎罰之精也。

客星干犯兩角者，軍起不戰，邦有大喪。其色赤戰，所指必有破軍侵城，期七十日，或三年。他星入左角，兵吏有來系者。色赤兵系也，黃土功，色白義，黑色死，青色憂。守左角，色赤，天下大旱，五穀不成；守右角，大水。

客星干犯亢，中國不安，兵起政亂，期一年。有星出右角間入亢，色赤有兵，白有過客，黑有過喪。入亢，有兵戰，士卒行，期不出九十日，天下大亂。出氐入亢中而散，人主有病，從帶下而上。守亢，國有臣不祥。

客星干犯入氐中，後宮有亂，暴兵動，期半年，遠一年。出氐，君有疾於國外，色黃白與兩星齊，期十日而赦，去二星一尺，期六十日赦；去兩星二尺，期百日赦。有星入氐，黑色大水，其國有改主，廊廟有憂；赤有兵，在廟中，近臣誅，殺貴人；逆守乘氐，諸侯王者坐法者，誅絕無後。

客星干犯房，主國空，兵起，人饑，骨肉相殘。入房，有大臣殺其君。又曰：入天府，天下有喪，更令之事，若有急令。出房，在陽，為喪旱饑；在陰，為水兵饑。干犯鉤鈐，王宮大亂，不出二年。

客星入心，諸侯有來使者，出心，君使人於諸侯。色赤兵，黃土功，色青使者憂，色黑客凶。入太子宮，太子益官。赤星入心左星，太子有兵；入右星，庶子有兵。赤星大如缽大，赤如雞冠，而入心，人主遇賊。其出心也，行道甚遠，人主戮於千里外。客犯乘守心者，大旱，天下慎火，近期十日，遠期一年。

客星入尾，歲饑，人相食，多死者，北夷大饑來降，宮中忌之。天下大抵，一東一西，一南一北，男不得耕，女不得織。出入尾，皇后有去宮者。一曰：賤女有暴貴者。君使人於諸侯，備賊臣，兵革罷，天下大饑，歲多大風大雨。

客星入箕中，天下大饑，人相食，人多徙棄，國多土功，北夷大饑，來歸中國，大風雨。捨箕，秋多水，干犯同。

客干犯南斗度，其國必亂，兵大起，期一年。入斗中三尺，三日不去，城郭閉，道路有阻，貴人坐之。入鈇鑕，士卒殺傷，其國將亡，外國來降。入斗，諸侯客有來見天子者；出斗，天子使之諸侯。色青憂，赤兵，黃土功，白義，黑凶。入斗中，三日三犯，天下有赦，期三月。守斗，天下大喜得福。客守斗，兵家憂。

客入牛，諸侯有客來，以四足蟲為幣。出牛，君使人之使

諸侯，以四足蟲為幣。色青病，黑死不至。客出牛，兵起，大將出，關梁阻塞，地大動，牛馬貴三倍，期二年。入牛，臣謀主，五穀不登。守牛，越有喜象獻中國。客入牛，盜賊在江海，歲多水。

客干犯女，鄰國有以妓女來進，妾遷為後。入女，留不去，天下諸侯王者阻塞。出女或守女，宮人有憂，女主憂，後起宮門，貴人有死，期一年，遠二年，有嫁女事，黃吉，青黑凶，赤憂。暴出女，女主戮死，期一年。他星出御女，女有出者。赤星守女，女喪。守女，南邦獻女，賤女暴貴；守女，嬃貴。

客星干犯虛中，有哭泣之事，有井田之法、改制之事。入虛中，有軍在外，大饑，將離散，卒死亡，天下有大令。入中三日，強環繞之，赦，期七十日。入虛，赤色有赦，白為幣客來者。出虛，大臣亂，兵大起，國有喪，天下哭泣，期三年。守虛，共國兵起，近期一年，遠二年，當有哭泣。

客星犯危，國有哭泣事。一曰：雨水五穀不收，人相食於道。入危，有土功，王者築宮室，不出一年，大饑，年無全食。出危中，大水，一曰大饑。

魏景初二年十月癸巳，客星見危，逆行在離宮北、螣蛇南，甲辰犯宗皇，己酉滅。占曰：客星所出，有兵喪，虛危為宗廟，

又近墳墓，宮中將有大喪，就先君於宗廟，皆王者崩隕之象。三年正月，明帝崩之驗也。

客星入室中，天子有憂，順行有德，逆行兇。黑星入廟，人主有藥死。不然，有藥人主者。客星入室，有陰雨，垣牆無立者。客舍室，其國作宗廟，多土功事。留不去，匈奴有兵來。客星干犯東壁，有帝者死；捨壁，牛馬多疫。入守東壁，諸侯相謀，有赤星從東壁入西壁，臣殺其主。

客星犯奎，國有溝瀆之事。入奎，破軍殺將，邊兵大動，土功起。赤星逆行，從婁至奎，有兵。守奎，主有憂，大人當之，又魯國兵起。

客星犯婁，國有大兵，四時絕祠，（婁主苑牧給享，祀天以奉事，孝也。王者以乘天法古。）遠不出三年。入婁，外夷兵有聚眾之事，三日環繞之，天下有赦，期七十日。守婁，天下大虛，或天下奪主權，布帛貴。守犯婁，天下欲分社稷者，白衣自立，牛馬貴。

客星入胃，王者有倉廩之事。出胃，王者備四夷。臣強凌君，國有大兵，天下發粟，金銅之事，期半年，遠一年，粟滅。守胃，國宮有大兵，焚燒其倉。入天獄中二月，天下有赦五日。

客星入昴，有白衣會於國內。他星入昴，貴人有急獄。他星出昴，兵眾滿野。客星守昴，胡有兵，天下多亂。犯守昴，讒諛賊臣在內。諸侯謀上。一曰：白衣聚謀慮。

客星入畢，邊兵動，又十二月，天下有赦，期五月。入畢口，與兩股齊者。有走主。又曰：期三十日，兵發。一曰：期十日，兵罷。其去也，視其東西南北所往及所主近宿，或受兵。他星入畢，有兵革謀。客星入畢口，留不去，馬貴。一曰牛貴。守天子，嗣無後。守附耳，有兵，一曰邊兵尤甚。

客星干犯觜，若暴出觜，中臣與外臣，謀殺其主，星遊行明，覺不得成，不行不明不覺，期一月。守觜，西戎侵動，欲為君者，崇禮以制，則國安。干犯觜，國破亡。入觜，車馬有急，期五月，四月有大喪。

客星入參中央星，色白，縣令有賜，若伐。色青黑，縣令有罪，又云：邊有暴兵起，邊城圍而壞。入伐，有兵不足以傷。又曰，入天尉中十日，宮中有自殺者。入其陽為男，入其陰為女，皆期三十日。出參，邊有兵起，城圍，客軍入國。若有戰，期不出二年。客星出參，鈇鑕兵出；入參，鈇鑕兵入。赤星出參武卒，若守之天尉中，滕嫡相拒。守參者。老人多死，馬貴。入守參，諸侯國當之，伐誅大臣。

　　客星犯井，國有大土功之事，小兒妖言。入東井，五穀不登，糴貴，有客以水令來者；出東井，宮中火起，大人憂，及為亂兵起，將軍憂，若白衣有自立，其國必破，期三年。守井，大臣亂，入鉞，外兵愈殺其將士卒。

　　客星犯鬼，國有非次自立，必敗亡。守天屍，帝王亡，天下多病。入屍，金玉貴，三日一環之，有赦。出鬼，其國有喪，出南為人君，出北為女主，左為太子，右為庶子。或守四星，隨其所犯發之，期不出二年。守鬼，五十日不去，國有大喪，兵起，將軍戰於野，當有死，期不出一年。若守西，若從西入鬼，老人死；若從東入鬼，少年死。干犯守鬼，天下有喪，陽為君，陰為臣，若左太子，右貴臣，又隨所主事，王者發之，不出七十日。

　　客星干犯柳，周當之，期九十日，入柳，兵大起，人大怨，若布帛繒絮貴，蒼星出柳捨，殺邊將諸侯。守柳，庫兵大發，天下有為王者。犯守柳，王者賜邊臣。

　　客星入七星，有立太子者，若有苛令。客星為死喪，客星留不去左右中，以火為憂；守星，周有大賢，兵大起，道路多水潦。一曰：溝渠道路阻塞。一曰：水大出。

　　客星入張，有賜客之事。出入張，君使客賜諸侯。出張，

白衣同姓有自立，天下更令，有徙民，君使人放諸侯；守張，楚周有隱士。不去，滿三十日，有亡國死王，臣戮其主，小人謀貴，禍及嗣子，期三年，食中有毒，鄰國有獻食物者，天下酒大出，天子以為憂敗。出張若守之，白衣自立者。犯守張，天子以酒為憂。

客星干犯翼，國有兵，大臣憂，遠期百八十日。（與流星同。）出翼，將軍謀反，兵大起，必有戰，邊兵有大急，同姓諸侯有自立者。若大水，五穀傷，人民饑，去其邦，期三年。守翼，君弱臣強，四夷王。客星明大守翼，大水，江海決溢，四海道路阻塞，魚龍死於陸路。

赤星入軫，輕車入；出軫，輕車出。客星出軫，若有白衣自立者，大國多害，有喪，兵革起，天下有逃主，期不出一年，遠三年。守軫，國有自立者，大國憂多害。守軫，兵大起，邊境尤甚。守軫，天下有山崩，若水溢出地。入長沙，天下有逃亡。一曰兵盡散。

客星犯中外官占第四十六

客星入攝提座，謀臣在側，聖人受制。

出大角，兵起，天下亂。若守之二十日已上，王者惡之，

國易政，期三年。

干犯天市，所犯者誅。

干犯帝座，人民大亂，宮朝徙大臣，期三年。

守東西咸，人主淫泆失道。

入天江，津關絕，道路阻塞。一曰：河津吏有憂。

干犯建星，王者失道，貴者誅，賢士逃亡。

犯離珠，後宮凶。

守天大將軍，大將憂。干犯五車。兵起滿野，天下半傾，百姓徙居，去其鄉土，期三年；守，五穀貴。

入天關，天下有急，關市閉塞，人多疾病，多盜賊。

出南河戒，有男喪事於外，暈三重，必有降城。一曰：客干犯兩戒間，天子出走，大臣執勢，王者以赦除咎，群臣天子以寧。入北河，多胡為異兵。

干犯五諸侯，王室亂，大兵起，天下宮廟不祀。出五諸侯，大臣有憂，若執政臣得罪。一曰：議臣有黜。赤星守五諸侯，天下大亂。

干犯積水，兵起宮門，宗廟毀絕，大臣憂。出積水，天下

水溝為災，土功堤防之事，期不出一年。

出積薪，有憂，若以薪蒿之事而致罪。

干犯水位，水道閉塞，伏兵在水中，以水為害。出水位，為水官有憂，若臣下有謀兵起，期三年。

干犯軒轅，近者誅滅宋族，王以赦除咎。入軒轅，有遠客來者。

入東門，有夷人從外來降。

干犯少微，白衣聚，王者凶，術士不彰，智者逃亡，期三年。入少微，奸臣眾；出少微，術士用，及功巧，王用之。

入端門仍出，其國大患，天下亂，以色占之。出左掖門，其國憂；出東門，旱；出右門，亂；出西門，國亂及大水。

入太微庭中，出端門，天下大亂，王憂，國易政，期三年。他星入太微，色白潤澤者有赦。入太微中，兵大起，有客賊來入國，守之十日不出，其災成。在陽為男，在陰為女，不出三十日。入天子宮十日而成句巳，天下有赦。入太微中乘守者，有殃；出太微，國有兵喪。

入太微，犯黃帝座，天子憂，臣謀主，至座而還，謀不成，反受其殃。犯之十日已上，臣謀成，期不出一年。抵帝座，天

子有喪；抵座旁，臣有反。有赤星銳如鉤抵座星，天子兵驚，一曰火驚。黑星抵帝座，天子惡之。客星有犯乘守內屏星者，為君臣失禮，而輔臣有諫者免罷。

客星入紫微，王室有兵喪。

客星出平星，賦斂之臣有罪；若庫使不忠，當有廢黜，期不出一年。

守羽林軍天陣，兵戈大起。

乙巳占　卷第八

彗孛占第四十七

長星，狀如帚；孛星圓，狀如粉絮，孛孛然，皆逆亂凶。孛之氣狀雖異，為殃一也，為兵喪，除舊佈新之象。餘災不盡，為兵喪水旱，凶饑暴疾。長大見久，災深；短小見速，災淺。彗孛所當之國受其殃。

彗孛干犯月五星，有兵喪，中國兵動，四夷來侵，百姓不安。

凡彗孛見，亦為大臣謀反，以家坐罪，破軍流血，死人如

麻，哭泣之聲遍天下，臣殺君，子殺父，妻害夫，小凌長，眾暴寡，百姓不安，干戈並興，四夷來侵，國兵不出，饑疫死亡之事。

凡戰，兩軍相當，執本者勝；隨彗所指處以討之焉。

彗星有行有止，行者則事小，止者則事大，各在邦以直事國分占之。

彗孛入列宿占第四十八

彗孛出行，歷二十八宿。留捨出見，百日不去，三年應之。五十日已上，五年應之。二百日已上，七年應之，災深。

彗孛干犯兩角間，白者，軍起不戰，邦有大喪；其色赤，戰，芒所指，必有破軍侵城，期七十日，或三年。與彗孛出角，天下大亂，更改易王，暴兵起，必有戰，近期三年，中五年，遠九年。彗入出角，長可七八尺，天下更改。金火守之，兵大用。

彗出亢，天下大饑，其國有兵喪，人民多疫，人相食，不出三年。彗出亢，天子失德，天下大亂，有大水、兵疫。

彗干犯氐，大赦，天子失德，米大貴。彗出氐中，天下大赦，其滅氐，大疾惡，米大貴，兵起。彗孛起氐中，天子不安宮，

移徙，失德，易政。

　　彗起房出，天子行為無道，諸侯守兵守國。彗孛貫房，王室大亂。彗干犯鉤鈐，王宮大亂，不出三年。

　　彗出心，兵起宮中，劍戟交鋒。大臣相疑，有戮死者，近期七日，中七十日，遠百八十日。彗出心，居守之，天子有喪，德令不行，蝗蟲大起，人民饑，流去其鄉，期一年，遠六年。

　　彗出入尾，後相貴臣誅，兵起宮門，宮人走出，國易政，近一年，中二年，遠三年。彗孛干犯尾，後有以珠玉簪珥惑天子者，誣讒大起，後相貴臣誅，宮人走出，兵起宮門，歲多土功，近期百八十日，遠一年。

　　彗出箕，夷狄為亂，大兵起，天下大旱，米貴十倍，大饑。彗守箕，東夷下濕與水居，將為亂。

　　彗孛長干犯南斗，爵祿大臣憂，王者病疫，臣謀君，子謀父，弟謀兄，是謂無禮，諸侯不通，天下易政，大亂兵起，期百八十日，遠不出一年。彗出南斗，大臣謀反，兵水並起，天下亂。彗出斗，天下皆謀上。

　　彗犯牛，吳越兵起自立，三年而滅。彗孛干犯牛，中國兵起。彗出牛，四夷兵起，邊境為亂，來侵中國，人主有憂，期

一年，中二年，遠三年。彗出牛，改元易號之象。又曰：多兵，糴貴，牛大死。

彗孛干犯須女，其邦兵起，女為亂，若妾遷為後，王者無信，大亂，期不出三年，退女所親，天下安寧。彗出須女，其國兵大起，女主為亂，王者惡之，將軍戮死，若以戰亡，期不出三年。

彗出虛，兵大起，天子自將兵於野，大戰流血，光芒所指，國必亡，期三年，遠五年。彗出虛危之間，其國有叛臣，兵大起，將軍出行，國易政，期三年。

彗出干犯危，其國有叛臣，兵大起，將軍出，國易政，若大水，人饑，期三年。彗孛干犯危，其國有叛者，兵起，大將軍出。

彗孛干犯室，先起兵者弱，不可以戰，戰必亡地，主將必亡，去之吉，期百八十日，遠二年。一云：期三年，遠六年。又曰：彗出室，大水。彗出室壁間，兵大起，若有大喪，有亡國死王，期不出三年。彗出室，天下亂，易政。孛見室中，後宮且有亂。一曰：有德令。彗犯室，先起兵者，不可以戰，亡地，期三年，遠六年。

　　彗孛犯壁，且其國起兵大災，廟堂四門流血，天下降。彗
干犯出壁，王者兵起，毀壞宗廟，四門伐兵，流血滂滂，人民
惶惶，莫知其殃，近期一年，中三年，遠五年。

　　彗孛干犯奎，其國君出戰，大饑，人相食，國無繼嗣，近
期一年，遠三年。彗孛出奎，西北舉兵伐中國。其下食石千錢，
天下大水，庫兵悉出，禍在強侯外夷，相應首謀，期三年。彗
出奎，魯國兵起。

　　彗孛干犯婁，國有大兵，四時絕祀，遠不出三年。彗出婁，
國有大兵，四時絕祀，有亡國，先旱後水，人民亂，饑死，五
穀大貴，糴無價，期一年，遠三年。彗孛干犯出婁，五穀不成，
倉廩空虛，六畜疫。

　　彗出胃，五穀不成，倉廩空虛。彗孛出昴胃之間，狀如竹
竿而倚，此出為兵起戒，此太白之變見，不過一年，其國兵起，
若有喪。彗出胃，大臣為亂，天下兵起，五穀不登，人民饑，
京都國倉，悉皆空虛，期三年，中五年，遠七年。彗出胃昴之
間，狀如竹帚，有兵災，大臣為亂，君弱臣強，邊兵大起，天
子憂之，人民驚恐，國王有憂，期一年，中二年，遠三年。彗
孛出胃昴之間，大國兵起。

　　彗孛干犯昴，大臣為亂，國兵大起，期一年。彗孛出昴，

赦。

彗孛犯畢，必有丈夫數萬人。彗孛犯畢，邊大戰，中原流血，彗出畢觜之間，小而長，狀如長竿，上有壘壘然。此出為兵戰戒，此填星之變見，不過一年，兵起宮中，女主有殃。

彗孛守畢柄，侯邑益土；守畢口，中邦相亂易政，邑君大臣當之。

彗干犯觜，國兵起，天下動擾，期一年，遠三年。彗出觜，其國兵起，有失地死主，人流，大臣出戰，下有亡國，期三年，遠五年。彗見觜，必有破國亂軍，伏死其辜。

彗孛干犯參，其國邊兵大敗，其軍亡，期一年，遠三年，彗出參，天子更政。彗出參伐，天兵蔽地，大臣謀反，君有憂，天子躬甲，斧鉞大用，兵馬馳道，弓弩恆張，期三年，遠五年。彗孛流入參，若出參，其年兵起，彗干犯東井，則大臣誅，其國用兵，期百八十日。

彗在井，大人死，見三十日，兵將當之；見五十日，相當之；見七十日，主當之。彗孛干犯鬼，國有大兵橫行，近一年，遠三年，天子以赦除咎。

彗出鬼，名曰喪樓見，皆以赦應之；彗出鬼，有喪。

彗出於犯柳，國誅大臣，兵喪並起。又云：強臣凌主，天下傾危，其國大旱，民以饑死，期三年，遠五年。彗出柳，有兵，臣凌主，大旱，穀貴。

彗干犯七星，邦有大亂，國主不定，兵起宮殿，貴臣戮，近期七十日，遠百八十日。掃出星張之間，狀如布，從風而靡，此為兵戒，熒惑之變也。彗出星張之間，狀如炊火，且為兵災，熒惑之變。

彗干犯張，其國內外用兵，主徙宮，天下半亡。彗出張，大旱，穀石三千。

彗干犯翼，其國用兵，大臣為憂，遠期百八十日。彗出翼軫之間，天下皆謀上，國有大喪，人主死亡，必有大兵，期其不出三年。彗出翼，其國有兵，若有喪，以水為饑，人多流亡，所指有降伏，期五年。

彗孛干犯軫，兵喪並起，近期百八十日，遠一年。彗出軫，天子崩，兵喪並起，滿宮門，車馬無主，人無定居，期三年，中五年，遠九年。王者以赦除咎，則災消也。

彗孛入中外官占第四十九

彗出攝提，天下亂，帝自兵於野，兵起宮中，王者有憂，期不出三年。彗干大角，長可六七尺，天下大亂，兵大起，國易政，期三年。彗出大角，大角為帝座。秦始皇時，彗出大角，大角亡，以亡秦之象。

彗犯天市，地震。（一云天紀。）彗干天市，所犯者誅。

彗孛犯宦者，中外有兵，

彗干犯帝座，民大亂，宮廟徙，大臣憂，期三年。

彗出東西咸，女主淫泆自恣，宮門不禁，若貴女有憂。

彗干歷天江，大兵攻王國，王者以赦解之，則國豐年。

彗孛干犯建，王者失道，忠言誅，賢士逃亡。

彗孛犯離珠，後宮為亂，若宮人有誅。若守之陽，為大旱；守之陰，為大水，五穀不登，人民饑。

魏陳留咸熙二年五月，彗見王良，長丈餘，色白，東南指，十二日滅。占曰：王良，天子御馳；彗掃之，除舊佈新之象也。色白為喪，王良在東壁次，又并州之分野，八月晉文王薨，十二月帝遜位於晉。

彗出天大將軍，兵大起，將軍出，旗鼓陳。若守之，大將死，若有誅，期不出三年。

彗孛干犯五車，兵滿野，天下半傾，百姓徙居，去其鄉土，期三年。

彗出天關，兵大起，道路不通，人多盜賊，必有關塞之事，人主有憂。彗出天關而守之，天下道絕，國多盜賊，關梁不通，人主有憂。

彗出南河，蠻越兵起，邊戍有憂，若關吏有罪者。彗守南河，為大旱，守北河，胡為亂，來侵中國；若守，胡軍敗。

彗干犯五諸侯，王室大亂，兵起，天子宮廟不祀。彗出五諸侯，執政臣有誅，若有被戮者，貴人當之，主有憂，期一年，遠五年。

彗孛干犯積水，兵起宮門，宗廟毀絕，大臣有憂。

彗孛干犯積薪，有亂臣在宗廟。

彗孛干犯水位，水道不通，伏兵在水中，以水為害。彗出水位，天下以水為憂，有兵起，五穀不成，人饑。

彗出軒轅，皇后有憂，若失勢，宮人不安，人主有憂，後宮當之。彗犯軒轅，天下大亂，易主，以五色占期。彗出軒轅，

若守之，天下大亂，易王，宮門當閉，若女主死，期三年，遠五年。

彗孛干犯少微，白衣聚，王者凶，術士不顯，智者逃亡，期三年。彗出少微，多能臣有戮者，若功臣有罪，一曰：法令臣有誅者。彗出少微，士大夫起。

彗孛干太微，天下亂，有兵喪，大人惡之，以色占期，亦為死王。彗孛干歷太微，所歷者亡。出而孛太微，天下亂，不過三五年，必易政，以色占期，亦為徙王。

彗如粉絮，入太微，守五帝座，國有崩喪，大臣立，天下亂，大兵起，若犯守四帝座，輔臣有誅，執政者亡，期三年。

大彗干犯五帝座，王者亡，子孫不昌，王者修孝於天。奉宗廟郊祠則災除。

狀如帚，正赤，抵內屏，兵也。彗出內屏，守衛臣有誅，若有罪執法者當之。

彗孛干犯北辰，天下有大喪。

彗孛干犯北斗，有殺罰。春秋時，有孛干於北斗，則齊、魯、晉、鄭、宋、莒之君並殺亂之禍。

孛東方，則楚滅，三家、田氏分篡齊魯。漢文帝末，孛西

方，後吳楚六國反，而誅滅亡。晉太始末至太康初，災異數見而晉氏隆盛，吳實滅亡，天變在吳可知矣。昔漢高三年，孛大角。大角，項王以亡，漢氏無事，此項王先受命也。吳晉之時，天下橫分，大角孛而吳亡，與項氏事同。

彗干犯三台，三公誅喪。彗孛干紫微，天下易王。

彗出執法，臣有憂，政令不行，國失綱紀。

彗出羽林，軍人反。

魏正始六年八月戊午，彗見七星，長可二尺，色白，進至張，積二十三日滅。九年三月見昴，長六尺，色青白，西南指。七月見翼，長二尺，進至軫，積四十二日滅。占曰：七星、張為周分野，翼、軫為楚，昴為趙魏。彗所以除舊佈新，主兵喪。嘉平元年，司馬懿誅曹爽兄弟及其黨與，皆夷三族，京師嚴兵。三年，誅楚王彪，又襲王凌於淮南。淮南，東楚也，魏諸王幽於鄴。

雜星祆星占第五十

祆星晝見。甘氏曰：星與日並出，名曰婦女與日爭光，武且弱，文且強，在邑為文，在野為兵。　恆星不見。楊泉《物理

論》曰：凡無名之星，一見一不見，唯二十八宿度數有當，故曰恆。《左氏傳》曰：魯莊公時恆星不見，夜中，星隕如雨。傳曰：恆星不見，夜明也。《穀梁傳》曰：常者在位，人君之象。不見者，無君之象，晉世祖太始四年七月，星隕如雨，西流星隕，民叛吳歸晉之象也。

斗搖占。《呂氏春秋》曰：至亂之代，有星斗星搖。漢文帝元年，中星盡搖，上問候星者，對曰：星搖者，民勞也。後伐四夷，百姓勞於兵革。京房《易傳》曰：星者陰陽之精，萬物之體，五行之形。其體在下，精耀在上。百官之命，各因其原，飛及行，萬人不安。大星隕下，陽失其位，災害之萌也。其救也，人君當悔過，反政責躬，省徭役，安國封侯，以寧人為先，則宿星正矣。京房《易傳》曰：君不任賢，厥祅，天雨星。

祅占。《黃帝占》曰：祅者，五行之氣，五星之變，各見其方，以為災殃。各以五色占，知何國吉凶，必決矣。行見無道之國，失禮之邦，為饑為兵，水旱死亡之征。《黃帝占》曰：凡祅所出，形狀不同，為殃一也。其出不過一年，若三年，必有破國屠城，其君死亡，天下反亂，戰死於野，積屍縱橫，餘殃不盡，為水旱、兵饑、疾疫之殃也。

天棓。《河圖》曰：歲星之精，流為天棓。班固《天文志》

曰：歲星贏而東南，變為天棓。石氏曰：天棓出，其國凶，不可舉事用兵。又曰；期三月，必破軍拔城。甘氏曰：天棓見，女主用事。

天槍占。《春秋緯》曰：歲星退而南，三月生天槍。陽亢變萌，義亂兵行，諸侯大橫，所見國，無用兵。《漢書天文志》曰：孝文帝時，天槍夕出西南。占曰：為兵喪亂。其六年十一月，匈奴入上郡雲中，漢起兵以衛京師。劉向曰：吳楚七國反。

國皇。巫咸曰：國皇之大而赤，類南極老人也。《春秋考異郵》曰：國皇見東南，則兵起，天下急。司馬彪《天文志》曰：孝靈光和中，國皇見東南角，去地一二丈，如炬火狀，十餘日不見。占曰：國皇為亂，內外有兵喪，其後黃巾賊張角燒州郡，朝廷遣將討平，斬首十餘萬級。

蚩尤旗。《河圖》：熒惑之精，流為蚩尤旗，類彗而後委曲，像旗也。《說苑》曰：蚩尤旗，五星盈縮之所生。夏氏曰：四望無雲，獨見赤雲，蚩尤旗也。《黃帝占》曰：蚩尤旗，本類彗而後委曲，像旗旛，長可二三丈。見則王者旗鼓大行，征伐四方，兵大起。不然，國有大喪，期三年，中五年，遠七年。魏高貴鄉公元年，有白氣出南北側，廣數丈竟天。王肅曰：蚩尤旗也，東方有亂乎？後毋丘儉據淮南以叛。《春秋運斗樞》

曰：蚩尤旗干太微，法滅，帝死於野。

天攙占。甘氏曰：天攙在西南，長數丈，左右銳，出而易處。京房曰：天攙出其下，相攙為兵，赤地千里，枯骨籍籍。《漢書天文志》曰；天攙為天喪。（一云兵喪。）

旬始。《說苑》曰：旬始，五星盈縮之所生也。巫咸曰：旬始出於北斗旁，狀如雄雞，其怒有青黑，像伏鱉。《春秋合誠圖》曰：黃彗分為旬始，為立王之題，主亂主招橫，見則臣亂兵作，諸侯虐，期十年，聖人起伐，群猾橫恣。《春秋考異郵》曰：旬始照其下，必有滅王。《漢天文志》曰：旬始如鱉，一見群猾橫恣。《玄冥占》曰：有如雄雞，其色赤黃，其名曰旬始，則天下有兵，其國不寧，期三年。

天狗。《黃帝占》曰：天狗者，五星之氣，出西南，金火氣合，名曰天狗。孟康曰：天狗有尾，旁有短彗，下有如狗下食血，其軍必敗。石氏曰：西北有星，長三丈而出，水金氣交，名曰天狗，見則大兵起，天下大饑，人相食。石氏曰：夫天狗所下之處，必有大戰，破軍殺將，伏屍流血，天狗食之。皆期一年，中二年，遠三年，各以其所下之國占之。卻萌曰：出狀赤白有光，即為天狗，其下小小無足。所下之地，必流血，國易政。《漢天文志》曰：哀帝時著天白氣，廣如一匹布，長十

餘丈，如雷，西南行止，名曰天狗。傳曰：言之不從，則有狗禍、詩祅。其年人相驚動，喧嘩奔走。《春秋緯》：天狗如犬奔有聲，望之如火，見則四方相射。《漢史》云：西北有三丈如火，名曰天狗，出則人相食。《天官》云：天狗狀如犬。《鏡星》又曰：大流星，有聲，其止地，類狗所墜，如火光中天。其下圓，如數頃田處，上銳，見有黃色，千里破軍殺將。《漢史》又曰：昭明，下為天狗，兵起流血，占昭明。《洛書》曰：昭明見，霸者出。《運斗樞》曰：昭明有芒角征也。《河圖》曰：太白散為天狗。又曰：有出其狀赤白有光，則為天狗。其下小無足，所下國易主。貞觀十三年正月三日日午，東南方有聲如雷，久而方絕。參驗此征，多是天狗下，眾說不同，未詳孰是。推亂亡之運，此其必天狗乎。

　　枉矢。《說苑》曰：枉矢，五星盈縮之所生也。巫咸曰：枉矢，類大流星，色蒼黑，蛇行，望之如有毛，（一云目。）因長數匹，著天。《海中占》曰：枉矢，類流星，望之有毛目，可一匹布，皎皎著天。見則天下兵大起。將出，弓弩用，期三年，《漢天文志》云：枉矢所觸，天下之所伐射，滅亡之象也。又曰；枉矢流，以伐亂。又雲項羽救巨鹿，枉矢西流。占曰：枉矢所觸，天下之所伐射，滅亡之象也。物類莫直於矢，今蛇行不能直，矢而枉者，執矢者不正矣，以象項羽執正亂也。

天鋒。宋均曰；天鋒，彗象矛鋒也。《洪範五行傳》曰：漢昭帝時，天鋒出西方天市，東行過河鼓，入營室中，占有亂臣戮死。後左將軍上官傑與燕王謀反伏誅。

蓬星。《荊州占》曰：蓬星，一名王星，狀如夜火之光，多則四五，少則二三。一曰；蓬星在西南，長數丈，左右有光，出而易處。《漢書天文志》曰：景帝中·三年六月壬戌，蓬星見西南，在房南，去房可二丈，大如二斗器，白色；癸亥，在心東北，可丈所；甲子，在尾北，可六尺；丁卯，在箕北，近漢稍小，且去時大如桃；壬申，去，凡十日。占曰：蓬星出，必有亂臣。房心間，天子宮也，是時梁王欲為漢嗣，使人殺漢諍臣袁盎，漢欲誅梁大臣，斧鉞用，梁王恐懼，乘車入關，伏斧鑕謝罪，然後得免也。

氣候占第五十一

赤黃氣出紫微宮天皇大帝星上，有立王。赤氣潤澤入紫微宮天皇星上，如刀劍，天子有喜，皇后懷孕事。

赤黃氣出紫微宮中東西蕃星，天子用錢賜諸侯王，又云兵起。

赤氣出紫微宮中勾陳星上，兵起。

黃白氣潤澤，如刀劍形，入紫微宮，守禦女星上，天子有男喜事。黃白氣正圓如杯碗，入紫微宮中，有立侯王。一云：天子有璧玉事。黃白氣入紫微宮中，有立侯王。白氣如龍如風或類獸飛鳥，入紫微宮，皆神氣，客喜。黃白如杯碗正圓，入紫宮，幸臣有奉獻美食。蒼白氣入紫微宮，其禍除；或入長垣，胡人兵起。

蒼白氣入勾陳中，大司馬戮死。赤氣出勾陳中，大將戰有功。白氣入勾陳中，天子立宗廟事。黃白氣出勾陳中，兵在外告罷事。黃白氣入勾陳中，將不戰。黑氣入勾陳中，大司馬軍中死事。黑氣入勾陳中，其禍除。

蒼黑氣入北斗魁中，貴臣下獄事。蒼白黑氣出北斗魁中，大臣禁者其禍除。赤氣入北斗魁中，大臣斧鑕斬者。黃氣入北斗魁中，天子出惡令。黃白氣入北斗魁中，天子左右幸臣有囚者遇德令。黃白氣入北斗魁中，集輔星，相有喜。

赤氣集輔星，相有斧鑕之誅。黃白氣集輔星，相擾。

蒼白氣出東西掖門，天子憂喪事；出太微中，其禍除。黃白氣潤澤入太微中，天子有喜事。赤黃氣入太微，天子用錢賜

玉。赤黃氣如箕帚，出太微中，天子用錢賜美女。赤氣如杯碗正圓光明，出太微中，天子用璧賜諸侯。氣上赤下白，大如井口，從外入，壓太微庭者，邪臣氣；其氣直者，貴臣氣；出東掖門者，兵起，將受命。赤氣出太微中，兵起。一曰立王。赤氣入東西掖門，內亂兵起，入，主且有喜事，天必應之以雲光影。黃白出宮上，若旗有光，人主有大喜，延年益壽。赤黃氣入太微，潤澤如帚，婦女喜。黃白氣如杯碗，入太微，天子有璧玉喜。黃白氣類走獸飛鳥，入太微，皆神氣，客喜。黃白氣入太微東西掖門，天子喜獻見戰。黃白氣如杯碗正圓，入太微，有獻美女者。黃白氣太微中，有立王。黑氣如蛇蚨及龍形，在太微庭中宮闕上者，白衣之會，其同章環太微天庭而入，殺主有喪，此氣皆奸臣讒賊之氣。黃白氣出東西掖門，天子同德令。一曰：雲如鳥口在太微，有人為外應。黑氣入東西掖門，大人憂。

蒼白氣如走獸，入太微坐旁，天子旁有反者。蒼白氣如走獸，入太微坐旁，有反者。蒼白氣如走獸，入抵太微坐，天子有憂。蒼白氣入抵太微坐，天子喪事。赤青氣出五帝座，出南者，不出九十日，人君失其宮，天下不安。赤氣直指太微座，諸侯內亂。青氣赤氣出五帝下，入幸臣中，不出六十日，近臣欲有謀其君者，氣不明者不成，其明者死亡，天下大亂。黃氣

出太子座，不出六十日，太子即位。黑氣抵太微座左右，諸侯死。

蒼白氣入郎位，中兵起。赤氣出郎位，多用兵，遠出行。黃氣潤澤入郎位，中郎位受賜。黑氣入郎位，多有死者。

蒼白氣入天桮，有喪。蒼白黑氣出天桮，其禍除。赤氣入天桮，兵起大將戮死。黑氣入天桮，大人憂。

黃氣入玄床，後宮有子喜。白氣有喪。黑氣出女床，後宮有死者。青氣後宮病。

青白氣出貫索中，其禍除。赤氣入貫索中，有內亂兵起。黃白氣入貫索中，天子喜。黃氣入貫索中，大人惡之。

蒼白黑氣出天市，其禍除，萬物賤。赤氣入天市，有斧鑕之事。赤氣入天市，有火憂。赤氣入天市，五兵器大貴。赤氣入天市中，有斧鑕之事。赤氣入天市，兵弩貴。黃白氣長二尺如繒布，常集天市，有神奇物者，天子有喜。

蒼白氣入南斗，多大風。赤氣入北斗，兵起及宗廟有火憂，大旱。黑氣入北斗，天子使諸侯。

歲星出芒，氣長三丈，三日雨，王者不安；熒惑出芒，氣長一丈，百日旱；填星出芒，氣長四丈，有土功事；太白出芒，

氣長三丈至六丈，大風雨起所指處；晨星出芒，氣長一丈，大水。

雲占第五十二

雲如匹布而行，若南，若東，若北，若西，郡上者，其君有憂，必有精以去。

四望無雲，獨見赤雲如立蛇，其下有流血出戰。四望無雲，獨見赤雲如覆船，亦其下有戰。

赤雲氣如光影見者，臣叛，不過三年。赤雲氣主兵將死，客勝，主人敗。

赤氣覆日如血光，大旱，人民饑千里。

黑氣如大道一條，至長明，不見頭尾東西者，不過三朔，大赦天下。

黑氣如群羊豬魚，四夷不順。

黑氣如斗如群馬蛇變化，為疾疫，人民亡，不宜乳婦，夷兵欲欺中國，宜遣伺候，讒言為惡。

雲如一匹布竟天，天下兵起。

四望無雲，獨見黑雲極天，兵大起。

雲半天，兵起天溝，不出三日，大雨，雨後不占。

四望無雲，見赤雲如燭火，其下戰流血死。

日濛濛無光，士卒內亂，將軍循法度，察有功以自明，及有內發，止嚴刑而伺奸人謀議。

天陰沉不降雨，晝不見日，夜不見星月，三日已上，陰謀起，將慎左右及敵使；陰五日至七日，有陰謀蔽，將奪其權，此有篡殺事。

天陰，日月俱無光，晝不見日，夜不見星，有雲障之而不雨，此為君臣俱有陰謀，兩敵相當，陰相圖議；若晝陰夜月出，君謀臣；若夜陰晝日出，臣謀君。

白氣如帶一道竟天，有暴兵；白蛇出，長盡天，必有暴兵流血；白蛇夜出，其年兵起。

濛霧者，邪氣陰來沖陽，奸臣謀其君。在天為濛，在人為霧，日月不見為濛，前後人不見為霧。濛者，氣也，臣以為非法，亂君政，霧從夜半至，日中不解，遂止，為君不悟，臣行邪政於百姓。過日中而似雨，臣強；夜濛晝明，臣謀君；晝濛夜明，臣得志。

黃雲霧蔽北斗，明日雨。赤雲掩北斗，明日大熱殺人。白雲掩北斗，不過三日雨。青雲掩北斗，立雨；天下無雲，晴；北斗上中下獨有雲，後五日大雨。

乙巳占　卷第九

《易》曰：天垂象，見吉凶，聖人則之。又云：觀乎天文，以察時變；觀乎人文，以化成天下。故伏羲畫卦，以定逆順之征；軒轅設圖，實著陰陽之道。蓋大聖所以通天地之至理，極造化之能事，體妙綴於神機，作范擬於系象。唯神也，故冥賾可尋；唯機也，故幽玄可驗。至若仰觀俯察，輔國利民，觀毫考微，全身保命，探禍福之源，征成敗之數，賢達所尚，由來久矣。淳風不揆庸昧，少而研習，雖著作十餘，而每多繁雜，輒以負薪餘日，綴集眾書，考論群氏，錯綜黃咸，博聞甘石，及以三都鬼穀，王霸高宗；略其旨要，撮錄祕驗，吉凶勝負，以類相從，勒為一部，聊備遺忘，並指圖略，例示二三。好道畏命，時或覽焉，審能精之，萬不遺一也。

帝王氣象占第五十三

凡天子氣，內赤外黃，正四方所發之處，當有王者。若天子欲有游往處，其地亦先發此氣，遠近數里，如法計之。吉凶以日辰相剋相生決期，亦如支干數法。

天子氣如城門，隱隱在氣霧中，恆帶殺氣森森然。

天子氣如華蓋，在氣霧中，或有五色，又多在晨昏見。

天子氣如千石倉，在氣霧中。

凡王者氣發，常以王相日多，與時及日辰相生，其法並在略例中。

天子氣五色如山鎮。

天子氣如高樓在霧中。

《洛書》云：蒼帝起，青雲扶日；赤帝起，赤雲扶日；黃帝起，黃雲扶日；白帝起，白雲扶日；黑帝起，黑雲扶日。又云：氣象青衣人垂手，在日西，天子之氣。敵上氣如龍馬，雜色鬱鬱沖天者，此皆帝王之氣，不可擊。若在吾軍，戰必大勝。

范增云：漢祖氣皆為龍虎或五彩，此天子之氣也。又云：吾使人望沛公，其氣沖天，五色相摻，或似人，此非人臣之氣

也。又云：氣如龜鳳大人，有五彩其形，隨王時發者，皆天子之氣，多上達於天。

將軍氣象占第五十四

將軍之氣如龍，兩軍相當，若發其上，則其將猛銳如虎，在殺氣中。猛將欲行動，先發此氣；若無行動，亦有暴兵起，吉凶以日辰決之。

猛將氣如火煙狀。

猛將氣白，赤氣繞之。

猛將氣如山林竹木。

猛將氣紫黑如門樓，或上黑下赤，似黑旗。

猛將氣如張弩。

猛將氣如塵埃，頭銳而卑本大而高。

兩軍相當，敵軍上氣如困倉正白，見日益明者，猛將氣，不可擊。

敵上氣黃白而轉澤者，將有盛德，不可擊。

氣青白而高，將勇大戰；前白後青而高，將弱士勇；前大

後小，將怯不明。

敵上氣黑、中赤氣在前者，將精悍不可當。

敵上氣青而疏散者，將怯弱。

軍上氣發，漸漸如雲，變作山形者，將有深謀，不可擊。若在吾軍，速戰大勝。

敵上氣如交蛇向人，此猛將氣，不可當；若在吾軍，戰必大勝。

凡赤氣上與天連，軍中有名將。一云賢將。

軍勝氣象占第五十五

凡氣上與天連，此軍士眾強盛，不可擊；若在吾軍，可戰必勝。

軍上氣如火光，將軍勇，士卒猛，不可擊；在吾軍，速戰大勝。

軍上氣如山堤，山上若林木，將士驍勇，不可與戰；若在吾軍，戰必大勝。

軍上氣如埃塵粉沸，其色黃白，如旌旗無風而揚，揮勢指

敵，我軍欲勝，可急擊之。

有雲如三疋帛廣前後大，大軍行氣也。

兩軍相當，敵上白氣粉沸如樓，緣以赤氣者，兵銳，不可擊；在吾軍，戰必大勝。

營上氣黃白色厚潤重者，勿與戰。

兩軍相當，有氣如人持斧外向，敵戰必大勝。

兩軍相當，上有氣如蛇，舉首向敵者，戰勝。

敵上氣如疋帛者，此權軍之氣，不可攻；若在吾軍上，戰必大勝。

敵上有雲如牽牛，不可擊。

遙望軍上雲如鬥雞，赤白相隨在軍中，得天助，不可擊也。

敵上發黃氣，將士精勇，不可擊；若在吾軍，可用戰。

軍營上有赤黃氣，上達於天，亦不可攻。

凡軍營上有五色氣，上與天連，此天應之軍，不可擊。

其氣上小下大，其軍士日增，益士卒。

其軍上氣似堤，以覆其軍上，前後白，此勝；若覆吾軍者，

急往擊之，大勝。

夫氣銳、色黃白、團而澤者，敵將勇猛，且士卒能強戰，不可擊。

雲如日月，而赤氣繞之，似日月暈狀有光者，所見之地大勝，不可攻。

敵上有氣或雲，及在中天而及軍上，有常此氣不變者，堅固難攻。

凡雲氣似虎居上者，勝。

軍上氣如塵埃、前後高者，將士精銳，不可擊。

敵上氣如乳虎者，難攻。

軍上常有氣者，其兵難攻。

軍上雲如華蓋，勿往與戰。

有雲狀如鳥飛去，所見國戰勝。

雲如旌旗如鋒向人者，勿與戰。

兩軍相當，敵上有氣如飛鳥，徘徊在其上，或來而高者，兵精銳，不可擊。

夜黑氣出，上有赤氣臨我軍上，敵強我弱，弱能破強，小

能擊大，大戰大勝，小戰小勝。

軍上雲如牛馬、頭低尾仰者，勿與戰。

軍上雲如杵形，勿戰。

望四方有赤氣如鳥，在鳥氣中如黑人，在赤氣中如赤杵，在鳥氣中或如人十十五五，及狀如旌旗在鳥氣中，有赤氣在前者，敵人精悍，不可當。

敵上有雲如山，兵可托。

有雲長如引素，前後銳，或一或四，黑色有陰謀，青色兵，赤色有反，黃色急去。

日暈，有雲氣入暈中者，隨所入擊之勝。

有暈有抱，所臨者勝。

日暈相交，居止者勝。

虹直指，順之而擊，可勝。

暈有抱有虹，順抱者勝。

日旁半暈，兩頭尖，有戰者，隨所指擊之。

軍敗氣象占第五十六

有氣上黃下白，名曰善氣，所臨之軍，慾求和退，向北，其眾死散；向東，則不可信，眾能為害；向南，將死。

敵上氣囚廢枯散，如馬肝色，或如死灰色，或類偃蓋，或類偃魚，皆為將敗。

敵上氣乍見，乍聚乍散，如霧始起，此敗氣，可擊；上大下小，士卒日減。

凡軍營上，十日無氣發，此軍必敗；而有赤白氣乍出即滅，外聲欲戰，其實或退散。

黑氣如壞山墮軍上者，名曰營頭之氣，其軍必敗。

軍上氣如火光夜照人，軍士散亂。

軍上氣出而半絕者欲敗，漸盡者走。一絕一敗，再絕再敗，三絕三敗。在東發白氣者，災深。

軍上氣如羊形，或如豬形，此是瓦解之氣，軍必敗。

敵上有氣如雙蛇，疾往攻之，大勝。

軍上有氣，中似雙蛇守日，急往擊之，勿疑，必大勝。

軍上氣如粉如塵，勃勃如煙，軍欲敗。

軍上氣五色雜亂，東西南北不定者，其軍欲敗。

軍上氣如群豬在氣中，此衰氣，擊之大勝。

軍上有赤氣炎降於天，士眾亂，將死。

赤氣如火光從天來，流下入軍，軍亂將死。

彼軍上有蒼蒼氣，須臾散，擊之必勝；在我軍上，須自堅守。

軍上有黑氣如牛形，或如馬形，從氣霧中下，漸漸入軍，名曰天狗下食血，則軍散敗。

敵上氣如群鳥亂飛，衰氣也，伐之，則我軍勝。

望彼軍上氣如懸衣，如人相隨，擊之可得。

望彼軍上氣紛紛如轉蓬者，急擊之。

望彼軍上氣色如揚灰，敵欲退去。氣蒼黑亂者，士卒饑。

兩軍相去十里外，望彼軍上氣高，而前後白青散者，此敗軍之氣，擊之可得。

雲如覆船車蓋者，其軍必敗。

雲氣如人頭臨軍營中，戰不勝，流血積溝渠。

敵上雲如群羊，如驚鹿，必退走，急擊之。

雲如卷席，如疋帛亂攘者，皆為敗，可攻而擒之。

雲氣蓋道，蔽蒙晝冥者，飯不暇釋，炊不及熟，急去也。

有雲如雞兔臨營者，軍敗走。

軍上氣黑而卑如樓狀，軍移必敗。

敵上氣如臥人無手足，或似車徇亂不起者，敗，如擊牛，凶敗氣。

敵上氣如雙蛇，如飛鳥，如決堤垣，如壞屋，如人相指，如人無頭，如驚鹿相隨逐，如人兩相向，皆為將敗之氣。

凡降人氣，如人皆叉手低頭。又云：如人叉手相向。

白氣如群趨入長營，連繫結百餘里不絕，而徘徊須臾，氣如黑山，以黃雲為緣者，欲降服之象也。

敵上氣青而漸黑者，將欲死。

雲氣如人頭者，是將軍失兵眾。

散軍之氣，如燔生草之煙，前雖銳，後必退，得歲月便擊之必勝。

黑氣臨營，或聚或散，如鳥將宿，敵人畏我，心意不定，終必逃背，逼之大勝；若在我軍，善須安撫。

日暈，有氣如死蛇屬暈者，將軍死，兩軍相當，不利先舉。

日傍有赤雲如懸鐘，其下有死將。

日暈四方均等，為力停；有缺薄征細，所臨者敗。

日月暈有背氣，所臨者敗。

軍上有白虹及蜺屈者，敗。

軍上有白虹及蜺入營者，敗。

日暈，氣後至，先去者敗。凡日月暈與氣，以先有者為發，以先去者為敗。

軍上有日旁虹蜺及犯逆之，戰者敗。

日暈有四缺，在外軍盡散敗。

城勝氣象占第五十七

白氣從城中南北出者，兵不可攻城，不可屠城。

中有黑雲如星，名曰軍精，急解圍去者，有突兵出，客敗。

城上白氣如旌旗者，勝。若赤界，其兵精銳不可當。

赤雲臨城，有大喜慶。黃雲臨城，有大喜慶。

青雲從軍城中南北出者，城不可攻。

青色如牛頭觸人者，城不可攻。

城中有氣出東，其光黃，此天守城，不可伐，伐者死。

白氣從中出，青氣從北入及返回還者，軍不得入城。

諸攻城圍邑，過旬不雷不雨者，為城有輔，疾去之，勿攻。

城壘氣出於外，如火煙者，主人欲出戰，其氣無極者，不可攻。

城上氣如雙蛇者，難攻；若前高後卑者，攻之可拔；後高前卑者，不可攻。

赤氣如杵形，從城中出向外者，內兵突出，主人勝。

城上有雲分為兩彗狀，攻不可得。

其城上氣不見於外者，不可攻。

有赤氣從城上出者，兵內勝，宜備之。

凡攻城，有諸氣從城出，入吾軍上者，敵家氣也，氣繞城不入者，外兵不得入。

日暈，有白虹貫日，其城可攻拔。

日暈，有青氣從中起四出者，圍中勝。

屠城氣象占第五十八

赤氣在城上，黃氣四面繞之，城中大將死，城降。

城上赤氣如飛鳥，城可攻，急擊之，則破走。

城上有赤氣如破車，城可攻。

城上無雲氣，士卒必敗散。

城營中有赤氣，狀如狸皮斑及正赤者，並破亡將敗。

城上氣如死灰色及上下出者，城可攻。一云，攻城圍邑，其氣如灰氣出而覆其一軍上者，多病，城可屠；氣出復入者，人欲逃背。

攻城圍邑，城上氣聚如樓見外者，攻之可得。

望城中氣起而正上赤，可屠。

城營上有雲如眾人頭赤色，下多流血死喪。

攻城圍邑，其上氣色如灰，一云灰，城可屠。氣出南北，城可剋；其氣出復入城中，人欲逃背；其氣出而東，城可攻；其氣出而西，城可降；其氣出而復其軍上者，士多病；其氣出

而高無所止,用日久長。有氣從城外者,兵欲盜攻。

　　攻城,黑雲臨城者,積土固險之象。黑,水之氣,城池之稱。我據城,敵不能為我攻,故不可攻。又曰:審應而無攻,知難而自止,因可用智不敗。

　　有白氣如蛇,來止敵城上者,急攻之,小緩則失;從其城來指我營者,宜急固守。

　　凡攻城,有白氣繞城而入城者,隨所入,急攻之,小緩則失;從其城來指我營者,宜急固守。

　　攻城,若不雨,濛霧,日死,風至,兵勝。日色無光為日死。

　　雲氣如雄雉臨陣,其下必有降者。

　　濛雲圍城而入城者,外勝得入。

　　有雲如立人五枚,或如三牛,邊城圍。

　　城上有蛟頭白,內降,城可攻;若有屈虹從外入城中,三日內,城可屠。

　　日重暈而有白虹貫日,圍城客勝。

伏兵氣象占第五十九

軍上有黑氣，渾渾圓長，赤氣在其中，其下必有伏兵，不可擊。軍當欲戰，或長相守者。

望彼軍上白氣粉沸，起如樓狀，其下必有藏兵萬人，不可輕擊。

軍行近山林坑穀之間，當善防之，既是伏兵之地，而上有氣者不疑。雲紛紛綿綿相絞，及似蒿草數尺，車騎為伏兵。雲如布席之狀，及似蒿草尺許，此以步卒為伏兵。

伏兵之氣，如幢節狀在烏雲中，或如赤杵在烏雲中，或如烏人在赤雲中。

黑氣出營南，賊逃吾，復有伏兵，謹候察之，有覆之無遺。

兩軍相當，赤氣者伏兵之氣。若前有赤氣，前有伏兵；後有赤氣，後有伏兵；左右亦如之。察審則知伏兵所在。

軍上有氣烏色中有赤氣，必有伏兵，不可攻；前有烏氣，後有白氣，必有伏兵，不可攻。

有雲如山，兵在外，有伏兵。

暴兵氣象占第六十

白氣如瓜蔓連結，部隊相逐，須臾罷而復出，至八九而來不斷，急賊卒至，宜防固之。

白氣如仙人衣，千萬連結，部隊相逐，罷而復興，如是者，當有千里兵來，所起備之。

黑氣敵上，來之我軍上，欲襲我，敵人吉，宜備不宜戰，敵回，從而擊之，必得小勝；天色蒼茫而有此氣，依日支干數，內無風雨，則所發之方必有暴兵。日剋時則凶，時剋日自消散。此氣所發之方，當有使人告急，一人來則氣一條，二人來則氣二條，三人來則氣三條；若散滿一方，則有眾來。期至依支干數，數內有風雨則伏。

壬子日，候四望無雲，獨見赤雲如旌旗，其下有兵起。若遍四方者，天下盡有兵。

若四望無雲，獨見黑雲極天，天下兵大起；雲半天，兵半起，名天溝，三日內有雨，災解。

敵欲來者，其氣上有雲，下亦有雲，其下敵必至。

雲氣如旌旗，賊兵暴起，暴兵起如虎。

雲氣行人，必有暴兵；色白而悴者，是暴兵起。

氣如人持刀盾，有雲如坐人赤色，所臨城邑有卒兵至，驚怖，須臾去。

赤氣如人持節，兵未息。

雲如赤虹，有暴兵。

白虹出長盡，有暴兵流血。

有雲如人行止不崩，有暴兵。

赤雲如火者，所向兵至。

天有兵氣狀如疋布、經丑未者，天下多兵，赤者尤甚。

有雲如胡人列陣，天下兵起。

天有白氣廣六丈、東西竟天者，兵起；青者有大喪。白氣如帶道竟天，有暴兵。

有雲如疋布竟天，天下兵起。

有雲如疋布持捧，兵起民流。

有雲如豹四五枚相聚，國兵起。

四方清霽，獨有赤雲赫然者，所見之地有兵起。

戰陣氣象占第六十一

氣青白，白高，將勇大戰。

氣如人無頭，如死人臥，敵上氣如丹蛇，赤氣隨之，必大戰敗將。

四望無雲，獨見赤氣如狗入營，其下有流血。

四望無雲，獨見赤雲如立蛇，其下有流血出戰。

四望無雲，獨見赤雲如覆船者，其下有戰。

初出軍日，天氣昏漠，雲氣陰沉寒剋者，必戰。若清陽溫和，風塵不動者，不見敵亦不戰。

有青氣見軍之王相上者，當戌交戰，不見者不戰。

若白虹，若赤屈虹，見城上，其下必大戰流血；赤氣屈旋停住者，其下有兵血流。

白氣如車入北斗中轉移者，下有流血，大將死。

雲如耕隴者，兵必大戰驚。

日傍氣或相交貫穿，或相背，主中不和。

日有白氣若虹交見者，從上擊下勝，無軍而見者，下必流血。

兩軍相當，必交戰。有白虹列四五六見者，亦為大戰。

日旁有一缺，萬人死其下。兩軍相當，不利先舉。

月初滿而蝕，有軍必戰。

日月有赤雲截之如大杵，軍在外，萬人死其下。兩軍相當，不利先舉。

圖謀氣象占第六十二

白氣群行徘徊結陣來者，為他國人來欲圖人，不可應；視其所往，隨而擊之可得。

日月濛濛無光，士卒內亂，將軍循法度，察有功以自明。及有兵內發，止嚴利，而伺奸入謀議。

天陰沉不降雨，晝不見日，夜不見星月，三日已上，陰謀也，將慎左右及敵使；五日至七日，有謀蔽，將奪其權，此其篡殺事。連陰十日，亂風四起，欲雨而不雨，名曰濛，臣謀君。故曰；久陰不雨，臣謀主。

天陰沉，日月俱無光，晝不見日，夜不見星月，皆有雲障之而不雨，此為君臣俱有陰謀。

　　兩敵相當，陰相圖議事。若晝陰夜月出，君謀臣；夜陰晝日出，臣謀君。

　　黑氣如幢，出於營中，上黑下黃，敵欲來求戰，而無成實，言信相反，同奸於我。謀將軍之事，通言九日之內必覺，備之吉。

　　黑氣臨我軍，如車輪行，敵人謀亂，我國臣與同勾引小臣，君行罰吉。

　　黑氣遊行，中含五色，臨我軍上，敵必謀合諸侯而伐吾國，諸侯反謀，軍自敗。

吉凶氣象占第六十三

　　慶雲，赤紫色，如煙非煙，如雲非雲，鬱鬱紛紛，蕭索輪困，是謂慶雲，亦曰景雲。見者國有慶。雲含五色，潤澤和緩，見於城上，景雲也。一曰慶雲。非氣非煙，五色氳氳，一曰卿雲。景雲者，太平之應也。五色為慶雲，三色為矞雲。一云外赤內青為矞。雲赤如龍狀，名曰昌光，帝王起則見。如星非星，如雲非雲，或曰星有雨。赤彗上似蓋，下連星，名曰歸邪。歸邪見，必有歸國者。日暈黃色及抱珥直光，履黃色，皆吉慶之事。

京房《易飛候》曰：視四方常有大雲，五色具而不雨者，其下有賢人隱。青雲潤澤蔽日，在西北，為舉賢良。黑氣如大道一條，至四五疋，明不見頭尾東西者，不過三朔，大赦天下。

　　赤氣如散蓋覆軍上，千里內戰，有慶；千里外，有憂。黃氣臨營，西向東向，戰並凶；北向吉。

　　赤氣隨日出，軍行有憂；隨日沒，外告急者。或曰：天下檄告敵。或征不行，凶。

　　赤氣漫漫血色者，流血之象。

　　赤氣如火影見者，臣叛其君，不過三朔。

　　赤氣如龍蛇，在山頭住，又如夜光者，臣離其君，國主不安，為客君所傷，人民流移，遠其鄉里。

　　赤氣覆日而光，大旱，人民饑千里。

　　何知賊得否？赤氣行，黑氣隨；赤氣滅，為賊可得；若獨行無黑氣隨者，賊不可得。

　　黑氣如死人頭在營上，敵人有所獻，且求降，許之；不許必戰，功雖成，士卒多死。

　　黑氣如牛頭、龍、馬、蛇變化，疾病，人民流亡，不宜乳婦，

夷兵咸欲欺中國，宜遣伺侯，讒言為惡。

　　新出軍行師，假令向東伐，而有白雲從西來，因隨而擊之勝；若有赤雲東來逆軍者，敵勝；我軍當敗，急且屯守，他方仿此。

　　黑氣如積土，在我軍上，敵來襲我，我必堅守經月；敵心離，離而後戰，必大勝。

　　若對敵在東方，白雲東去，而有雲又東來，相逆，須臾過者，雲已去而有風隨之，所望龍虎之狀，若在我軍，皆大勝。雖從雲而風逆者，亦不可戰。若有雲氣橫來者，兩軍不合，急先伏止，不爾，有遁將。黑氣遊行，中含黃氣，在我軍者，急令舉兵。不速戰，士卒懼，人有逃心，罷軍吉。兩軍相當，彼軍上有氣赤，上如疋布，廣長數十丈，其下色黃白，必有背叛之軍，昏見在臣佐，夜見在兵，宜備之。

　　凡被圍，平目視圍上氣，鬱鬱如火，光芒勢翕翕然者，其方救至，無者無救。軍行，有白氣如虹者，軍大驚，宜備之。若黑雲南北陣，國將有憂。不然，有大水為害。白雲白氣極天南北陣，有憂；黑雲東西陣，君有憂。若天氣蒼茫而東西極天，移日不動者，為憂深。此氣以戊己日出為災。日入，有青氣東西極天，支干數內無風雨，不出三年，將有大喪。

赤雲臨圍上東西陣，國且負兵。

三霧，秋以庚辛申酉日，氣色白，東行利為客，先舉兵勝，後舉兵敗。

二霧，夏以丙丁巳午日，色赤黃，氣西行，為利客，主人凶。

四霧，冬以壬癸亥子日，氣青黑，氣南行，興軍動眾。

五霧，四季月以戊己辰戌丑未日，氣黃色，行向北，利客，主人內亂。

一霧，春以甲乙寅卯日，氣青，出東方向季者，客勝。

山中冬霧，十日不解者，欲崩之候。

雲如疋帛而行，若西南，若邑郡者，其君有憂。

雲氣如亂壞，大風將至，視從來遮之，雲甚潤而厚，大雨必暴至。

四始之日，有黑氣如陣，厚重大而多雨氣，若霧非霧，衣冠而濡，見則其城帶甲而趨。

日出沒時，有雲橫截之，白者喪，黑者驚。三日內雨者，咎解。

雲氣如雄兔，臨軍營中，軍士死亡。

天有青氣入營者，兵弱驚。天有赤色入營者，兵暴驚。天有黃氣入營者，兵和解。天有白氣入營者，兵強。天有黑氣入營者，士卒疾病。一云：兵相殘，急移營。

有雲如蛟龍，所見處，將軍失魄。

有雲如鵠尾，來蔭圍上，三日亡。

有雲如日月暈赤色，其國凶；青白色，有大水。

有雲狀如龍行，國大水流亡。

有雲赤黃色四塞，終日竟夜照地者，大臣縱恣。

有雲如氣昧而濁，賢人去，小人在位。

凡遇四方盛氣，無向之戰。甲乙日青氣在東方，丙丁日赤氣在南方，庚辛日白氣在西方，壬癸日黑氣在北方，戊己日黃氣在中央。四季日戰，當此日吉，逆之必敗。甲乙日平旦，所向有白雲，不可攻。丙丁日所向有烏雲，皆為城堅，不可攻。他仿此。

赤氣如火者，叛其君。赤氣加西方者客勝，加北方者客敗。加東方，和解不鬥。加南方者軍還，天下安，無兵。他仿此。

凡天見五色雲氣，望東西南北，至子午卯西，若百步千步，一丈十丈，一尺長，數百丈，如車道長百十丈，日辰相剋者，大斗；不相剋者，寄居憂除。王氣所臨，有天命，為兵強；相氣所臨，為戰勝，將史有功；死氣所臨，死喪疾病，饑饉破敗；囚氣所臨，為被圍降敗；休氣所臨，為兵罷無功，士卒亡散。

日中有黑氣，君有小過，而臣不掩君惡，不揚君善，故日中有黑氣，不明是也。

凡白虹者，眾亂之首，百殃之本。霧者，百邪之氣，陰來冒陽，奸臣謀主，擅權立威。在天為濛，在地為霧；日月不見為濛，前後人不相見為霧。像志氣也，晝霧夜明，臣志得伸；夜霧晝明，臣志不伸。一云：君政邪，人覆主上，臣謀冒其君，覆之氣也，臣以非政，亂君政。霧從夜半至，日中不解，遂止於濛，君不悟臣，行奸政於百姓；過日中似雨，臣強，無所避；濛日見，邪人欺君，有救，則明政令，審取順信臣而無害。霧終日終時，有君憂。色黃小雨；白主兵喪；青疫病；黑主暴水；赤有兵喪旱；黃主土功，或有大風。凡夜霧白虹見，臣有憂；晝霧白虹見，君有憂。虹頭屈至地，流血之象；白虹氣出，其年兵起。凡霧氣，不順四時，逆相交錯，微風小雨，為陰陽氣亂之象。從寅至辰巳上，週而復始，逆者不成，積日不解，晝

夜昏暗，天下欲分離。凡霧四合，有虹見其方，隨四時色，吉非時色凶。凡霧氣若晝若夜，其色青黃，更相掩覆；乍合乍散，臣欲謀君，為逆者不成自亡。凡霧氣四方俱起，百步不見人，名曰晝昏。不有破國，必有滅門。凡天地四方昏濛若下塵，十日已上，或一月日，或一時，不沾衣而有土，名曰霾。故語曰：天地霾，君臣乖，不大旱，外人來。

九土異氣象占第六十四

《史記》曰：故候息耗者，入國邑，視封疆田疇之整，城郭屋室門戶之潤澤，次至車服畜產之精華。實息者吉，虛耗者凶。然則天地之間，無不有氣色者也。故積錢實，瓦石古壚，市獄戰場，皆有其氣。今轉次之云爾。海旁蜃氣象樓台。廣野氣成宮闕。

自華山已南，氣上黑下赤。嵩高三河之郊，氣正赤。恆山北氣青。渤海之間氣正黑。江淮之間氣皆白。東海氣如圓燈。漢水氣如引布。江漢氣勁如杼。濟水氣如黑豚。渭水氣如白狼白尾。淮南氣如帛。少室氣如白兔青白尾。恆山之氣如黑牛有尾。東海氣如樹。西夷氣如室屋。南夷氣如樓閣或類舟船幡旗。北夷氣如牛羊群畜宮闕。

黑氣如群羊，如豬魚，為六夷不順。陣雲如立垣，杼雲類杼。軸雲類軸，搏兩端銳。杓雲如繩，居前互天山，其半半天者類門旗，故白雲勾曲。諸此雲見，以五色占。而渾轉密，其見動人，及有兵起合鬭。其真雲氣，如三疋帛廣，前銳後大，將軍行氣也。千歲龜，上有白雲。

韓雲如布，周雲如車輪，秦雲如行人，衛雲如犬，魏雲如鼠，齊雲如絳衣，越雲如龍，蜀雲如囷。

車氣，乍高乍下，往往而聚；騎氣，卑而布；卒氣搏，前高後卑者，不止而返；校騎之氣，正蒼黑，長數百丈；遊兵之氣，如彗掃。

喜氣；上黃下白；怒氣，上黃下赤；憂氣，上下黑；土功氣黃，白徒氣白。

凡候雲之法，氣初出時，若雲非雲，若霧非霧，彷彿若可見。初出森森然，在桑榆上，高五六尺者，是千五百里外，平視則千里，舉目望則五百里，仰瞻中天百里內，平望桑榆間二千里，登高山而望四下屬地者三千里。凡欲知吾軍，常以甲己日及庚子戊午未亥日，八月十八日，去軍十里，登高望之可見。依別記占之，百人已上，皆有氣。凡占災異，先推九宮分野，六壬日月，不應陰霧風雨者，乃可占。對敵，有雲來甚卑，

掩溝蓋道，是大賊必至，食不及飽，急起嚴備之。敵在東，日出候；在南，日中候；在西，日入候；在北，夜半候。

凡氣在王相色，吉；在囚死色，凶。

凡軍上氣，高勝下，厚勝薄，實勝虛，長勝短，澤勝枯。

凡氣，欲似甑上氣，勃勃上升，積為霧，霧為陰，陰氣結為虹蜺暈珥之屬。凡氣不積不結，散漫一方，不能災。必須和雜殺氣，森森然疾，乃可諭占。

軍上氣安則軍安，氣不安則軍不安，氣南則軍南，氣北則軍北，氣東則軍東，氣西則軍西，氣散則軍破散。

候氣，常以平旦、下晡、日出沒時處氣見以知。夫占之期內，有大風雨久陰，則災不成。故風以散之，陰以疏之，雲以藏之，雨以解之。

雲氣入列宿占第六十五

角宿：有雲狀如刀劍，出兩角間，有憂，陰謀起，天子下殿。
　　　有雲蒼色入左角，兵散；出右角，戰有憂。

亢宿：有雲入亢，人民疾疫。有氣入亢出氐，君主疾。

氐宿：有蒼白雲入氐，天下大疫疹流行。有黑雲入氐，水災。

房宿：有赤雲狀人入房，後有娠，不然，好事起。有氣入房，
　　　宮中大兵起，名曰內亂。

心宿：有青雲出心，天子使諸侯將出。有白氣入心左星，太子
　　　受賜；黑氣入心右星，庶子受賜祿；蒼白氣入心中星，
　　　天子有憂。

尾宿：蒼氣入尾，故臣有來歸身者；出尾，臣有死者。白雲入尾，
　　　君故臣有來者。

箕宿：蒼氣出箕，國災除。又曰：入箕，四夷來見。黃雲入箕，
　　　有蠻夷來貢。

斗宿：蒼白雲氣入南斗者，多風。赤氣入斗，兵起。

牛宿：虹雲出牽牛之度，必有崩城，期二年；蒼雲入牛，牛多
　　　疾。

女宿：赤雲入須女，婦人多以兵死。白氣入女，女多疾疫。

虛宿：蒼雲入虛，哭泣在內；出虛，禍除福興；黃氣入虛，天
　　　子以喜，起廟祠祀。

危宿：蒼白若赤雲入危，有土功蓋屋大作之事。蒼氣入危，中
　　　國憂損屋。

室宿：蒼白雲入室，大人喪之憂。（入壁同。）氣潤澤如日月

見室，男子之祥。

壁宿：　赤雲入壁，有兵起。黑氣入壁，有破王。

奎宿：　赤雲入奎，有兵若疾病。

婁宿：　白氣入婁，人民受賞。黃氣入婁，貴人受賜。

胃宿：　蒼白氣入胃，以喪糶粟。黑氣入胃，困倉敗，穀腐。

昴宿：　蒼赤雲入昴，人民多疾疫，妖言大起，不然龍見。

畢宿：　蒼白雲入畢，歲不收；出畢口，其禍除。又曰：赤雲入畢，兵起，大旱，火災。白氣入畢口中，其歲大人必有生者。

觜宿：　黃雲入觜，兵隨之出。黑氣入觜，大人憂。

參宿：　蒼雲入參，有火災。赤氣入參，內有兵起。

井宿：　黃氣白入井，有客來賓，池澤水事興。赤雲入井，大水，不然有疾病。

鬼宿：　白雲入鬼，有疾病憂。黑氣入鬼，大人憂。（觜同。）

柳宿：　赤雲入柳者，有失火之憂；出柳者，大旱。黃雲入柳中，五十日赦。

星宿：　蒼白雲入七星，大人憂。赤氣入七星，四曲五曲不正者，有亡臣。

張宿：白雲入張，大客有憂。赤氣入張，天子用兵賜物。黃白氣潤入張，天子因喜賜客；出張，天子使信物、賜諸侯。黃赤氣入張，憂；出張，天子用兵。

翼宿：黑氣入翼，政短。翼星有氣三夜不去，大人憂，兵大起，車騎滿野。

軫宿：蒼雲圍軫，亡國之戒。蒼白氣入軫，王大幸觀；出軫，其禍除。黑氣如鼠入軫正中，大人墮車憂，或落床。黃白雲出軫，天子用車為幣賜諸侯王。

雲氣入中外官占第六十六

赤黃氣出紫宮，有立王。

赤黃氣出紫宮中，天子用錢物賜諸侯王。

赤雲氣直入紫宮中，兵大起，內亂，有立王。

赤氣出紫宮中，兵起。

赤黃氣潤澤入紫宮中，天子有嘉劍。

黃白氣潤澤如刀劍入紫宮中，天子有男喜。

黃白氣入紫宮中，有立侯王。

黃白氣正圓如杯碗入紫宮中，幸臣有奉獻美女者。（入太

微，同占。）

　　蒼白氣出紫宮，其禍除；起或入長垣，胡人起。

　　蒼白氣出天極中，其禍除。

　　蒼白氣入勾陳中，大司馬憂喪。

　　黑氣入勾陳中，大司馬戮死。

　　赤氣入勾陳中，內亂。

　　赤氣出勾陳中，大戰，將有功。

　　黃白氣入勾陳中，將大戰。

　　白氣入勾陳中，天子立宗廟。黑氣出勾陳中，其禍除。

　　赤氣入北斗，兵起，及宮廟有火憂，大旱。

　　赤氣入北斗中，還勾陳南斗，不過一年，有流血，兵將死，客勝主。

　　黃白氣入北斗，天子使諸侯。

　　雲氣五色直入北斗，必立天子，遠二年，近百日。

　　蒼黑氣入北斗魁中，貴臣死獄中。

　　蒼白氣出北斗魁中，其禍除。

赤氣入北斗魁中，將斧鑕斬者。

黃氣出北斗魁中，天子出惡令。

黃白氣出北斗魁中，天子左右幸臣有囚者蒙德令。

蒼白氣入北斗，多大風。黃雲蔽北斗，明日雨。

赤雲掩北斗，明日大熱殺人。

白雲掩北斗，不過三日，雨。

青雲掩北斗，五日雨。

天下晴，北斗上下獨有雲，後五日內必大雨。

黃白氣集輔星，相有喜。

白氣集輔星，相有憂。

赤氣集輔星，相有斧鑕之事。

赤雲入攝提，九卿憂。

黃雲入攝提，九卿有賞。

赤氣入攝提，戈盾用事。

青雲一道、如千尋槍桿而沖大角過者，殿樑棟折。

黑氣出梗河，兵大戰。

蒼白氣出招搖，三夜不去，大人憂。

黃氣出女床，後宮有子喜；白氣有喪。

黑氣出女床，後宮有死者；青氣有病。

蒼白氣入天棓，有喪。

蒼白黑氣出天棓中，其禍除。

青氣入天棓，有喪；出天棓，有禍。

赤氣出天棓，兵大起戮死。

黑氣入天棓，大人憂。

蒼白氣出貫索中，其禍除。

蒼白雲氣入貫索中，天子憂亡地。

赤氣入貫索中，有內兵起。

黃氣入貫索中，天子喜。

蒼白氣入織女，主憂病。

蒼白氣出天市，其禍除，萬物賤。

蒼黑氣入天市中，萬物賤。

赤氣入天帝中，兵弩貴。

赤氣出天市中，兵大貴。

黃白氣長如二疋繒布，常集天市中，神奇物出，天子有喜。

赤氣出天江，車騎將軍出。

蒼白氣出河鼓中，將有憂。

黑氣入匏瓜，天子食果為害。

蒼白氣入天津中，君有水憂。

蒼黑氣入王良，奉車憂。

蒼白氣入附路，太僕憂。

客氣出天船中，不出一年有自立者。

蒼白雲氣入三台，人民多喪。

白雲大圍長二三丈，出天牢中，貴人及人親屬，必斬死。

赤氣入天理中，兵大起。

赤氣出東西掖門者，起兵將受令。

赤氣入東西掖門，內亂兵起，人主且有吉事，天必應以雲光影。

黃白氣入東西掖門，天子有喜。

黃白氣出東西門，天子出德令。一曰：雲如為鳥獸在太微中，有人為外應者。

黑氣入東西掖門，大人憂母。

蒼白氣出東西掖門，天子憂喪事；出太微中，其禍除。

蒼白氣如人反走獸入太微坐旁，有反者。

蒼白氣如走獸，入抵太微帝座星，天子有憂。

蒼白氣入抵太微及帝座，天子有喪事。

赤黃氣潤澤入太微中，天子有喜事。

赤黃氣潤澤如箕帚入太微中，婦女有喜事。

赤黃氣如箕帚出太微中，天子用錢物賜美女。

赤黃氣入太微中，天子用錢賜諸侯王。

赤氣出太微，兵起。一曰有立王。

赤氣如杯碗正圓飛出太微中，天子用璧賜諸侯王。

氣直指太微坐左右，諸侯且內亂。

黃白氣出太微中，有立王。

黃白氣如赤黑氣蛟蛇及龍形，在太微庭宮闕上，有白衣之會；其同章環太微天庭而主殺主喪。此氣皆亂臣讒賊之氣。

黃白雲氣出宮上，若旗有光，人主有喜，延年益壽。

有青白氣出五帝座飛徑出南門者，不出九十日，人君失其官，天下不安。

赤氣出五帝座、下至入幸臣中者，不出六十日，近臣有欲謀其君者。氣不成，不明形者，死亡，天下大亂。

青白氣出幸臣入五帝座，臣中正欲論兵事發。（入積卒同占。）

氣上赤下白，大如井口，從外入壓太微庭者，邪臣；氣直者，貴臣之氣。

太微中有雲如鳥，諸侯反，有來誅天子，內連謀。

黃氣出太子座上、入五帝座者，不出六十日，太子即位。

黑氣抵太微坐，左右諸臣死。

蒼白氣入郎位，中兵起。

赤氣出郎位，多用兵，遠出行。

黃白氣潤澤入郎位，中郎受賜。

黑氣入郎位，郎多死者。

雲氣入外官占第六十七

赤氣直如千尋槍桿沖庫樓，天子自將兵，兵大動，武庫官憂，內外不安。

赤氣入魚星，車騎滿野，軍大動，將軍憂。

蒼白氣入羽林軍，直南出，後有憂。

赤白氣入龜，巫卜官憂。

赤黑氣入鱉魚，白衣之會，天下易政。

赤氣入傅說，祝官憂。

赤氣入北落師門中，兵起。

蒼黑氣入天倉，歲不熟。

青白氣入天囷，歲饑。

蒼白氣入騎官，將死。

赤氣入敗臼，人主凶。

青氣入天廩，飛蝗生。

赤氣入天苑中，牛馬多傷。

赤氣出參旗，不出一年，西胡來，欲盜中國，若侵地，不出三年，天下煩擾，百姓多憂。

蒼白氣入天廁中，天子有陰病。

青赤氣入積卒中，正臣欲論兵事發。

赤氣入天漢中，兵大起。

蒼白氣入咸池中，水蟲多死。

蒼白氣入折威中，大臣作逆內亂，兵大起，天子失勢。

赤雲氣入天積中，有火憂。芻稿一名天積。

歲星起出喪氣長三丈，三日雨，王者不安，大擾。

熒惑出喪氣長一丈，百日旱。

填星出喪氣長四丈，有土功，多雨。

太白出喪氣長三丈至六丈，多風雨，兵大起所指處。

辰星出喪氣長一丈，大水。

氣象升沉，表吉凶之得失。青氣白黑犯官坐而入，占者察焉，豫曉祅變，括量銓度，唯氣幽深，窮之更堅，鑽之更邃。

諸占隱辭決，並在略例中。若志士研精，須得指圖者也。僕尋之白首，粗得其門，後世學人觀此意也。

乙巳占　卷第十

《易》曰：巽為風。巽卦曰：重巽以申命，又云：撓萬物者，莫疾乎風，風以散之。《詩序》曰：風，諷也，教也，風以動之，教以化之。然則風者，是天地之號令，陰陽之所使，發示休咎，動彰神教者也。《洪範》曰：念用庶征：雲聖，時風若。咎徵：雲蒙，恆風若。《周禮春官保章氏》：以十有二風，察天地之和合、乖別之祅祥。自此而觀，即占風聲，以探禍福，由來尚矣。故金勝未啟，表拔木之征祥；玉幣才交，起偃禾之異事。宋襄失德，六鶂退飛；伯姬將焚，異鳥之唱。是知風覺鳥情，天地之事理，其所由來久矣。昔子野驪歌以驗楚軍，吳范立候而期關羽。楊范之占雞酒，管輅之察飛鳩。並皆占等同符，義過合契。是知事無大小，隨感必臻，祥無淺深，見形皆應。此則法術之所由來也。

余昔敦慕斯道，歷覽尋究。自翼奉己後，風角之書，近將百卷，或詳或略，真偽參差，文辭詭淺，法術乖舛，輒削除煩

蕪，罽棄游談，集而錄之，以為風鳥參驗，附於玄象之末。並有立成，以備倉卒，庶使文省事周，詞約理贍，後之同好想或觀之。夫甖口微嘯，尚有征應，況五行招感，能無所聞？陸賈曰：目瞤得酒食，火花得錢財，鵲啄足而行人至，蜘蛛集而百事喜，小既如此，大亦有之，將來君子，幸畏天命也。

候風法第六十八

凡候風者，必於高迥平原，立五丈長竿，以雞羽八兩為葆，屬於竿上，以候風，風吹羽葆，平直則占。亦可於竿首作盤，盤上作木烏三足，兩足連上而外立，一足系羽下而內轉，風來烏轉，回首向之，烏口銜花，花旋則占之。淳風曰：羽必用雞，取其屬巽，巽者號令之象。雞有知時之效。羽重八兩，以仿八風。竿長五丈，以仿五音。烏象日中之精，故巢居而知風，烏為先首。《淮南子》曰：天欲風，巢居先翔。古書云：立三丈五尺竿於西方，以雞羽五兩系其端，羽平應占。然則知長短輕重，取於合宜。竿不必過長，但以出眾中不被隱蔽為限，有風即動，便可占候。羽毛必五兩已上，八兩已下。但以羽輕則易平，重則難舉。常住安居，宜用烏候；軍旅權設，宜用羽占。羽葆之法：先取雞羽中破之，取其多毛處，以細繩遂緊夾之，長短三四尺許，屬於竿上，其扶搖、獨鹿、四轉、五復之風，

各以形狀占之。

占風遠近法第六十九

　　凡風動，初遲後疾，其來遠；初急後緩，其發近。（此以遲疾推風發遠近。）凡風動葉十里，鳴條百里，搖枝二百里，墮葉三百里，折小枝四百里，折大枝五百里。一云：折木飛砂石千里。或云：伐木施千里，又云：折木千里，拔木樹及根五千里。（此鳴條已上，皆百里風也。此以勢力推風遠近。）凡大風非常，三日三夜者，天下盡風也；二日二夜者，天下半風也；一日一夜者，萬里風也。（此以時節多少推風發遠近。）凡風二日二夜，事及三千里外；一日一夜周時，事及二千里；或一日或一夜六時已上者，事及一千里；半日半夜三時已上，事及五百里；三時已下，事及百里。（此以時多少推災及遠近。）凡大樹拔根，事及三千里外；折大枝，事及二千里。（此以勢力占災遠近。）凡風近起城郭中者，有急事；卒起宮宅中者，為左右有變事。風自百里已上來者，皆謂其風時緩時急，條長垂索索然者是也。若蓬勃乍起乍止，卒緩卒急，勢無常准者，並二百里以內，非遠來，為災乃重。若當時有雲雨雷電者，不占。其應四時災日兼雷雨而發者，並依別占。周成王偃禾之風是也。

淳風曰：天下地氣，有偏饒風處，或近山川，或近大水，皆以異常為占，而山川記復有近風穴處。然風發出之時，皆有所應。然風或發一時間，遠乃至十日已上者，災重。而京房《風角》又有推五音風所發遠近，各以其五音之數，期風來處遠近。凡風發，一日為其縣，二日他縣，三日其郡，四日他郡，五日其州，六日他州。各以日數，知災所及。一云：凡風一日一夜為邑，二日三日為州，四日五日為國，六七日為天下。凡五音，有納音中金木水火土定五音者，有十二辰配五音，有聽聲配五音。宮風，近十里，中百里，遠千里。（宮之數也。）羽風，近六里，中六十里，遠六百里。徵風，近七里，中七十里，遠七百里。角風，近八里，中八十里，遠八百里。商風，近九里，中九十里，遠九百里。淳風曰：案京房《角風》所載，五音風發遠近，皆以五行成數推之。其雲遠近及中者，皆以日時多少及勢力強弱，以事准之。推其遠近，皆變通其數，觸類長之，而風所從來二十四處，皆須明知發止。審別支干及以八卦所在，發時早晚，來從何處，息在何時，回在何日何辰，皆須審明知之。凡候風之體，須明知入卦，審識支干，或上或下，或高或卑，必曉此義，然後可驗，必無乖越。若失在毫末，差深千里。今設八方之法：八干，甲乙丙丁庚辛壬癸；四卦，乾坤艮巽。八干、四卦、十二辰總有二十四分，皆立方，迭相衝破，即是

風所從來。審視發止，乃可占驗。凡風從戌上來者須抵辰，自辛至者須直乙，發乾上來者必須抵巽，如此交沖，始知來處，以辯辰卦而入於占。回風卒而圓轉扶搖，有如羊角向上輪轉。有自上而向下，有從下而升上，或平條長直，或磨地而起。

推風聲五音法第七十

謂太史必知風之情，曉風之聲。宮聲如牛鳴牢中，隆隆如雷；（鼓響，雲直如雷鼓也。）徵風聲如奔馬，炎（注，一作燎火。）上如縛颎駭起；商風聲如離群之羊，如叩銅鐘，如飛集之羽，如流水汲汲，咨嗟聲感人；羽風聲如擊濕鼓，如流水揚波，激氣相磋，如麋鹿之鳴子也；角風聲如千人語，然令人悲哀，如人叫啾啾，如千人呼嘯，如雞登木。

李淳風曰：五音者，是五行之聲，皆出於黃鐘之管，以生清濁。黃鐘之管長九寸，聲最濁以為宮，其數九九八十一，三分增減，以生上下。故三分減宮一分，餘五十四，三分益一，七十二，三分減一，四十八，三分益一，六十四，以成五音之數。夫聽五音之法，必須以耳察其聲，以牙（牙，古互字。）大小，而清濁有大小，量聲體響，不可以文載口傳，是故黃帝截竹為管，以大小長短，為聲之法。然長短度量，必須以數正

之。度數若正，則其聲亦正，今風發聲大小無定，不可一准。故推其清濁，以知大小況耳，但人見不同，故聲體多別，商徵牙錯，冀彼知音。《黃帝》曰：凡風之動，皆不安之象也。若在山川海濱之上，空穴之間，風所起處，皆不可占之，為常式也。若在宮宅城營之內，戰陣之所，風勢異常，吹揚沙石，日光白濁，則乃占之。《黃帝》曰：凡人君理順四時，則春無淒風，夏無苦雨。先王之治，以天下為家，以兆民為子。凡風，用意察之，若紛錯交橫，乍起乍止，儒墨深藏，智者緘默。風若有聲刮耳，君用小人，疏遠君子。風若蕭蕭習習，調和潤氣濡物，而卯酉之位乘之，必雨，須臾而至。風若暴疾，南北無處，交錯離合，紛埃相注，此風之應，必在人主。風若冥冥，白日沉形，黃霧四塞，太陽翳精，主之昏亂，政教不明。風若滅滅，相隨南北，旁亂相觸，高下遲疾，人去其宅，大兵四集。風若寒切，令人戰慄，刑罰急酷，暴霜殺物。風若啾啾，令人悲愁，必有大喪，疾疫之憂。風若炎炎，或遲或疾，為火為旱，誠之所急。

五音所主占第七十一

　　宮為君，商為臣，角為事，徵為令，羽為物。宮數一，（為君，為身。）徵數三，（為宗廟，為先人鬼怪。）羽數五，（為

境界，為妻財。）商數七，（為人臣，為吏僕。）角數九。（為疾病，為死喪。）淳風曰：按五音所主，以宮為君體，像五行之內土為最尊，（莊注，是故五行土性地是也。）地體與天敵體，故宮音於五音之內。為君之尊，必主宗廟。宮之先人，蓋是火行，故次徵。而號令之體，不取自專，必因宗廟，故徵亦為號令。體必有二，道不孤立，助祭宗廟，佐修陰道。故立妃後，以設母儀，是以羽為宮妻，妾是親物，故亦為物。有妻有物，百世本枝，當鬚子嗣，以紹宗社，故次商而為臣子。易窮則變，物極則反，天道常運，萬物隨時，次及於事，事之大者，莫過於病，病死之道，因於鬼刑。角是宮宮，故角終其末，論五音，則因濁而至清；論情誼，則從尊以主卑。故宮生於徵，徵生於角，角生於羽，此其宜也。

地十二辰五音法：子為陽宮土，主帝王；丑為陽徵火，主旱、大災、口舌、宮寺；寅為陽徵，主烽旱火；卯為陽羽，主雨水、霖霪、霧露；辰為陽商金土，大將吏士；巳為陽角，主疾病憂懼；午為陰宮土，主妃後；未為陰徵火，主庶人土功，飛蟲，詔書檄；申為陰徵火，為郵驛尉侯；酉為陰羽水，主霜電陰沉；戌為陰商金，主小將兵刃；亥為陰角，主死喪哭泣。李淳風曰：自子至巳皆為陰律所上生，故為陽。自午至亥皆為陽律所下生，故為陰。

《洪範五行》之數，水、火、金、木、土，蓋自順理，自北徂南，先經後緯，以土數注之。今五音則宮、徵、羽、商、角。宮為聲主，以集五音，形其尊卑。故逆自南徂北，先緯而後經，逆順先後，蓋取聲形為質也。數兼奇偶，聲為響也。陰偶陽奇，獨奇陽，性動者逆行，情定者順入，是以有逆順之理焉。徵者大也，大是南方，體合二位，故戊己及土同在南方。五音之說，故以二位成體。所以平均多少，遞標逆順，猶六神之內，大兼二將者也。

五音風占第七十二

宮風：（音如雷鼓。）發屋折木，（怒也。）有土功，（宮主土。）人君內亂，（宮為君，發屋折木，自動其心，故亂也。）不出十日、百日，（宮數。）有所之，（風以動之，以所其不安，故有之。）且有急令，（風必有急令也。）貴人相捕斬，（亂則君臣相疾，疑慮忌恐，其傷亡，遞相捕斬。）天下兵起，（貴賤相誅，下不堪命，故天下兵起也。）盜賊滿市，人饑不已，（貴人誅，兵卒起，令不行。賊入市。）車馳馬奔，流移不止。（宮為土，土動，故人移居。亂則兵起車馳，但有急令應占，則下皆發。他皆仿此。）

徵風。發屋折木，不出三日、三十日。若有大災，吏憂自行，當四方有告急事，或有火妖。性恐怖驚亂。（凡言吏者，理入官，上至三公皆是也。）

羽風。發屋折木，不出五日、五十日，繇大貴，人以水為敗，若大喪，后妃黜，寶物出。

商風。發屋折木，不出七日、七十日，有急令，兵起，繇大貴，國四門閉，兵從中起。（四門閉者，閉梁塞城邑，固折而備干也。）

角風。發屋折木，不出九日、九十日，有急賊盜鬥戰，繇大貴，大饑，人饑相食，有大死喪，當有疾癘之事。

淳風曰：按京房翼奉風角舊書，皆以此與五音相動風占相連，各在一音之首。後之學者，竟不能悟，渾雜推考，頗乖舊意。今輒心集之於此，別為條例，則使後學如是風聲之占，不與彼日辰五音相雜矣。然即此風，雖知聲之所主發之禍福，皆須以日辰來處相參課之。占風之家，多雲發屋折木、飛沙轉石等語，若每一行之中，一著此語，則於文頗煩。今輒集風發之體，以一字例。凡古占雲發屋折木者，今皆雲怒風。古占雲揚沙轉石者，今皆雲狂風。古占雲四轉五復者，今皆雲亂風。古占雲暴風卒至，乍有乍無者，今皆雲暴風。古占雲獨鹿蓬勃者，

今皆雲勃風。古占雲扶搖羊角者，今皆為飄風。今因此以風來清涼溫和塵埃不起者為和風。若有暗冥昏濁寒剋者為霾翳。

古書云：風者，通已前並用，總有八號，謂之八風。取《爾雅》風名，風而雨為霾，陰而風為翳，日出而風為暴，回風為飄，焚輪謂之穨，扶搖謂之焱。

論五音六屬第七十三

五音者：一言宮，三音徵，五言羽，七言商，九言角。六屬者：庚屬震，辛屬巽，戊屬坎，巳屬離，丙屬艮，丁屬兌；子午屬庚，丑未屬辛，寅申屬戊，卯酉屬巳，辰戌屬丙，巳亥屬丁。

乾主甲子壬午。（甲為陽日之始，壬為陽日之終。子為陽辰之初，午為陽辰之中。乾初在子，則乾四在午。言乾為陽，故主陽日；乾主陽，故四陽辰。內主子，外主午，內為始，外為終，終始陰陽也。）坤主乙未癸丑。（乙為陰日之始，癸為陰日之終，丑為陰辰之初，未為陰辰之中。坤初在未，則坤四在丑每言坤為陰，故主陰日辰，內主未，外主丑。）震主庚子庚午。（震為長九，主甲。對於庚，以父授男，乾初子，故主庚於，與父同也。）巽主辛丑辛未。（巽為長女，坤初主乙，

乙對於辛，故巽主辛，以母授女，故主五未也。）坎主戊寅戊申。（戊為中男，故主之辰在中之干，與中也。離主己卯己酉，離為中女，故主中干中辰。）艮主丙辰丙戌。（艮方少男乾上，主壬對丙，故主丙辰丙戌，是第五配之。）兌主丁巳丁亥。（兌為少女對丁，故主丁巳丁坤上，主癸亥，是第六故配之。）

　　故八地十二辰，以命十干所屬者命之。未至，以其言數納其音，以數主。一曰：今日辰相配，共得一音。然月初出於庚見震象，八日丁上見兌象，十五日甲上見乾象，十六日平旦、辛上見巽象，二十三日平旦、丙上現艮象，晦日見離象，朔日見坎象於戊巳中宮。此之所主，從月而來矣。

　　五音受正朔日占第七十四（細音立成日，並納陰陽，六情中同者也。）

　　朔者，正月一日，諸納音陰陽宮日，（子盡巳為陽，午盡亥為陰。）

　　庚子為陽宮，庚午為陰宮。（庚子重陽，庚午重陰。）以此宮音受正朔日風者，賣田宅，收粟。（謂正月朔也。淳風以十一月者，陽之始，歲首所起，十一月朔日為元。）徵日受正朔日風者，賣田宅絲綿，收大麥。羽日受正朔日風者賣下田，就山陵居，五穀。（水傷。）商日受正朔日風者，賣六畜，收

筋角皮，修甲治兵。角日受正朔日風者，賣田宅，收奴婢棺槨及送終之具。

五音相動風占第七十五

宮日風從宮來，人君出行；從徵來，土功，寶物出，有兵；宮日子午風從子午來，為宮動宮；從子上來，山陵崩壞，人君出行，專風也；從子（一本無子字。）午來，地震裂，若後出行；時加子午為重宮，君將欲行，大臣走，若後出遊也。宮日子午風從丑未來，寅申來，為宮動徵，有土功，寶物出，有兵；時加徵為重徵，有義兵，土功興，國出令，有詔書，義風也。宮日風從羽來，且大雨不止，則大臣出走，若復為旱，（宮土、羽水，盛則水衰，水衰則火起，故亦為旱。宮為君，羽為人，故大臣出走。）時加羽為重羽，則大雨陰，制風也。宮日風從商來，有兵行，且有客兵；時加辰戌為重商，有兵殃，保風也。宮日風從角來，必鬥兵，人君凶，客兵傷，有急兵，若有喪傷；角來，邊兵有大戰；（宮為土、為君角為木凶木主哭泣。故客，土動，木所不勝。故君軍傷，有大喪也。）時加巳亥為重角，君不昌，宮有大喪。宮日風從乾來，有湧水暴雨。宮日時加宮，怒風從艮來，山陵崩壞，人君出行，水湧地裂。宮日時加宮，怒風從巽來，蝗蟲生，害五穀。宮日時加宮，怒風從坤來，有

走獸為害，有土功。

　　徵日風從陽宮來，有火災，土功起，將大旱，火殃數起，宮寺多失火，災起；從陰宮來，太子有疾；時加徵為重徵，有火災土功起。徵日風從陽徵來，有火災，人君有災恐，走獸為災，宮寺多失火，從王相陽宮來，歲大樂，有火災、旱。從陰徵來，人君憂，走獸為大災。時加寅申丑未為重徵，國四門閉。徵日風從陽羽來，四鄰有事，寶物出，陰盛於陽，且或有雷電，有霜雹，諸侯大夫多失史；從陰羽來，四夷有事，寶物出，多雷電。徵日風從商來，有急兵，人君出入有輔佐，強兵自守，七日、若七十日，有邊兵鬥。徵日風從陽角來，有兵起，急兵動驚，春有喪。（金剋木，水於火，反剋金。故有兵也，邊有急大驚也。）

　　羽日風從陽宮來。人持財物聚，君吏有令，憂兵起，將受命，有集會，有土功，有寒霜雪。從陰宮來，有水土功，暴寒傷物，兵集。羽日風從陽徵來。有兵，國有受令，有憂，人臣有急憂，關梁塞。羽日風從陽羽來，且欲雨，白衣聚，若有大喪，大雪霜雹，日出沒時，又五日或五十日，白衣會。若五宮，立有喪寒，且雨從南方來，則國有憂，人多疾病；北方來，則有雹霜，或聚在水中。羽日風從陽商來，有鬥兵圍城不戰，邊

有兵，關梁不通，有喪兵不興。（金水母子和，故動角。邊兵圍城敗，羽為角除害，像臣為君討賊。故動必大雨，不出戰故也。）羽日風從陽角來，邊兵圍城，城敗；（一云：有兵圍城不解。）時加巳亥為重角，有圍城若大喪。

　　商日風從陽宮來，戒太子忌怨，人君有疾，兵疾，有急兵；（宮土，土生金所，是一金兩土，母憂子，故曰太子也。）從陰宮來，庶子有急變兵，兵在北方。商日風從陽徵來，國邑受令，兵且行，將在外，兵還不戰，臣受兵令行；（徵為號令，商為兵。故兵令退也。）時加徵為重徵，有大兵行。商日風從陽羽來，歲大荒，國凶憂亂，且大雨，兵在東方。商日風從陽商來，有白衣聚眾之象，立王之征。且大雨，關梁塞，大將出退外敵，外敵來邑中，有小急，且有急兵，人君主憂，國四門閉，兵在西方。從陰商來，為大殃，糴貴，中有兵，風怒七日、七十日，急令兵大起。（羽入水，為從金生，故為大雨。二金逆行故水，為人主憂大兵鬥，主國關梁塞也。）商日風從陽角來，有急兵令發。商日風從陽宮來，人君有憂，兵從申起，國四門閉；從陰角來，有大喪，貴人多疾病，有土功。（宮為君，角主死，故為大喪也。）

　　角日風從陽徵來，吏斂民財，若兵出會眾，倉粟糴貴，寶

物出，有蝗蟲。（角木、徵火，火為絲絹，故吏斂民財物。）
角日風從陽羽來，有土功，且大雨，邊有兵，卿大夫多口疾，
先暑風，後雨。角日風從陽商來，憂有卒兵也，鳴條已上皆應；
角日風從陽角來，邊兵起，人主凶，有死亡，盜賊至，不勝；
南方來，有兵，遠喪至，所不勝而發，時加角為重角，有遠喪，
有邊兵，盜賊起，糴貴，野有饑人。（角主哭泣，木為金所剋
也。）

　　李淳風按：風角書與樂產本多少不同，占驗又異。今輒總
括，除煩略穢，其有時下風來處同者，為重其音，此謂時音，
與風所發處同，故雲重，如余所見，與日重有與風重者為異。
其陰陽五音，主亦不同，各須以陰陽分別也。

五音鳴條已上卒起宮宅中占第七十六

　　宮日風鳴條已上，皆為人君出行，從德鄉來，德事出；（謂
歲月日時，及溫德和清明也。一作：謂歲日月時、五行之德為
吉情。）刑鄉來，刑事出。（謂五行歲月日時之五刑及寒烈冥
濁。）及卒起宮宅中，皆為土功興作，若潰亂出入聚眾。

　　徵日風鳴條已上，來去皆發止於徵者。及卒起宮宅中，皆
為失火，若有召口舌鬥憂也；從徵來，時加徵而止於徵，為宮

寺失火。

羽日風鳴條已上，及卒起宮宅中，皆為聚眾會物，有寶物出入之事。及有水物為變，船濟之事。

商日風鳴條已上，及卒起宮宅中，及時加商，又從商來去，皆為宮宅中且有自傷者，及斗憂兵傷；日辰勝時下，皆為外人來傷害主人。

角日風鳴條已上，及卒起宮宅中，皆為疾病；時加角，從來去皆為角上者，皆為外喪法。九日有令兵，若九十日，加王，為君長；加相，為臣子妻妾；加死、囚、休，為下賤。角日風時加申子，若從角來去，皆為中宮自傷；其日辰勝時下，皆為外人來傷害主人也。以風起止，決其人所在。角中雜羽為溺死，雜徵燒死，雜商兵死，雜宮病囚死。

推歲月日時干德刑殺法第七十七

歲日月時干德法：甲德自處，乙德在庚，丙德自處，丁德在壬，戊德自處，己德在甲，庚德自處，辛德在丙，壬德自處，癸德在戊。假令太歲在甲，即歲德在甲；太歲在乙，歲德在庚。（他皆仿此。）

　　歲月日時支德法：歲月日時在子，德在巳；歲月日時在丑，德在午。（以次順行前五辰是也。他仿此。）

　　月干德法：寅午戌，月德在丙；亥卯未，月德在甲；申子辰，月德在壬；巳酉丑，月德在庚。

　　推歲殺法：寅午戌，歲殺在丑；巳酉丑，歲殺在辰；申子辰，歲殺在未；亥卯未。歲殺在戌。又金神殺：四孟月，殺在酉；四仲月，殺在巳；四季月。殺在丑。

　　推歲月日時刑法：歲月日時在子，刑在卯；卯為刑下，子為刑上。歲月日時在丑，刑在戌；戌為刑下，未為刑上。歲月日時在寅，巳為刑下，申為刑上。歲月日時在卯，刑在子；子為刑下，卯為刑上。歲月日時在巳，申為刑下，寅為刑上。歲月日時在未，丑為刑下，戌為刑上。歲月日時在申，寅為刑下，巳為刑上。歲月日時在戌，未為刑下，丑為刑上。

　　淳風按：刑下來者禍淺，刑上來者災深。一云：三刑皆為歲月日時之刑。今數即有四刑，歲也，月也，日也，時也。今淳風謂三刑者：刑上，刑下，自刑。四刑之中有此三刑，四刑辨尊卑、三刑別淺深也。辨和風災風法，凡災風之來，多挾煞氣，寒剋白濁，塵埃蓬勃；若吉祥之風，多德氣，並而日清明，天氣溫和，風氣索索，條長去地少高，不動塵土，平行而過。

今諸字占，並具言寒剋白濁等語，今略之為例：諸稱寒剋白濁者，今雲災氣；諸稱清明溫和者，今雲和氣；（凡如此晴明，即雲清和。）諸稱大風寒冥、冥日無光、沉沒霧氣者，今雲昏氣。

論六情法第七十八

六情者：好、惡、喜、怒、哀、樂。

水性智敬，木性靜仁，火性躁亂，土性力倍，金性剛義。

一曰貪狼，申子辰，水之源，其性侵淫，其性貪諍。水動而溢下，晝夜不停向震，故申子為貪狼，辰未為奸邪。水性智，故達下，流趣未，冬藏，故曰貪狼。

二曰陰賊，亥卯未，木之類也。其性屈曲，其情邪伏，陰映閉匿，為水所生，返售所養，故亥犯為陰賊，未為奸邪。木自水生，葉落還本，歸於亥，主盜賊，故主陰賊。春生，故曰陰賊。

三曰廉貞，寅午戌，火之位，其性真正，其情炎盛，精耀上升，淹濁下降，以禮自濟，不受穢惡，與離同類，道合重明，故寅午為廉貞，戌為公正，火性夏長，故正。炎強自伏，其卿

不濫他所，故曰公正。

四曰寬大，巳酉丑，金之位也。其性義斷剛直，其情寬大，與乾健同類，與兌相當，有象施與，故巳酉為寬大，丑戌為公正，金鋼義直，自歸本城，秋收故寬，體天故大。

五曰奸邪，辰未主之。辰為水末，未為木窮，水為智，智窮則奸生，木旁則邪曲，故辰未主之。

六曰公正，丑戌主之。丑金剛而為公，戌火明而為正，故丑戌主之。

申子為貪狼，主欺紿不信，亡財遇賊，主攻劫人也。（京房云：求人財物，強取也。）

巳酉丑寬大，主福祿賞賜；聚集酒食，主貴人君子。（京房云：酒食慶賀也。）

亥卯未為陰賊。主戰鬥殺傷，謀反叛逆。（京房雲，劫暴奪也。）

寅午為廉貞，主賓客禮儀，嫁娶國儀，為人誠信謙謹。（京房云：為上客遷官。）

丑戌為公正，主報怨仇，主兵。（京房云：仇諫諍。）

辰未為奸邪，主欺慢人。（京房云：淫佚，疾病，欺紿。）

第一本情，（甲乙主之。）第二合情，（丙丁主之。）第三刑情，（戊己主之。）第四沖情，（庚辛主之。）第五鉤情。（壬癸主之。）

六合：子與丑合，寅與亥合，卯與戌合，辰與酉合，巳與申合，午與未合。

三刑：子刑在卯，卯刑子，丑刑戌，戌刑未，未刑丑，寅刑巳，巳刑申，申刑寅，辰午酉亥自刑。

對沖：子午，丑未，寅申，辰戌，卯酉，巳亥。（已上並衝破也。）

六鉤：子鉤酉，丑鉤辰，寅鉤亥，卯鉤午，巳鉤申，未鉤戌。

五合：甲己合，乙庚合，丙辛合，丁壬合，戊癸合。

陽德自處，柔德在天。

陰陽六情五音立成第七十九

甲子，陽商，貪狼。本情。甲申，陽羽，貪狼。本情。甲辰，陽徵，奸邪。本情。

乙丑，陰商，公正。本情。乙酉，陰羽，寬大。本情。乙巳，

陰徵，寬大。本情。

　　丙寅，陽徵，陰賊。合情。丙戌，陽宮，陰賊。合情。丙午，陽羽，奸邪。合情。

　　丁卯，陰徵，公正。合情。丁亥，陰宮，廉貞。合情。丁未，陰羽，廉貞。合情。

　　戊辰，陽角，奸邪。刑情。戊子，陽徵，陰賊。刑情。戊申，陽宮，廉貞。刑情。

　　己巳，陰角，貪狼。刑情。己丑，陰徵，公正。刑情。己酉，陰宮，寬大。刑情。

　　庚午，陽宮，貪狼。沖情。庚寅，陽角，貪狼。沖情。庚戌，陽商，奸邪。沖情。

　　辛未，陰宮，公正。沖情。辛卯，陰角，寬大。沖情。辛亥，陰商，寬大。沖情。

　　壬申，陽角，寬大。鉤情。壬辰，陽羽，公正。鉤情。壬子，陽角，寬大。鉤情。

　　癸酉，陰商，貪狼。鉤情。癸巳，陰羽，貪狼。鉤情。癸丑，陰角，奸邪。鉤情。

甲戌，陽微，公正。本情。甲午，陽商，廉貞。本情。甲寅，陽羽，廉貞。本情。

乙亥，陰徵，陰賊。本情。乙未，陰商，奸邪。本情。乙卯，陰羽，陰賊。本情。

丙子，陽羽，公正。合情。丙申，陽徵，寬大。合情。丙辰，陽宮，寬大。合情。

丁丑，陰羽，貪狼。合情。丁酉，陰徵，奸邪。合情。丁巳，陰宮，貪狼。合情。

戊寅，陰宮，寬大。刑情。戊戌，陽角，奸邪。刑情。戊午，陽徵，廉貞。刑情。

己卯，陰宮，貪狼。刑情。己亥，陰角，陰賊。刑情。己未，陰徵，公正。刑情。

庚辰，陽角，公正。沖情。庚子，陽宮，廉貞。沖情。庚申，陽角，廉貞。沖情。

辛巳，陰商，陰賊。沖情。辛丑，陰宮，奸邪。沖情。辛酉，陰角，陰賊。沖情。

壬午，陽角，陰賊。鉤情。壬寅，陽角，陰賊。鉤情。壬戌，陽羽，奸邪。鉤情。

　　癸未，陰角，公正。鉤情。癸卯，陰商，廉貞。鉤情。癸亥，
陰羽，廉貞。鉤情。

五音刑德日辰所屬立成第八十

甲：德自處，刑戊。

　　丙子，兩不兩則晦，海裡起兵。

　　子，侯，刑卯，周。

　　戊，申曹，刑未，晉。

　　申午辰寅。

　　商

　　徵

　　羽商徵羽。

乙：德日庚，刑巳。

　　粟貴，邊夷內侵。

　　丑，侯，刑戊，齊。

　　亥，水，自刑，魯。

　　酉未巳卯。

丙：德自處，刑庚。

　　邊城有兵見圍。

寅，尉卿，魏，刑巳。

子。

戌申午辰。

徵

羽

宮徵羽宮。

丁：德在壬，刑辛。

天旱傷物，人多疫。

卯，市，日，刑子。

丑

亥酉未巳。

戊：德自處，刑壬。

有土功，食物貴。若欲議遷邑。

辰

寅

寅子戌申。

角

宮

徵角宮徵。

己：德在甲，刑癸。

　　有土功，食物貴，若欲遷。

　　巳，獄吏，宋，刑申。

　　卯

　　丑亥酉未。

庚：德自處，刑甲。

　　蟲生人，治自刑。

　　午，倉曹，犯自刑。

　　辰

　　寅子戌申。

　　宮

　　商

　　角宮商角。

辛：德在丙，刑乙。

　　蟲生人，治丑。

　　未，大府，燕，刑丑。

　　巳

　　卯丑亥酉。

王：德自處，在丙。

北狄胡人興，備四塞。

申，座吏，秦，刑寅。

午

辰寅子戌。

商

角

羽商角羽。

癸：德在戌，刑丁。

北狄胡人興，備四塞。

酉，傳吏，鄭，自刑。

未

巳卯丑亥。

宮。子帝王，午后妃。

震雷擊鼓。

商。辰大將，戌小將。

琴瑟鐘磬。

徵。寅丑亥，旱火災。申未，土功及民。

奔走燎火。

角。巳疾病，亥死。

悲吟呼叫。

羽。卯雨水，丙霜雹。

流水飛羽。

貪狼之日，時加奸邪，風從陰賊上來，有劫相殺之事。

陰賊之日，風從奸邪上來，時加申子止子，必有賊殺人，逆亂相盜。

奸邪之日，風從寬大上來，時加卯止亥，有人持酒食禮來，相候謀盜。寬大之日，風從廉貞上來，時加己酉，為貴客至，有吉慶賀賞賜事。

公正之日，風從奸邪上來，時加寅午，為誠信之士，若來報仇詐人。

廉貞之日，風從寬大上來，時加午酉，為貴客以酒食來相宴樂。

寬大之日，時加廉貞，風從寬大上來，時加午止酉，貴客以酒食相宴樂，有遷官徵召酒食喜事。從奸邪上，求有妖人為怪，婦人欺夫。從貪狼上來，有人競求財者，從陰賊上來，有賊而無所剋。從公正上來，貴人有求名問事。

廉貞之日，時加寬大，風從廉貞上來，有七千里來相慶事，若長者到。寬大上來，人以酒食求相和好，貪狼上來，吏客求

錢物，公正上來，仇人報怨。陰賊上來，慾求劫人者，奸邪上來，有人上文書征發事，不則有奸人設詐不信事。

公正之日，時加公正，風從公正上來，吏人爭財，多奸相傷，若仇人欲報仇怨。奸邪上來，人欲告言部吏私財物者，陰賊上來，下凌上，謀為不道者。貪狼上來，有亡失逐縱，相牽引事。廉貞上來，君長欲遷。寬大上來，行出必值人酒食之事或憤爭。

陰賊之日，時加陰賊，風從陰賊上來，有賊格鬥，在部界內，必傷殺人。貪狼上來，以白刃相攻仇。公正上來，為外人謀內。寬大上來，告客行錢與人。廉貞上來，有隱士學人為惡劫。奸邪上來，東向婦人來，勿前之，必伺人家為匿盜之事。

貪狼之日，時加貪狼，風從貪狼上來，有賊人至，攻劫人財。且欲害人，慎之，禍起北大。公正上來，必有行怨報人，揚兵相擊，年立丑者凶。奸邪上來，惡人持挈物來。廉貞上來，他人遺財相賄者。寬大上來，持禮相候，而慾求人財物。陰賊上來，家人內若有人相牽引，不則行出為禽獸所傷。

陰賊之日。風從奸邪上來，時加申子止子，必有賊煞人，逆亂相盜。

　　奸邪之日，時加奸邪，風從奸邪上來，主人見謀，若出遇疾病。陰賊上來，有宿怨，令相攻，必流血。從公正上來，欲報怨仇。廉貞上來，有文書所召，若以淫盜相牽。貪狼上來，賊人謀持物亡走。寬大上來，有人因酒食病。

六情風鳥所起加時占第八十一

　　巳酉為寬大之日，假令巳酉注寬大之日，時加巳酉，鳥來鳴其上，時加王相，當言為長吏，休廢囚死，當有酒食；時加寅午，鳥來鳴其上，有酒食辭讓者；時加丑戌，鳥來鳴其上，酒食訟口舌；時加亥卯，鳥來鳴其上，有酒食，一作盜賊相害者；時加辰未，鳥來鳴其上，有酒食，婦人女口舌者；時加申子，鳥來鳴其上，酒食爭財事。

　　寅午廉貞之日，時加寅午，鳥來鳴其上，時加王相，當言為長吏，休廢囚死，當有諫諍辭讓事；時加巳酉，鳥來鳴其上，有書至；時加申子，鳥鳴其上，酒食禪讓事；時加辰未，陰私婦女口舌；時加丑戌，鳥鳴其上，酒食事；時加亥卯，以酒食相殺事。

　　公正之日，時加丑戌，鳥鳴其上，時加王相，言吏公正事，休廢囚死，當有吏來慰問事；時加巳酉，鳥鳴其上，有公正酒

食賜遣；時加寅午，鳥鳴其上，有公正辭讓慶賀；時加辰未，有吏來說公私賊事；時加申子，有吏來說公正欺詐事；時加亥卯，有吏來說賊相傷事。

奸邪之日，時加辰未，鳥鳴其上，加王相，當言長吏來捕奸詐，休廢囚死，當有口舌起；時加寅午，鳥鳴其上，謙讓人說姦淫事；時加寬大，有酒食陰私事；時加丑戌，有吏來捕奸私陰謀事；時加申子，有陰謀諍鬥劫盜事；時加亥卯，有陰私賊兵相害事。

貪狼之日，時加申子，鳥鳴其上，時加王相，當言群賊攻劫，休廢囚死，當有盜賊事；時加寅午，鳥鳴其上，有善人說攻劫事；時加巳酉，鳥鳴其上，有酒食攻劫財物事；時加丑戌辰未，鳥鳴其上，有婦人諍訟群賊事；時加亥卯，鳥鳴其上，時加王相，有群賊相攻奪事。

陰賊之日，時加亥卯，鳥鳴其上，時加王相，群賊大戰，休廢囚死，當有大鬥相傷；時加巳酉，鳥鳴其上，有酒食相殺傷事；時加丑戌，鳥鳴其上，有吏逐賊相害；時加寅午辰未，鳥鳴其上，有婦女奸私相傷事；時加申子，鳥鳴其上，有賊相攻劫事。

諸陰賊日，有鳥若群飛及飄風颷從四季上來，時加四季，

必有搜索，皆為開閉，囚日在近道。假令今日風起市中，若飛鳥從四季上來，即時搜索。欲知何捕人；若加丑戌，捕怨仇；加辰未，則捕小盜人殺。則此占皆為即至，不與風角同。

八方暴風占第八十二

　　北方坎，風名曰廣莫風，主冬至四十五日。京房云：四時暴風起於北方，主盜賊起，天下兵皆動，令人病濕飲帶下，難以起居。（北方坎，主盜賊，故兵起。水濕帶下。下部濕。）

　　東北艮曰條風，（亦名炎風。）主立春四十五日。一云：鬼行人道，多旱疫，主天下水，令人疾洩，變易形容。（冬春之交，萬物變改。）

　　東方震曰明庶風，（亦名宆風。）主春分四十五日。京房云：人流，盜起相攻，風發天下，旱冥霜起，歲大饑，令人病變節四肢，不可動搖。（雷始起動，木始盛故也。）

　　東南巽曰清明風，（一名景風。）主立夏四十五日。京房云：民多洩痢，乳婦暴病死喪。

　　南方離曰景風，（一名臣風。）主夏至四十五日。此風中發，有火災。來年旱，令人身暴熱，生瘡，目盲。（離為火，

目為熱盲也。）

　　西南坤曰涼風，一作諫，（一名陣風。）主立秋四十五日。此風發，天下兵動，日月失色，令人食不入口，病腰脊肩背股膝皆腫。（坤為眾，故兵動。陽氣衰，故日月無光，木為老，故患也。）

　　西方兌曰閶闔風，（亦名飄風。）主秋分四十五日。京房曰：秋旱霜，主天下兵動，日月蝕，令人患瘡癬瘺。（兌為毀折，故日月食而生惡瘡。）

　　西北乾曰不周風，主立冬四十五日。天下大饑。京房云：有盜賊相攻，人多痀疾，人流亡疾疫，多死喪，有神不起，地動，日月失色，令人病疥癘，生惡瘡。（乾當室壁，故主疾疫。）

　　古八節，但暴風起其方，即占。京房云：八方暴風之候及八卦風別名。春白、夏黑、秋赤、冬黃，皆為凶，下逆上，兵革四動，各隨其部日辰占之。乾高折風，（一名沖。）坎為大剛風，艮為凶風，震為嬰兒風，巽為大弱，（一云小弱。）離為大弱風，坤為諫風，（一名陰謀風。）兌為小弱。

　　古八風，發屋折木，飛沙揚石，三日不雨，則逆四時，乃占。風為陽，雨為陰，陽之怒，得陰則諧，故風災得雨則解。

正月朔後八風者，此法齊人要術，五穀所宜。及出《漢書志》：
從乾來，有憂兵；從坎來，回水湯湯，有大水；從艮來，人疾疫，
歲有蝗蟲；從震來，陽氣干歲，大旱有喪；從巽來，歲多風，
傷五穀；從離來，歲旱大熱，多火災；從坤來，人疾病，道中
多死凶；從兌來，歲有兵革之事。

　　三辰八角風：辱殺反吉抵誣誕忿爭。

　　申子辰之日：艮震巽離坤兌乾坎。

　　巳酉丑之日：巽離坤兌乾坎艮震。

　　亥卯未之日：乾坎艮震巽離坤兌。

　　寅午戌之日：坤兌乾坎艮震巽離。

　　風從辱上來，國及家有恥辱之事。

　　風從殺上來，有暴相殺不道理，若行道逢之，有相殺之人
來過也。

　　風從反上來，臣子有反逆不順之事。

　　風從吉上來，有恩澤詔書，百姓除害，有喜事，若行道逢
之，即見賢人君子酒食之遣，此直回風，入人家同。

　　風從抵上來，有牴觸非理。王日，貴人；相日，中人；休日，
庶人；囚日、死日，族人相連。

風從誕上來，有欺誕不誠之人，有欺紿。

風從忿上來，有非議、忿爭土地財物之事。

風從爭上來者，主有好人欲爭財物事。

八方風來：

風從震巽離上來者，主勝。

風從乾坎艮兌坤上來，客勝。兩軍相當。

風從折衝上來，必獲敵人資糧。

風從坤上來，有事不成也。

正朔八風占：

《漢志》曰：凡候歲美惡，謹候歲始，或冬至日。產氣始萌，臘明日，人眾卒歲，一會飲食，發陽氣，故曰初歲，正月旦。王者歲首立春，四時之始也，四者候之日。歲旦立春，風南來，大旱；西南來，小旱；西方來，主有兵革；西北來，戎菽為胡豆。小雨，兵起。北方來，中歲；東北來，上歲；東方來，大水；東南來，民有疾病，歲惡。八風各與其沖對課，多勝少，疾勝徐。旦至食為麥，食至昳為稷，昳至晡為黍，晡至下晡為菽，下晡至日沒為麻。

又有東穀風、南凱風、西泰（一作涼）風、北涼風。

風從北來，宜客；南來，為主吉；西來，宜客；東來，宜主；西北來，宜客；東南來，宜主；西南來，有謀不成；東北來，主客俱不利。

風從乾來，西北方也，有小雨，兵起戎狄，胡兵也。風從正北坎方來，多水大雨。風從東北艮方來，豐稔。風從正東來，大水。風從東南來，民有疾病。風從南來為大旱。風從西南來者，小旱。風從正西來者，有兵災。若風勢大急惡昏濁，亦以八卦暴風例占之為妙也。

立春，正月節，清明少雲，善熟，霧則旱蟲傷禾豆。乾上風來，暴霜殺物，五日，粟卒貴；坎上風來，冬大風寒，北狄侵；艮上風來，五穀熟；震上風來，氣洩，物不成；巽上風來，多風足蟲；離上風來，旱傷生物；坤上風來，春寒，六月水，人多愁土功；兌上風來，旱霜兵起。

春分，二月中氣，東方有青雲，必熟；晴明，物不成。乾上風來，歲多寒，金鐵倍貴；坎上風來，菽豆不成，饑疫；艮上風來，夏不熟，米貴一倍；震上風來，五穀成，亦無賊；巽上風來，蟲生，四月多暴寒；離上風來，五月先水後旱；坤上

431

風來，小水，人多瘑疫；兌上風來，有兵，春寒，八月國憂也。

立夏，南方有赤雲則豐，晴明則旱。乾上風來，其年凶饑，夏霜，麥不刈；坎上風來，多雨，魚行人道；艮上風來，山崩地動，人疫；震上風來，雷動非時擊物；巽上風來，其年豐熟；離上風來，夏旱禾熟；坤上風來，不共力，萬物天傷；兌上風來，蝗蟲大動。

夏至，南方赤氣則熟，晴明則旱。乾上風來，寒氣萬物；坎上風來，寒暑不時，夏月多寒；艮上風來，山水暴出；震上風來，八月人多疾；巽上風來，九月風落眾物；離上風來，五穀熟；坤上風來，六月多雨水橫流；兌上風來，秋多雨霜也。

立秋，有白雲及小雨則吉，晴明物不成。乾上風來，甚寒多雨；坎上風來，冬霧多雪寒；艮上風來，秋氣不和；震上風來，秋多雨雹，人不知草木再榮；巽上風來，卒兵內起；離上風來，兵戎不利，多旱；坤上風來，五穀成熟；兌上風來，兵起將行。

秋分，西方有白雲，熟；晴明，物不成。乾上風來，人多相掠；坎上風來，多大寒；艮上風來，十二月當必多霧；震上風來，人疫，再花不實；巽上風來者，十月多風；寓上風來，兵動國南七百里；坤上風來者，土功作；兌上風來，年安樂也。

　　立冬，晴明小寒，人君吉，天下大喜。乾上風來，人主政令行；坎上風來，冬雪殺走獸；艮上風來，地氣洩，人多疾疫；震上風來，人不安居，寒雪；巽上風來，冬溫，來年夏旱；離上風來，來年五月大疫；坤上風來，水出食物，魚鹽倍多；兌上風來，妖言兵在山澤。

　　冬至，有雲雪寒則豐，晴明物不成。乾上風來，強國憂，年多寒；坎上風來，年豐人樂；艮上風來，正月多霧；震上風來，雷不發，大雨並；巽上風來，蟲傷生物；離上風來，冬溫，乳母死，水旱不時，人多疫；坤上風來，蟲生傷苗，年多水；兌上風來，年秋雨，大兵起也。

　　八逆風：立夏巽卦，王風從乾上來，為一逆，小凶；立秋坤卦，王風從艮上來，為三逆，欲無子；立春艮卦，王風從坤上來，為二逆，兵起；立冬乾卦，王風從巽上來，為四逆，人去其鄉；秋分兌卦，王風從震上來，為五逆，帶刀入市；冬至坎卦，王風從正南離上來，為六逆，人民潰散；夏至離卦，王風從正北坎上來，為七逆，臣子為亂；春分震卦，王風從正西兌上來，為八逆，殿上有刺客，刑殺昏寒者凶。

行道宮宅中占第八十三

行道見回風，從南方來，必有酒食。若加酉，覆人皆利，回就風起，坐君子席失官，小人亡財。（餘仿此。）

商日，風起宮宅中，人但持酒肉來，不過三日。角日，回風覆人，為疾病，從角地來，為死亡事。徵日，回風覆人，為鬥訟；若徵地來，宮戒火。宮日，回風起宮宅中，為鬥訟，為囚，為縣官；起道路，從內向外，衝上吉。商日，回風覆人，為失財亡遺，人所謀。羽日，回風覆人，為失敗物，若憂酒內事，聚眾幹上。

回風起宮宅中，以六情王相，為有氣，為吉，又清和亦吉。無氣，宜慎之。回風兩處夾道，隨人而行者，重吉。久不滅，亦無他。從凶地來，即凶。諸風從刑上來，得貪狼陰賊奸邪之日。若不加其德鄉來，眾凶並會，其災必成；風從休上來，若寬大之日，皆事解不成災。

宮日，回風突人，戒田宅，憂移徙，若爭訟田宅；出道行，客人凶，沖外吉，有威勢也。角日，回風突人，戒疾病，若哭泣，不則相擊傷。商日，回風突人，戒爭財，若入山林，墜下見傷殺也。徵日，回風突人，戒告訟文書，若凶失金鐵事。羽日，回風突人，戒人水沒溺；若失衣物財，聚眾事，千人已上也。

候宮宅中，有卒風起，及回風若犬鳴鳥鳴向人，若宮宅中，占之，先以五音，次以六情，王、相、休、囚、刑、德，以占憂喜；從德鄉來為喜事，刑鄉來為憂事，日辰囚死勝時下，皆為凶事，起止寬大，為酒食賞賜，無氣為退。回風入人屋中，飛揚人衣物，當憂財物驚火。商日，加時寬大，風從角來止，曰廢，為賓客作奸，風起門外，入門止商亦然，加奸邪不覺，加六正為覺。商日，時加申，風從未來，回風入門至堂邊，為長子作盜；回風入井，婦人作奸，欲共他人殺夫；陰賊日，時加子，風從奸邪來，止陰賊，婦女作奸欲欺夫。辛丑日，時加午，風從宅中從午來，風後三日有酒食。奸邪日，時加奸邪，囚死，為盜人奴婢，去止酉，若卒為取財物，寒剋，有所傷害。

宮宅中及眾人道路行伴，有暴風來蕩眾人中者，此眾人中有與此風同音者，憂喜在其中也。商日，日辰勝時下，風從未，純商，為怪物害人。商日，風起，純角，為惡鬼入宅害人。日辰王，為縣官；從王鄉來，為家長；相鄉采，為子孫；休廢來，為賓客；囚死來，為下賤，貪狼為劫盜。他仿此。西堂為父，東堂為母，堂邊為長子，房為婦女，庭為聚眾，牆壁為少子，井灶為僕及奴婢，門為賓客。

行坐有回風飄暴，卒起人前而向人，（此逆向人，勿前，

恐為伏之也。）從後來逐人者，（為隨人，誠也，亦止以六情決之左右。）若卒起宅內，若從外入，或揚人衣物，或發人屋舍，皆為凶辛惡之事。若北堂為父，西堂為母，東堂為子，南堂為孫，皆聚眾事。在垣小口，在井灶為婦女，在門為長子，在客堂為外人，在碓磨為奴婢，在庭內為四鄰。以為五音所屬，知其姓名，以發時及日辰，以別長幼。以日剛柔知老少；以王相知為吏人。

諸飄回起而止前者，皆以時音期之；若從後來逐人而過去，以日音期之。假令今日音得角，期九日，從人年墓來，為疾病。日同。假令墓在木鄉，為從高墜下，林木所傷；在火鄉，為燒炙，若見血事；在土鄉，為瘡腫患；在金鄉，為格鬥相傷；在水鄉，為沒溺厭亡。日墓上來，為疾病；歲刑來，為縣官；月刑來，尉部鄉亭所召；日刑來，戒鬥諍至官庭；時刑上來，卒急之事；日德上來，有酒食相慶賀。年德皆為有吉喜，歲德月日時同。假令年在木鄉，有木器之物從北方來；在火鄉，銅瓦物從東方來；在土鄉，田宅物南方來；在金鄉，錢物四季來；在水鄉，酒肉六畜之物西方來；四孟之日，四孟上來，上官長吏憂免事；四仲之日，四仲上來，次官長吏憂免；四季之日，四季上來，下官長吏憂免。商得商時又加金，錢及鐵物，音得徵時又加火，文書衣物；音得羽時又加水，為酒食事，音得角日辰又加木，

木實衣物；音得宮日辰又加土，醯肉酒食之屬，若皮革。王相，
其物即好，休廢，是敝惡之物。

　　若十餘人同行共坐而回衝來，知復為誰？風從商是商姓，
其同音日，年取年同。孟日，取長老少同，商日，取白色同，
日辰王相，取尊貴賤同。陽日，取男左者，陰日，取女右者，
左右同。以五音取於衣被，若取扶持之物，以決之，即知吉凶
也。

十二辰風占第八十四

　　子日大風，日光沉沒，兵起水中。丑日大風，掃地揚沙，
粟卒貴。寅日大風，赤氣四塞，為火。卯日大風，黃埃沖天，
為蟲蝗必生。辰日大風，將出。巳日大風，蓬勃無常，亦大旱
也。午日大風，乍遲乍疾，人不安移堡。未日大風，日無光影，
為土功之役。申日大風，聲若磬，若有暴賊相攻劫。酉日大風，
蕭蕭濡潤，必有大雨水潰流。戌日大風，塵霧橫天，揚埃千里，
胡兵四起。亥日大風，揚沙折木，兵賊相攻，人啼哭。

　　京氏云：東方寅卯木之角，發風三日，發屋折木，揚沙石，
（自此已後，並雲怒狂風。）國有大寇疾病。

五嶽之音法：

寅卯火之徵，（亦云：發風三日，發屋折木，揚沙石。已後同。）國有妖言鬼神之書作災，有火災。寅卯金之商，國有大兵，客主攻伐之事，賊出燕趙。寅卯水之羽，國有暴霜雹水災，有蝗蟲起。寅卯土之宮，帝不安其都，有巡狩之行，寶物出，有善令，恩加庶人，以財物賜之。

右已上東嶽之音。

巳午之商，發風三日，發屋折木，國有大臣親事，人強亂害。巳午之徵，發風三日，發屋折木，國有夷狄賊為害，若遠人謀。巳午之羽，發風三日，發屋折木，有江海賊，或水中船車有害人者。巳午之角，發風三日，發屋折木，羊牛疫死，魚死水中，人小移動。巳午之宮，發風三日，發屋折木，帝王欲警暴亂，賞有功，逐佞人，封有德。

右已上南嶽之音。

申酉之商；發風三日，發屋折木，軍民移出，船溺，凶。申酉之角，發風三日，發屋折木，有貴人災，使者至，有奸兵。申酉之羽，發風三日，發屋折木，臣有篡逆之心。申酉之宮，發風三日，發屋折木，諍財臣不知人心。

右已上西嶽之音。

　　亥子之羽，發風三日，發屋折木，蝗蟲卒起，霧傷萬物。亥子之商，發風三日，發屋折木，外兵為災，水中之賊傷物。亥子之角，發風三日，發屋折木，三公喪憂，人有疾病。亥子之宮，發風三日，發屋折木，兵起乃行之憂。亥子之徵，發風三日，發屋折木，皇后憂，世子有異。

　　右已上北嶽之音。

　　四季辰戌丑未之宮，發風三日，發屋折木，有土功災，羊牛疫，人流移。四季辰戌丑未之商，發風三日，發屋折木，有夷狄之兵，胡人作災，寶物出。四季辰戌丑未之羽，發風三日，發屋折木，人詠妖言，有流移之災。四季辰戌丑未之角，發風三日，發屋折木，有夷狄兵，胡人作災，寶物出。四季辰戌丑未之徵，發風三日，發屋折木，山賊出，若流言於人民，民怖，欲奔亡。

　　右已上中岳之音。

　　凡五行十二辰風，五音發災害吉凶見矣。不能發屋折木、揚沙起石者，凶無大應。凡日辰納音為客，甲子乙丑商音是也；風從來五音為主人，子午為宮是也。假令今日甲午納音商，欲得，風從寅丑未申上來，則主勝，客為商，動徵為客。欲得日納音剋風。假令甲子金，則為客，若風從巳亥上來者，客勝。

諸解兵風占第八十五

徵風發徵風尋解，若寬大廉貞之日，風從寬大上來，兵大散。又風四繳來，兵革散。諸兵風起，諸商日，風從貪狼陰賊上來，時加奸邪，日辰商，其日光白濁及昏霧，比連三日、七日，人間盜賊屯聚，攻城郭，不出月中。（下同。）

又何以知兵大來、夜攻城？常以日中，風從亥子上來，夜風晝止，日中寒不解，此必夜攻城，不避風雨，主將忌之，不出五日、十日。諸商日，夜半風卒起，大霧至日中不解，兵起。

立春，正月戊申，二月己酉，三厄庚戌，有暴風從西方來，七日不止，兵起西方，不出沖大起。

立夏，四月辛亥，五月壬子，六月癸丑，有暴風從西方來，七日不止，兵起北方，不出沖大起。

立秋，七月甲寅，八月乙卯，九月丙辰，有暴風從西方來，七日不止，兵起東方，不出沖大起。

立冬，十月乙巳，十一月丙午，十二月丁未，有暴風從西方來，七日不止；兵起南方，不出沖大起。

諸賊自殺風：季角陰賊之日，風從陰賊上來，大寒，主賊

兵自相殺，不出九日。若商日風從陰賊上來者，皆自相殺也。

　　諸夷狄反風：奸邪公正受商之日，大風從奸邪公正上來，夷狄犯塞。十日不止，千里來；二十日不止，三千里來。期七十日。若四季受宮日，風從寬大上來。若四季上來，夷狄降。

　　諸伏兵風：有旋風從三刑五墓上來，有伏兵，勿戰，戰則不勝，行者急走，坐者起避之。諸出軍行師之時，有大風從三刑上來，其兵不可當。若大風起五墓上來，避之吉。三四日，諸行軍出征水戰時，又大風從三刑上來，其兵不可當。若大風起五墓上，避之吉。

　　諸逆賊風：諸風蓬勃四方起，或上來觸地，此皆逆風也。平旦發，人民逆之；食時發，賓客逆；午時發，諸戚逆；晡時發，臣下逆；黃昏發，賤隸為逆；夜半發，同姓為逆，雞鳴發，后妃逆。皆大故，不出三十日。風止，三日有雨，災消。

諸陷城風第八十六

　　宮日，大風從角上來，卒起，此兵圍城。至日中、夜半折木者，城必陷，不出九日，若十八日。

　　羽日，大風冥冥，日無光，沉霧，兵圍城郭，客勝主人。

角日，時加子午，風從角來，折木，兵起，必圍城屯聚，主人宜出，期九日至。

諸四季受商之日，大風折木，從四季上來，加子午，在外界民為賊，屯聚，往往相攻，關梁塞，道路斷絕，不出七十日。四季受商之日，風從四季上來，時加子午，此客兵入界自相殺，不出三十日。

商日，大風折木，時加子午，風從子午上來，日光不明，此不宜主人，軍自內敗，不可守城，不出九十日，若三十日。

奸邪受宮之日，大風從宮上來，及四季上來，大寒者，此城內夜開，長吏兵四出不禁，期七十日，遠九十日。

諸知賊人數，占賊所起。以風初發處，加為人數，又以風所從來為月期，又以所乘辰為道理，所止時支干以占人數。又發時加子，賊數九十人，若九人，數九期：若不應期，辰內月同數者倍之，以王氣十倍，相氣五倍，伏廢如數。（鳥鳴同占。）

刑墓風。風從刑上來，皆刑惡凶事及有兵，行者急走，坐者急起。兵從五墓上來，皆凶。有救，吉；無救，凶。

占入兵營風第八十七

與彼相守，有旋風入營，斷絕干戈，吹壞帳幕，必有盜賊入營，將軍死。十干十二支數，子午甲巳九，日辰王相氣十倍之，休廢如數，囚死半之。（鳥鳴同占。）東三八，南二七，西四九，北一六，中五十。　右已上五行數，為道裡，亦為賊人頭數。

欲知定發何方法：商角之日，變風發所從來；宮羽徵日，變風在刑上刑下；風所從起來為期，風從東，甲乙寅卯期。（他仿此。）乘王、（主王。）相、（臣。）廢、（吏民。）囚，（凡庶下賤。）太歲、（三月必有詔書居遷。）歲、月、日、時、邢，皆為凶事。王墓、（三日主喪。）囚、日辰，（必有大患。）日五音為客，地五音為主人。以看勝，亦從其道來。四正之日，四正上來者，亦從其道來。有氣日者責日音，無氣者責辰音。東來期甲寅乙卯，轉而西來，（甲申乙酉。）轉北來，（甲子乙丑。）轉南來。（甲午乙未。）今日庚申西來，須臾轉而東來，（庚寅辛卯。）轉而北來，（庚辛子丑。）轉而南來。（辰庚辛巳。）今日時加戌，（□甲□乙。）若寅卯，（即至。）時加午，（即至。）時加卯。（即九日與寅申乃至，卯同類也。）若庚辰日，時加申酉庚辛，（即至。）皆加四季，（皆即雲未

卻，三同類加日來至。）諸宮宅內，日辰勝時下。（同者時期以之。）假令今日辛酉，時加午至酉，四月期之，此同情者。（故剋言同類者，相為發詔不發。）諸商日，發皆在風下，商角相剋、相動、相殺傷，益明。又先以辰金、木火、水土證之。乃以六情知何等事？第一先以日情，乃合於時。假令今日甲子商，時加申子貪狼，辰奸邪，商音，相傷鬥殺。（餘並仿此。）諸卒起宮宅內，日辰勝時下，為外人賊內。商角情得貪狼陰賊，乃相殺，無吉，為日辰勝時下，無所能也。此惡情，有氣乃能也。

五音客主法第八十八

日辰為客，加時為主人；六甲為客，以其行本位不動為主人。十二辰皆主人也。假令今日商客也，時加亥，角為主人也。客商，金剋木，是客時皆以相扶剋為法。今日甲子商客也，時加寅，徵為主人。徵，火剋金，是主人勝客。（餘仿此。）若從寅來，便是二火也，主人於是大勝，准此推之。時刑來，主人大勝；日刑來，客大勝。兩軍對，先動為客，後動為主。兩人相擊，先舉手為客，住者為主。人外來為客，在內為主人。有氣勝，無氣敗。

四方夷狄侵郡國風占第八十九

　　壬辰是主東方，水裡，從貪狼來，從北方，七日至九日，此東方海賊動，期五十日。乙未主南方夷，此日從未來，七日，南夷反叛，內侵郡國，期七十日。壬戌主西羌，此日從戌來，大怒折木，七日已上，西羌叛，期五十日。癸丑主北方夷，此日從丑來，七日、九日，北方大兵攻人，近八日，遠二十日。

　　常以壬申、壬子，壬辰之日，有風從子上來，三日已上光明，此水內大賊欲攻王國。三日內有雨無事，四日有從申子亥卯上來急卒，比連至七日，必外賊群眾，與夷狄並侵郡國也。

　　國君公卿已下所屬日：

　　春寅，為皇后，此日中有發屋折木，從午未上，五日已上，皇后被誅，其氣溫，皇后有乖。近期九日，遠九十日。風止大雨，不占。

　　春丑，為大將軍，此日有風大雨，發屋折木。從丑上來，四日已上，丑有氣，將軍賀賜；無氣，有罪。迅疾大寒急者，有憂。近期八日，遠期八十日。風止而雨解，吉。

　　春丁巳，為三公，風從丑上來，止三公坐上，天清明，三公遷封受賀，風氣寒急，日光不明，三公退免受誅。

君臣品位立成：

春三月：寅為皇后，甲為天子，卯為太子，乙為太子妻，辰為太子吏，巳為司空，丙為司徒，午為太尉，丁為太傅，（又云國師。）未為九卿，申為司隸，庚為詔獄，酉為庶民，辛為卒徒，戌為夷狄，亥為宗廟，壬為內相，子為宮府，癸為內藏，丑為大將軍。

夏三月：巳為皇后，丙為天子，午為太子，丁為太子妻，未為太子吏，申為司空，庚為司徒，酉為太尉，辛為太傅，（又云上。）戌為九卿，亥為司隸，壬為詔獄，子為庶民，癸為卒徒，丑為夷狄，寅為宗廟，甲為內相，卯為宮府，乙為內藏，辰為大將軍。

秋三月：申為皇后，庚為天子。酉為太子，辛為太子妻，戌為太子吏，亥為司空，壬為司徒，子為太尉，癸為太傅，（又云上。）丑為九卿，寅為司隸，甲為詔獄，卯為庶民，乙為卒徒，辰為夷狄，巳為宗廟，丙為內相，午為宮府，丁為內藏，未為大將軍。

冬三月：亥為皇后，壬為天子，子為太子，癸為太子妻，丑為太子吏，寅為司空，甲為司徒，卯為太尉，乙為太傅，（又

云上。)辰為九卿，巳為司隸，丙為詔獄，午為庶民，丁為卒徒，未為夷狄，申為宗廟，庚為內相，酉為宮府，辛為內藏，戌為大將軍。

春，甲為天子，夏，丙為天子，秋，庚為天子；冬，壬為天子。諸風從天子上來，所止為詔書；所加有氣清和，為遷官；若寒急白溺，為罪有憂；雨為事解，雨止後寒風，為事不解，但過亦為不解。風半日一日，從近期；三日已上，從遠期；卒暴，從近期；遲稍怒，從遠期。戊子、戊午、甲辰、甲戌，此日以四時候使者，州牧、刺史從事檄書。此日風從上來，有氣為遷，無氣為免退。

占官遷免罪法第九十

假令春甲辰之日，風從辰上來，三日止甲，使者征拜尚書。假令甲上來，三日止辰，使者遷二千石；近期三日，遠期二十日。到諸使者用事之日，風從徵上來，止辰，使者遷二千石；止丑，使者喜令長相；止公卿坐，使者喜，止公卿，其風清溫，為吉遷賀。假令大寒迅急，使者奏三公、二千石、令長，當退受罪，近期三日，遠期三十日。憂事有雨，解；賀事以雨，重有賜也。

丙辰為府君，此日有風從辰上來，二日止君上者，二千石徵納補。丙辰之日，有風從辰上來，止午，清和者，二千石表使者；其風寒急，二千石表刺使，更相奏上。有氣者勝，無氣者凶。止辰上，為奏事，不者，還受罪。近期九日，遠期四十五日也。

五丑為令長相奏日。五丑之日，有氣風從丑上來，大寒者，止辰，此令長相奏府君；止午，奏使者；止公座，則奏公卿。此下官與上官更相奏，以寒溫決勝負。

五亥主諸丞，亥日風從亥上來，亥有氣，丞遷賀；亥無氣，丞免官。欲知何官丞，風半日止者，郡丞也；二日乃止者，府丞也；三日止者，州治中也；四日止者，公侯長吏也；五日止者，尚書丞也；丁亥，二千石日以上。以風知何官丞當之。

五戌為都尉，丙戌之日，風從戌上來，戌有氣，都尉遷；無氣，都尉免官。縣官占小尉，半日須臾，為小尉；若寒急，免官；溫和，遷賀。（他仿此。）

候詔書第九十一

諸陽宮之日，風從陽徵上來，為詔書到也。欲知何詔書，風至時加，以知詔書。時加寅午，遷除詔，時加己酉，寬大緩詔；

時加丑戌，征占詣台詔；時加申子，賦斂詔；時加亥卯，接章事老詔；時加辰未，嫁女傳路覆，皆期九日、四十五日。

諸陽宮之日，風從刑上來，止德上，大迅急，此上官收下官者。此上官問下官，證對無罪。假令風從帝王上來，若子丑上來為詔書，又加子丑帝王地，益明。視支干金木水火土所加喜怒曰上情。知書所謂；從相來，為公卿書。

春，甲為天子；夏，丙為天子；秋，庚為天子；冬，壬為天子。所在候之，風從上來，則天子來也。若時加公正，此天子令也；時加奸邪，詐稱詔書，不可信。

候赦贖書第九十二

春，甲寅帝，乙卯王，庚申為詔獄，辛酉為司空。

夏，丙午帝，丁巳王，壬癸亥為詔獄，壬子為司空。

四季，戊午帝，己未王，甲寅為詔獄，乙卯為司空。

秋，庚申帝，辛酉王，丁巳為詔獄，丙午為司空。

冬，壬子帝，癸亥王，戊戌為詔獄，戊辰為司空。

凡風從詔獄上來，為大赦；從司空上來，為小赦。

春，甲寅之日，時加申，風從甲上來，三日止申，其風溫

和，法為有大赦，期六十日。（又云：風從庚上來，為大赦。）
乙卯之日，時加商，風從甲上來，止申，為贖書，期四十五日。

夏，丙午之日，時加亥，風從丙上來，止亥，為有大赦，
期六十日。（又云：風從壬上來，為大赦。）丁巳之日，時加午，
風從丙上來，止亥，為贖書，期四十五日。

秋，庚申之日，時加寅，風從庚上來，止，為有大赦。時
加申子，為贖書，期六十日。

冬，壬子之日，時加巳，風從丙上來，為有大赦。

候大兵將起第九十三

凡商角之日，風從奸邪、陰賊、貪狼上來，白濁冥晦，比
連三日巳上，此大兵起，近三十五日，遠七十日。

諸宮日，大風從角上來，大寒迅急，此大兵圍城；至日中
發屋折木者，城必陷敗，不出九日，若十八日。

諸羽日，大風冥冥，日無光，沉霧沒，此兵圍。

諸角日，時加午，日中夜半，風從角上來折木，兵起，必
圍城屯聚，主人宜出避之，期九日，必至。

諸商日，大風折木，夜半日中，風從子午上來，日光不明，

此不宜主人，軍自內敗，不可守城邑，不出七日，遠七十日。
（一云：九十日，若三十日，皆兵起風。）

諸四季受商之日，大風折木，從四季上來，時加子午，此外界民賊欲聚，與夷兵並來攻，關梁道路斷絕，不出七十日。

候大兵且解散第九十四

寬大之日，風從寬大上來，時加寬大，法主大兵解散。

諸商之日，大軍圍城，有風從丑上來，丑為商墓，風從墓上來，比連三日已上至七日，客軍且退必敗，期在七日、十七日。

占興兵欲戰，當知和解否：

其日寬大，時加商，風從寬大上來，止寬大，為大賊解散。

諸商日，大風折木，夜半日中，從子午上來，日光不明，此不宜主人，軍自內敗，不可守城，近不出七日，遠七十日，重候兵解散。

今日己酉受商之日，有風從酉上來，比連三日已上至五日，天清明，此民間兵散，不出四十日，遠七十日，候兵解散。

諸陰商之日，風從徵上來，此界外兵還，客軍自退，不出

七十日。（一云：七日。）

凡占解兵風，其氣溫和，天清明，是軍且解散；其風且寒
剋，日光沉沒不明，此兵不解，必戰，期七日。（一云七十日。）

若寬大之日，風從寬大公正上來，夜來晝止，則士眾散解，
主將不欲解也；晝來夜止，上下同心，陰且寒，風氣又寒，時
日雖善，不為解也；溫和清順，乃為解耳。

諸商日，大風折木，從丑寅上來，比連三日巳上至七日，
此千里萬人眾，兩軍相當，自退解散。所以然者，商金風，從
徵來，此金出遇火，兵自解散，主人勝，客軍大敗，其將必死。
近期七日，中期二十一日，遠期七十日。

候火災第九十五

諸角日，有大風折木，從寅申丑未上來，乍遲乍疾，時加
子，夜半，此火且起宮寺中。辰午酉亥，此四日刑自處也。辰
日加辰，左部燒二千石傳捨；午日加午，燒都遷尉捨；酉日，
燒貴府大傳捨；亥日加亥，燒喪家牢獄。大寒迅急，燒殺人；
溫和，但失火；期三日。風止而雨，火不發；若期內不雨，火
必起。

　　假令四季受角之日，風從四季上來，止於午者，此下亭上鄉市有火，文書至俱到，期三日，若雨，災不發。

　　假令丙寅丁卯之日，有風從寅卯上來，火燒都市中。所以然者，丙丁火、寅卯木也，火得木而燎，此是兩火共燒一木，為都市，其風寒急，燒殺人，期三日。若期內有雨，不發。

　　諸亥卯受角之日，風從申亥未上來，時加申子，此賊火攻主人，寒急者，殺人，財出。若時加廉貞公正，此怨仇相殺，不出三日。

　　諸徵日，時加徵風，從徵上來，天清明者，書檄至也。民人誤失火起，非人事之災也，近期三日，遠期三十日。

占火發法

　　陽徵日，風從陽徵上來，時加夜半，皆為都市中府寺火起。風從陰徵上來，皆為下亭鄉市邑及人間火災起。占火得己酉之時，此誤相燒也。得公正之時，此怨仇相燒。得廉貞之時，此坐文書口舌相燒。得貪狼之時，此攻賊燒主人。得陰賊之時，此攻賊相燒。得奸邪之時，此小盜陰私相燒。日辰王相有氣者，人事相燒也。囚死無氣，時加酉角者，此鬼神所燒。此日有風，

三日巳上天氣黃赤，徵風為之，宿夜不解。至七日，此天火，災起山陵鬼神，明火上王屋，宗廟自生火，千里相望，近期三日，遠三十日。風止大雨，不占，占火與使者檄書同占。

候諸公貴客第九十六

陽宮寬大之日，有大風從天子上來，止於三公座上，此三公入賀，期一日、九日。

諸寬大公正廉貞之日，風從丑上來，所止者，君得所，加遷賞賜，以四時位別其官。假令止三公座上，則三公受賀，以座處推之。

假令大風從丑上來，大寒迅急，君有暴令，知止何座，其座自當之。

假令大風折木，從臣座上來，止於君者，此臣上書奏事於君也。寬大溫和為賀。

假令廉貞寬大公正之日，其日清明溫和，風從臣座上來，止於君者，此臣忠正，必受賀賜。

假令宮日寬大，時加宮，此近貴相客也，四十里內；風半日止者，五十里貴客也；一日止君者，百里內也；二日止者，

千里大客也；風三日止君者，外台使者也；四日止君者，外州
使者；五日止君，邊將使也。七日止君者，此四萬里夷狄使也。
風冥冥寒急，此遠方使至，非順氣也，必懷叛逆。其風氣來時，
日加巳酉丑戌午，此為正臣欲貢獻於中國也。

　　風以遠近遲疾清溫為吉，寒迅為憂。假令風從宮上來寒急，
君欲行誅也；溫和雨者，欲知位賜也。占貴客，自天子已下至
於庶人，其占皆同下臣貴客。同大國小國家人差次。四季受宮
日，風從四季上來，止君若子，皆為客候主人，期一日九日。
假令宮情合，君臣相會。

候大兵攻城並勝負候賊占第九十七

　　假令角日，大風折木，從申子亥卯上來，大寒過度。以日
中夜半，其風益怒，比連三日至七日，此兵且乘攻城邑必下，
主人宜出城邑避之。所以然者，夜半日中，子午也。純宮，土
也。角木剋土，春夏剋土之時，攻城必陷也。此日宜為客，不
宜為主人，土畏於木，主人必弱敗，近期九日，中期二十七日，
遠期七十日。

　　假令諸商羽之日，大風折木，從商上來，此兵且來圍城邑。
日中夜半，其風益怒，此攻城不能下，客必敗。所以然者，商

金羽水，母子為強，水畏於土，勢不能行，土必制水。日中夜半，城中強，可以外固守，客軍自喪。

公正之日，風從公正上來，止寬大上，為長吏勝賊。

陰賊之日，時加公正，風從陰賊上來，止奸邪，為賊勝吏敗也。

候水中賊，常以壬子、壬戌、壬申、壬辰之日，有風從子上來，三日已上，日光不明，此水中大賊，欲攻王侯國。其風大寒，兵夜而至，亦不出七日，中二十一日，遠三十五日，王侯之國備之。風止有溫雨，和解；不雨，謀不解，當設計以待之。

諸羽日，大風冥霧，夜半從申子上來，當雨不雨，陰冥寒迅急，水中大賊攻絕關梁不通，不出五日，遠五十日。

若壬戌、癸亥、乙卯、壬辰、甲申、丁未，凡此日之有風從辰申子亥上來，有兵水中相殺，不出五日，遠五十日。風止大雨，不發。又常以壬申、壬子、壬辰、壬戌之日，有風寒，入人肌膚，慘慘不解，王風至，賊發疾，囚死風至，賊發為遲。

夫大水將至殺人，連風冥晦，四日五日，萬人皆悲傷，此且有暴水殺人。

候喪疾第九十八

王子王辰之日，風起夜半，止夜半，占皇后國夫人；起日中，止日中，皆為變及人君夫人。（他仿此。）

庚子陽宮之日，日中夜半，大風折木，從子上來，五日止辰，此為宮動，宮止辰，為人入墓中，此天子有憂喪，百官改服，期九日，遠九十日。

庚午陰宮之日，日中夜半，大風折木，從子上來，五日止午，若辰，此皇后卒暴，子來為誅，午來為黜退，止辰為入墓中，近期九日，遠九十日。

庚子陽宮之日，夜半大風，從巳酉上來，止午，五日巳上，天清明，風溫和，是拜皇后，群臣諸侯大賀，天子有喜，近期九日，遠期二十七日。

諸角日，大風起，從亥來，二日止未，為入墓中，二千石有憂喪，期九日，中二十七日。

王午角日，風從未來，止午，比連三日，使者、州刺史有憂喪。

癸丑之日，有風從未來，止丑，一日如止，此令長有憂喪。

巳亥之日，有風從亥上來，半日止未，丞有憂喪。

丙戌之日，有風從未來，止戌上，此小尉有憂喪。

諸四季受角之日，風從未上來，比連三日，至九日，民大疾病。若風從己亥上來，大寒止未，人有死喪，期二十七日。

己亥受角之日，有風從己亥上來，止己，若止亥，此長吏客喪。連客止亭傳，近期三日，遠九日，先有起居。

五墓之日，有風從五墓上來若止墓中，皆為死喪憂事。假令宮墓在辰，以宮日，風從辰來，止辰是也。宮王長吏。商墓在丑，商日風從丑未，若止丑是也，皆為疾病死。角木在未，亦主病也。

人君欲救百姓疾疫之法：春以己角之日，戶曹出行，疾病未到，治壇救，白羊、大白雞禳之，則天氣消除，雖病不傷。夏遣法曹，秋遣金曹，冬遣水曹。四季月遣功曹，則復邑也。不者不安，期在月沖。

候四夷入中國第九十九

丙辰、辛未、丙戌、辛丑，此日四季受宮之日，風從四季上來，折木，五日巳上，至九日，風止子午者，此夷狄君王萬里貢獻，近期一十日，中五十日，遠九十日，百五十日。

　　如至壬辰、乙未、壬戌、乙丑，此四季日，有風從申子亥卯上來，迅急，比連三日，至七日，此界外群賊屯聚兵，與夷狄並勢，侵犯郡國，晝伏夜行，攻於中國，不出七十日。（一云：不出七日、十四日。）壬辰主東方夷，賊在水中，風從辰及貪狼上來，比連七日，至九日巳上，此東方海賊動，期五十日。乙未主南方夷，皆大風從未上來，比連七日巳上，此南方夷狄反叛，風從甲子上來，期七十日。壬戌之日主西方夷羌胡，風從戌上來，日中大怒折木，七日巳上，此西方夷大叛，期五十日。乙丑之日主北方夷，此日大風折木，從子上來，比連七日至九日，此北方大兵攻王侯國，不出七十日，遠百四十日。

　　諸四季受商之日，大風折木，從四季上來，此界外賊欲屯聚，往往相攻，關梁不通，道路斷絕，不出七十日。諸四季受商之日，風從四季上來，加子午，此客兵入界，自相攻殺，不出四十五日。

　　庚辰、乙未、庚戌、乙丑、此四季受商之日，時加商，風從亥卯辰戌上來，止於巳午，五日巳上，至九日，風則怒不解，如此夷狄兵起，晝伏夜行。若風中止，不滿五日，更轉巳酉上來者，此賊必還解，近期七十日，中九十日，遠百日。

　　占夷狄兵欲侵中國，又在道解散，相殺不至：風來，不滿

日中止，轉從子午上來，雨若濕熱者，皆為道中離散。風從四季上來，不滿日，後從四仲來，轉從陰賊上來，更寒，日光不明者，此夷狄兵道自相殺，必不至也，近九十日，遠百二十日。假令四季之日，卒風暴起及游風半日須臾止者，此為近界外雜居羌胡夷人為變，來必為千里外人也。

小風小事，大風大事，風滿九日，萬里內也，千里、百里、一里、家、占法，亦如此占之。

問曰：中國都市之內，如有夷狄之風，豈可千里外占之？對曰：風起都市之中，亦有羌胡夷狄應占，不必千里外也。近事中國人，遠以羌胡為變，亦是也。

占知中國欲攻四夷，四季受角之日：時加夜半，大風折木，從四季上來，五日止四季上。此時中國欲攻四夷也。所以然者，四季土，土畏於木，今以角日木剋土，故知伐四夷。假令止辰，伐東方夷；止未，伐南方夷；止戌，伐西方夷；止丑，伐北方夷；皆期九十日，風止有雨，不占。

占風大要。四季主關梁，主津渡，主道路，主關鑰，主遠方道客。四季為外，小事近門，占外郭、外界、外州、外夷狄，各以風日數知遠近，寒溫勝負，遲疾知進止。（他仿此。）凡大風從四季上來，止子午，此四方界分欲來和，隨日期之。

雜占王侯公卿二千石出入第一百

　　諸陽主長吏，諸陰主人間。假令天子、侯王、公卿、二千石、令長、出入郡臣不知，以風知之。假令天子在甲，二千石、使者、令長同占之。假令天子在甲，有風從甲上來，時加甲，風止寅，天子入皇后府中；甲來止丑，天子入將軍府中；甲來止卯，天子入太子府中；甲來止酉，天子侯白衣士；甲來止戌，天子入都市；甲來止□，天子入人家；甲來止四季，天子出遊千里；甲來止四仲，天子出百里；甲來止四孟，天子出行城郭中。天子諸侯如此以占，二千石、令長、人君出入同占。止甲之法。或半日止，或一日止，或五日止，此皆臣上事也。候長吏征，占諸府庭，隨風所來。

　　名官高下在何位也？春，天子在甲，風從未來，止甲，此九卿貴相上事入省；春，天子在甲，風從己來，止甲，此司空公上事入省；春，天子在甲，風從丙來，止甲，此司徒公上事入省；春，天子在甲，風從午來，止甲，此太尉公上事入省；春，天子在甲，風從丑來，止甲，此大將軍上事入省。

　　右從天子至令長、丞尉、百石、白衣長以貴人君上下同占。

　　立春，司空在巳，司徒在丙，太尉在午，太傅在丁，九卿在未。申為司空，庚為詔獄，酉為民人，辛為卒徒，戌為夷狄，

亥為宗廟，壬為內相，子為官府，癸為內藏。丑為大將軍，寅為皇后，甲為天子，卯為太子，乙為妃后，辰為大官廚。

宮羽墓在辰，角在未，商在丑，徵在戌。

五音墓所在，風從墓上來，入止墓中，此而死喪憂凶暴害，至期如五音數也。假令風從墓來，時加己酉，止王相，此死得生，入墓後出罪，天赦必生。（他仿此。）

何以知風為大兵先起？按其商角之風，兵起風上；宮羽微之風，兵起風下。假令陽角之日，風從起角上來，故知風為大將軍先起兵是也。

知誰勝負者，按法言之，凡風起動，相生則和，相剋必凶。今角日風從羽來，角羽相生，大將軍出兵，必有勝利。

甲子戌亥、甲戌申酉、甲申午未，甲午辰巳、甲辰寅卯、甲寅子丑，此六甲寬大日。

辰戌丑未四季，子午卯酉四仲，寅申巳亥四孟。

春，王東，相南，休西，廢北。諸王相休廢，其次如此。休廢即為囚死。

貪狼主強暴，長吏發財物；陰賊主誅殺，長吏考姦情；姦邪主淫洗蔽匿，長吏捕治罪；公正主報仇，長吏義謙虐；廉貞

主清公，長吏主賢良；寬大主貴客，長吏賜賀遷也。

　　京房善用德，張平子善用日辰，伏氏善用刑，翼氏善用溫寒。謝臨泰抄四家風角所長，有效驗，略文取要。刑德王相，災應吉凶，凡十五事，辭慮意深，以近知遠，觀省事情，君可以知臣，臣可以知君。神貫聖理，號令未發，萬里以應，王者之心，乾坤相示，分授後賢傳者，保祿令祚已矣。占風圖：凡占風之術，方法甚多。有難辨而難精者，今並不錄。嘗見八卦風來，多有征驗，今錄圖於後。

占八風知主客勝負法

　　乾，折風，從西北來，主將死，客勝。

　　坎，大罡風，從北來，客勝，主人敗。

　　艮，小罡風，從東北來，客勝，主人不利。

　　震，宄風，從東來，主人勝，客不利。

　　巽，小弱風，從東南來，主人勝，客不利。

　　離，大弱風，從南來，主人勝，客不利。

　　坤，諫風，從西南來，主人勝，客不利。

　　兌，沖風，從西來，客勝，主人不利。

占風出軍法

凡出軍，有風逆軍，不可行。風帶刑煞，大凶。風隨軍行，逢戰大勝。軍行，左右有風起，賊有伏兵。忽有風起西北，，卻復東南，四轉五覆，主將貪虐，士卒謀逆。或挾月刑煞，慎勿出戰，必敗，凶。風從敵來，而合三刑，賊欲來攻我，歲刑、日刑凶，月刑遲緩。

占旋風法

若旋風卒起敵軍上，急擊，必勝。旋風自敵來入我營中，賊心欲降。如挾三刑上來，必卻謀我。若旋風卒起而合三刑，兼挾五墓，賊有伏兵。若旋風頻起，而出逢敵，我敗，移營，吉。挾時刑，主利疾戰；日刑，客勝。若旋風直沖於天，急戰，破賊，大勝。若風揚旗幟，東西南北，回轉周旋，將死軍覆。若風繞旗桿，直而垂下，鼙鼓無響，將死於野，大敗之征。

三刑法

歲刑，月刑，日刑。亦云：刑上，刑下，自刑。

相刑法

子刑卯，卯刑子；寅刑巳，巳刑申，申刑寅；未刑丑，丑

刑戌；辰午酉亥自刑。 假如

子年，及十一月，並子日，從卯上來是；

卯年，及二月，並卯日，從子上來是；

寅年，及正月，並寅日，從巳上來是；

巳年，及四月，並巳日，從申上來是；

申年，及七月，並申日，從寅上來是；

未年，及六月，並未日，從丑上來是；

丑年，及十二月，並丑日，從未上來是；

其辰午酉亥年，並三月、五月、八月、十月，及辰午酉亥日，皆從本位上來是也。

五墓法

金墓於丑，木墓於未，水土墓於辰，火墓於戌。假如是金日，從丑上來是；木日，從未上來是；水土日，辰上來是；火日，戌上來是。

德神法

甲日德在甲，乙日德在庚，丙日德在丙，丁日德在壬，戊

日德在戊，己日德在甲，庚日德在庚，辛日德在丙，壬日德在
壬，癸日德在戊。

占風之法

　　初起之時候之，若天氣溫和，不動塵埃，條風來者，皆為
祥風，如更從日德上來者，必有大喜。若飛沙揚石，折木揭屋，
東西不定，旗旛繞槍，皆為災風。若風來颯颯，人盡森悚，皆
為賊風；若更自三刑五墓上來，即須倍加隄備，勿與戰，吉；
賊風若從當軍德上來，戰之必勝。凡風定後有雨者，不為災，
不占；若雨晴後風。

國家圖書館出版品預行編目資料

破解皇家御用觀天術／了然山人著.
－－第一版－－臺北市：知青頻道出版；
紅螞蟻圖書發行，2023.1
面 ； 公分－－(Easy Quick；194)
ISBN 978-986-488-238-0（平裝）

1. CST：天文學 2. CST：占星術 3. CST：中國

292.22 111020137

Easy Quick 194

破解皇家御用觀天術

作　　者／了然山人
發 行 人／賴秀珍
總 編 輯／何南輝
校　　對／周英嬌、了然山人
美術構成／沙海潛行
封面設計／引子設計
出　　版／知青頻道出版有限公司
發　　行／紅螞蟻圖書有限公司
地　　址／台北市內湖區舊宗路二段121巷19號(紅螞蟻資訊大樓)
網　　站／www.e-redant.com
郵撥帳號／1604621-1　紅螞蟻圖書有限公司
電　　話／(02)2795-3656（代表號）
傳　　真／(02)2795-4100
登 記 證／局版北市業字第796號
法律顧問／許晏賓律師
印 刷 廠／卡樂彩色製版印刷有限公司
出版日期／2023年1月　第一版第一刷

定價 390 元　　港幣 130 元

ISBN　978-986-488-238-0　　　　Printed in Taiwan